人文社科国际化
一个伪命题

人文社科视野中的国际化、国际发表及其奖励政策

韩亚菲

著

上海三联书店

该研究受到"国家留学基金管理委员会""联校教育社科医学研究论文奖计划"及"北京教育科学研究院学术著作出版资助基金项目"资助，特此说明。

版权声明

目　录

表目录

图目录

第一章　导论

第一节　选题背景

一、"世界一流大学建设"与世界大学排名

自 20 世纪 90 年代以来,"建设世界一流大学"成为席卷全球的一项国家运动,截至 2015 年,已有俄罗斯、印度、韩国、日本、德国、法国等 30 多个国家与地区出台了"世界一流大学创建计划"。这类计划的目的"是为了提升大学在国际大学排行榜单上的位次,赢得自身在高等教育领域中的话语权"[①]。中国建设世界一流大学起步于 20 世纪 90 年代,[②·③]"211 工程""985 工程""双一流"建设等均为"世界一流大学建设"总目标下相互联系、一脉相承的具体计划。[④]

"世界一流大学的建设,必须以评价为基础",[⑤]在世界一流大学建设和评价的语境中,大学被量化为不同的等级,世界大学排名受到极大的关注,对于公共舆论而言,建设世界一流大学几乎等同于提升大学的世界排名,大学被排行榜单上的位次所绑架。[⑥]

目前主流的世界大学排名中,均将论文发表(实际上均为所谓的"国际发表")作为重要的评价指标。以 ARWU 为例,与论文发表直接相关的指标权重占到了 40%

---

① 刘宝存、张伟. 国际比较视野下的创建世界一流大学政策研究[J]. 比较教育研究,2016,38(6):1—8.

② 中华人民共和国国民经济和社会发展十年规划和第八个五年计划纲要(1991)

③ 国家教委. 关于重点建设一批高等学校和重点学科点的若干意见(1993)

④ 胡德鑫. 我国世界一流大学建设的历史演变、基本逻辑与矛盾分析——基于历史制度主义的分析范式[J]. 教育发展研究,2017,37(Z1):1—8.

⑤ 中国科学评价研究中心. 世界一流大学及学科竞争力评价研究报告[M].北京:科学出版社,2007:15.

⑥ 刘尧. 高等学校高质量发展策略实施失当举隅——从高等学校频繁更名与追逐排名等现象谈起[J]. 上海教育评估研究,2018,7(4):20—23+74.

（表 1）。这直接引起了大学对论文国际发表的重视①。

表 1　国际上几个主要的"世界大学排名"及其指标

名称	举办者	时间	排名指标
ARWU	上海交通大学	2003—	获诺贝尔奖和菲尔兹奖的校友折合数（权重 10%）、获诺贝尔奖和菲尔兹奖的教师折合数（权重 20%）、各学科被引用次数最高的科学家数（权重 20%）、在《自然》或《科学》杂志上发表的论文折合数（权重 20%）、被科学引文索引（SCIE）和社会科学引文索引（SSCI）收录的论文数（权重 20%），以及师均学术表现（权重 10%）。
THE	Times Higher Education	2004—	教学（Teaching，占 30%）、研究（Research，占 30%）、论文引用（Citations，占 32.5%）、企业经费（Industry Income，占 2.5%）和国际化程度（International outlook，占 5%）5 个大项和 13 个具体指标。
QS	QS	2004—	学者调查（权重 40%）、企业雇主调查（10%）、外籍教授比例（5%）、留学生比例（5%）、师生比（20%）和师均论文引用（20%）。

二、 哲学社会科学"走出去"的国家战略

在人文社会科学领域，国家实施"走出去"的发展战略②，与之相呼应，教育部制定了高校哲学社会科学"走出去"计划③，各高校也据此制定了相应的计划和实施细则④。

结合"高等学校哲学社会科学繁荣计划"，"走出去"战略的目标是增强中国学术的国际影响力和话语权。主要举措包括面向国外翻译、出版和推介高水平研究成果与精品著作；建设外文学术网站和学术期刊；鼓励高校参与和设立国际性学术组织；与国际合作建立海外中国学术研究中心、积极推动海外中国学研究等⑤。

---

① 刘珊珊. 中国大学排行榜指标体系及提高大学排名策略研究——以江西理工大学在各大排行中的排名数据分析为例[A]. 2019 高等教育国际论坛年会论文集[C]. 会议资料.

② 国家哲学社会科学研究"十一五"（2006—2010）、"十二五"规划（2010—2015）

③ 中华人民共和国教育部. 高等学校哲学社会科学"走出去"计划（2011）

④ 中华人民共和国教育部官方网站. 中国人民大学推出精品、搭建平台，大力提升哲学社会科学的国际性[EB/OL]. http://www. moe. gov. cn/s78/A13/s8353/moe_1388/201308/t20130806_155251. html，2019 - 10 - 15.

⑤ 中华人民共和国教育部、财政部. 高等学校哲学社会科学繁荣计划（2011—2020）

三、 人文社会科学领域的国际发表奖励政策

在人文社会科学领域，以上两重逻辑共同驱使大学将国际发表作为关注点。第一重逻辑即：为了能够在世界大学排名中得到更好的名次、提升大学的国际影响力，大学鼓励其学术人员产出更多的国际发表，以贡献其世界排名和国际影响力。第二重逻辑即：为了响应国家"走出去"的战略，注重人文社会科学学术成果的国际化，这其中就包括国际发表。

在人文社会科学领域，虽然中国大学教师的国际发表数量远远不如在自然科学领域显著，但许多大学依旧出台了人文社会科学领域国际发表的奖励政策，甚至将国际发表作为职称评定的依据。[①] 2019 年发表的一项研究指出[②]，截至 2016 年，116 所"985"和"211"大学中的 84 所出台了学校层面的人文社科国际发表奖励政策（占比72.4%），这些奖励政策或直接奖励金钱，或将国际发表（主要是指 SSCI 和 A&HCI 发表）置于学术评价中的优先地位；在教师聘任、职称评定、课题申请和研究资助中，国际发表优先于本土发表被极力推崇。如西安电子科技大学 2014 年的一项规定中明确指出，对于研究序列的教师，要求其发表至少 1 篇 SSCI/A&HCI 或 4 篇 CSSCI（中文社会科学引文索引，英文全称为 Chinese Social Sciences Citation Index，缩写为 CSSCI）。而北京交通大学 2016 年的一则招聘信息中则标示出，应聘者需发表至少 7 篇 CSSCI，或 1 篇 SSCI/A&HCI。在这些案例里，4 篇甚至 7 篇本土发表才顶得上 1 篇国际发表。更有甚者将本土出版的 SSCI、A&HCI 期刊与国外的 SSCI、A&HCI 期刊区分开来，给予后者更高金额的奖励。

这些奖励政策意图提升人文社会科学领域学术人员的国际发表数量，那么政策的实施效果如何？ 人文社会科学领域国际发表的数量在奖励政策实施后是否有所增加？人文社会科学领域的学术人员又是如何看待这些奖励政策的？ 事实上，人文社会科学领域内不同学科在国际发表方面存在明显差异，各个院系对待国际发表的态度也大相径庭。总体而言，社会科学领域的国际发表要显著多于人文学科；即使是在人文学科和社会科学领域内部，学科之间也存在显著差异，例如经济学、管理学等学科领域的国际发表显著多于法学等学科；语言学、比较文学研究领域的国际发表要显著多于古代

---

① 党生翠. 美国标准能成为中国人文社科成果的最高评价标准吗？［J］. 学术评论，2005(4).

② Xin Xu，Heath Rose & Alis Oancea（2019）Incentivising international publications：institutional policymaking in Chinese higher education，Studies in Higher Education，DOI：10. 1080/03075079. 2019. 1672646

文学和当代文学。那么,这些差异是如何产生的,人文社会科学国际发表奖励政策又是如何与这些迥异的学科研究领域互动的?

第二节　研究问题

大学实施的人文社会科学国际发表奖励政策实质上暗含了以下几个假设:第一,外部环境(奖励政策)可以直接影响学科文化(学科内部学术评价标准);第二,不同学科可以使用同一学术评价标准(国际发表);第三,国际化等同于在 SSCI、A&HCI 期刊上进行论文发表。

首先,文献研究表明,无论是知识理论体系、学科中的符号文化、学科中的研究方法,以及学科的研究规范、学术评价标准、学术出版的形式和要求、奖励与惩罚的机制;还是工作方式(团队或个人)、学术生涯模式、学术网络的交流、学术群落中成员的合作形式、学科中的竞争程度;亦或学科思维,世界观、价值观、信念和思考方式等,无不属于学科文化的范畴。而学科文化的关键影响因素是知识特征(也即学科的内部因素)。外部环境究竟在多大程度上可以影响学科文化尚无定论。

其次,不同学科是否可以采用同一学术评价标准。这个问题与第一个问题相连。学科知识特征造成了学科文化之间的差异,学科文化的差异势必会造就不同的学术评价,事实上,学术评价(包括学术评价标准)正是学术文化的一部分。

再次,国际化与 SSCI、A&HCI 论文发表之间具有怎样的联系? 看似简单的推论,其背后的逻辑是否成立? 不同学科学术人员对此问题的看法尚不明朗。

本研究将以实证研究来回应上述三个问题。具体逻辑如下图所示。

在具体的研究中,本研究主要回答以下四个问题:

第一:不同学科的学术人员,在国际发表行为方面的差异。

子问题1:不同学科之间在国际发表行为方面是否存在差异?

子问题2:这些差异又是如何产生的?

第二:不同学科的学术人员对国际化的看法的差异。

第三:不同学科的学术人员,对 SSCI、A&HCI 作为学术评价标准的看法及其差异。

第四:H 大学国际发表奖励政策在不同学科产生的影响及其差异。

子问题1:不同学科之间对待国际发表奖励政策的态度是否存在差异?

子问题2:这些差异又是如何产生的?

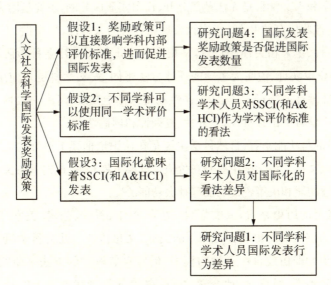

图1 研究问题的提出

子问题3：H大学国际发表奖励政策是否促进了国际发表数量的增加？

子问题4：H大学国际发表奖励政策产生了哪些非预期影响？

第三节 基本概念

一、人文社会科学

人文社会科学是人文学科和社会科学的统称，有时也被称为哲学社会科学（行政管理部门多用）、社会科学（与自然科学研究的知识领域相对）、文科（与理科相对）等。[①] 概括来说，人文社会科学是一个与自然科学相对的概念。

在研究对象上，自然科学以自然现象和技术现象为研究对象[②]，社会科学以人和人类社会为研究对象，人文学以人类的信仰、情感、道德和美感为研究对象。[③] 但另一

---

① 刘大椿. 人文社会科学的学科定位与社会功能[J]. 中国人民大学学报,2003(3)：28—35.

② 刘大椿. 人文社会科学的学科定位与社会功能[J]. 中国人民大学学报,2003(3)：28—35.

③ 王云五. 云五社会科学大词典(第一册)[Z]. 台北：商务印书馆,1973.37.

方面,社会科学和人文学科是无法截然分开、作出实质区分的,主要是因为两者的研究对象本身就是彼此依存的[①·②]。人文社会现象具有的人为性、异质性、不确定性、价值与事实的统一性、主客相关性等特点,从根本上决定了人文社会科学研究的独特性,如:与自然科学以实证、说明为主导的理性方法不同,人文学科更多使用内省、想象、体验、直觉等非理性方法;与科学从多样性和特殊性走向统一性、一致性、简单性和必然性不同,人文学科突出独特性、意外性、复杂性和创造性。[③]

从研究目的与功能来看,自然科学主要是在认识论框架下展开的,工具理性维度构成其核心;人文社会科学则主要是在价值论框架下展开的,同时具有文化功能、政治功能、社会管理功能和决策咨询功能等社会功能。[④]

从学科发展的历史来看,人文学科(文学、史学、哲学、艺术、美学、宗教学、伦理学等)有着更为悠久的历史和更为深刻的民族、文化传统。社会科学诞生于19世纪下半叶,诞生伊始即仿效自然科学的模式、借鉴自然科学的方法来研究日趋复杂的社会现象(如政治学、经济学、社会学、法学、教育学等现代意义上的社会科学)。因此,在研究方法上,社会科学更接近于自然科学,"科学性"较之人文学科"更强"——与人文学科相比,社会科学因以探讨社会现象的本质与规律为主要任务而表现出一定的追求统一性、一致性、简单性和必然性等接近于自然科学的特征。[⑤] 若将人文学科和自然科学作为学科分布光谱的两个极端(假设人文学科在图谱的最左端,自然科学在图谱的最右端),我们则会发现,不同的学科会落在这个图谱的不同位置,更加纯粹的传统人文学科(如历史学)落在这个图谱的左端,而一些新兴的、偏自然科学的人文学科(如语言学)则落在稍微靠右的位置。社会科学中,偏人文学科的一些学科落在图谱靠左侧的位置,偏自然科学的一些学科(如管理学科)则落在图谱上靠右侧的位置。越纯粹的人文学科,则越表现出主体性、求异性、偶然性、复杂性、创造性等特征;越接近自然科学的社会科学,则越呈现出追求统一性、一致性、简单性、必然性等特征。

本研究中将人文学科和社会科学统称为人文社会科学,以区别于自然科学,并对应案例学校所实施的人文社会科学国际期刊论文发表奖励政策的对象"人文社会科学"。但在具体的研究过程中则区分人文学科与社会科学——首先是因为不同的案例

---

① [法]让·皮亚杰著,郑文斌译. 人文科学认识论[M]. 北京:中央编译出版社,1999.
② 刘大椿. 人文社会科学的学科定位与社会功能[J]. 中国人民大学学报,2003(03):28—35.
③ 刘大椿. 人文社会科学的学科定位与社会功能[J]. 中国人民大学学报,2003(03):28—35.
④ 刘大椿. 人文社会科学的学科定位与社会功能[J]. 中国人民大学学报,2003(03):28—35.
⑤ 李承贵. 20世纪中国人文社会科学方法论问题[M]. 长沙:湖南教育出版社,2001:1—5.

学科被划分到了人文学科、社会科学的不同领域；其次也因为人文学科与社会科学之间也存在相当的差异。

二、国际化

"国际化"这一概念兼具目标与过程两个层面的涵义[①·②]。从目标层面来看，国际化的意涵包含两个侧面。第一，国际化指的是一种精神气质，描述的是开放性和对多元文化的包容，如"国际化大都市""国际化校园环境"。第二，国际化指的是在国际上造成广泛影响，得到国际承认，如"人民币国际化"。从过程层面来看，国际化描述的是服务于特定目的的手段、路径及一系列的活动，如"课程国际化""教师国际化""期刊国际化"。从概念提出的背景来看，"国际化"是对"与国际接轨"概念的进一步发展，凸显的是与国际接轨中保持自主性[③]。值得注意的是，国际化并非是"西方化""某国化"，也不是国际趋同化。[④]

"本土化"与"国际化"是彼此依存、互为前提的一组概念、一对矛盾。一方面，民族特性与文化是高等教育国际化的关键所在[⑤]。另一方面，本土化是相对于国际化而言的，因为民族文化是自然存在的，无所谓本土化的问题[⑥]。但两者并非并列关系，而是存在主次关系。虽然对于学术共同体而言两者都不可缺少，但由于学术肩负为民族国家服务的职能，加之学术尤其是社会科学学术的阶级性，学术共同体的本土化是矛盾的主要方面，决定学术共同体的性质和发展方向[⑦]。国际化最终需为民族国家的发展服务。过分强调学术共同体的国际化、忽视学术共同体的本土化，将会导致学术殖民主义或学术附庸主义，使学术脱离本国实际，变成洋教条、洋附庸[⑧]。事实上，研究对

① 陈学飞.关于高等教育国际化的若干基本问题[A].中国高等教育学会引进国外智力工作分会.大学国际化——理论与实践[C].北京：北京大学出版社，2007：8—27.
② 韩亚菲.理解高等教育国际化[A].面向2020的教育创新[C].北京：北京师范大学出版集团，2016：80—96.
③ 朱剑.学术评价、学术期刊与学术国际化——对人文社会科学国际化热潮的冷思考[J].清华大学学报（哲学社会科学版），2009，24(05)：126—137+160.
④ 顾明远.教育的国际化与本土化[J].华中师范大学学报（人文社会科学版），2011，50(6)：123—127.
⑤ Zha，Q, Internationalization of higher education: Towards a conceptual framework [J]. *Policy Futures in Education*，2003，1(2)：248-270.
⑥ 顾明远.教育的国际化与本土化[J].华中师范大学学报（人文社会科学版），2011，50(6)：123—127.
⑦ 杨继国.学术共同体构建的"国际化"与"本土化"[J].改革，2016(3)：141—144.
⑧ 杨继国.学术共同体构建的"国际化"与"本土化"[J].改革，2016(3)：141—144.

象的本土化是研究成果国际化的一条主要渠道①。

三、 国际期刊论文发表/国际发表

国际期刊论文发表(在具体研究中简称为国际发表)是指学术人员的研究成果以学术论文的形式发表在具有国际性、国际影响力的期刊之上。但对于"国际性"的看法存在争议,一些偏狭的看法将"国际"等同于"欧美"甚至"美国"(这种看法甚至渗透在潜意识中,以不自觉的形式表露),并将国际发表等同于英语发表。在人文社会科学领域中,所谓的国际发表,是指学术论文发表在 SSCI(以及 A&HCI)收录期刊之上,其中主要是英文期刊。在中国高校的语境中,国际发表(英语发表)的研究成果被认为是高水平的研究成果。无独有偶,有许多非英语国家将"好"的研究成果等同于用英语发表的研究成果②。

在案例大学的奖励政策当中,国际发表等同于"论文发表在 SSCI、A&HCI 或 SCI 引文数据库,并能为'THOMSOM REUTERS'公司提供的'ISI Web of Knowledge'检索系统检索到"(详见附录 1)。这是一种严重窄化和扭曲的"国际发表"观,为许多人文社会科学领域的学术人员所诟病。

四、 奖励政策

指案例大学社会科学部所实施的《H 大学人文社科国际学术论文奖励暂行办法》(详见附录 1。另,第七章中对 H 大学的奖励政策有详细分析),该类奖励政策的基本特征有三。首先,仅仅对发表在 SSCI、A&HCI(或 SCI,但文科的研究成果主要发表在 SSCI、A&HCI,有学校将心理学算作文科,而心理学有许多 SCI 发表;也有学校将 *Nature*、*Science* 列为奖励期刊,奖励最高级别的金额)等收录的期刊上的学术论文进行奖励,其余期刊——包括国外期刊和本土期刊——只要未被 SSCI 或 A&HCI 收录,在其上的论文发表都不在奖励范围之内。其次,大学必须作为论文第一作者的署名单位(许多大学排名只看第一作者)。再次,奖励形式是金钱奖励。一项研究收集了 116 所"985"和"211"高校的 172 份与国际发表奖励相关的文件,其中的 94 份提出对 SSCI

① 林毅夫. 本土化、规范化、国际化——庆祝《经济研究》创刊 40 周年[J]. 经济研究,1995(10): 13—17.

② Diana Hicks, Paul Wouters, Ludo Waltman, Sarah de Rijcke & Ismael Rafols. The Leiden Manifesto for research metrics. *Nature*. 23 April 2015. Vol. 520. pp. 420–431.

发表进行金钱奖励（占比 55％）、78 份提出对 A&HCI 发表进行金钱奖励（占比 45％）①。高校对 SSCI、A&HCI 发表进行金钱奖励已非个案，而是相当普遍的现象。

这样的奖励政策虽然不具有强制的规范功能，但具有导向性，而"导向性"的强弱与奖励的金额也有很大关系。案例大学奖励金额在 5000 元人民币左右，但也有部分大学实施的奖励金额为数万元甚至达到 20 万元人民币，最为普遍的奖励金额为 SSCI 每篇 1 万元、A&HCI 每篇 5000 元（A&HCI 的奖励金额低于 SSCI 的原因在于"SSCI 的国际认可度更高"）。② 除此之外，"导向性"既能够影响实施该类政策的院校当中的学术人员，也可以影响到其他大学或学院。

五、学科文化及其差异

学科文化属于"文化——认知性"要素，它规定了学术人员行动的脚本和图式——不是因为学术人员所在的组织规定了学者的行动，而是学科文化使学术人员的行动"理所当然"。当然，这也与不同学科场域所发展的符号系统和话语通道相关。人们为了使同行间的互动更具专业性，创建了不同的符号系统，构建了不同的知识体系，各自学科的信仰也由此形成。③ 由此可知，学科文化从根本上决定了身处不同学科领域的学术人员的认知框架、观念形成，以及由此认知观念指导的行为。

（一）作为研究视角的"学科文化"

学科文化既可以作为研究对象，也可以作为研究视角——也即在研究中需要考虑学科文化的差异。托尼·比彻在《学科差异的意义》④一文中指出，基于学科文化的视角可以开展三个层面的研究。第一个层面：宏观层面，如对各学科群落与外部环境之间的关系展开的研究。第二个层面：中观层面，如对不同学科的学术评价、晋升标准、

---

① Xin Xu，Heath Rose & Alis Oancea（2019）Incentivising international publications：institutional policymaking in Chinese higher education，*Studies in Higher Education*，DOI：10. 1080/03075079. 2019. 1672646

② Xin Xu，Heath Rose & Alis Oancea（2019）Incentivising international publications：institutional policymaking in Chinese higher education，*Studies in Higher Education*，DOI：10. 1080/03075079. 2019. 1672646

③ 童蕊. 大学跨学科学术组织的学科文化冲突分析——基于组织分析的新制度主义视角[J]. 教育发展研究，2011，Z1：82—88.

④ Tony Becher. The Significance of Disciplinary Differences [J]. *Studies in Higher Education*，1994（2）：160.

教师发展生涯、不同学科的教学特点、学生的学习技巧与方式、课程设计原则等开展研究。第三个层面：微观层面，如对不同学科的学习模式——尤其是学生学习模式与导师指导模式的学科差异展开的研究等。

本研究亦将学科文化作为研究视角，既从宏观层面考察了外部政策环境（人文社会科学国际发表奖励政策）与各学科群落的关系及其互动，又从中观层面研究了不同学科的学术评价标准（不同学科对国际发表作为学术评价标准的看法）。

（二）作为研究对象的"学科（文化）差异"

作为研究对象，学科文化分为四个层次。第一个层次是学科文化的物质层面，也即学科知识，具体包括：知识理论体系、学科中的符号文化以及学科中的研究方法三个方面。第二个层次是规则，也即学科规训制度。具体包括学科的研究规范、学术评价标准、学术出版的形式和要求、奖励与惩罚的机制等。第三个层次是行为层面，也即群落学术生活的样态，其中包括时间安排、工作方式（团队或个人）、学术生涯模式、学术网络的交流、群落中成员的合作形式、学科中的竞争程度等。第四个层次是精神层面，也即学科思维，包括世界观、价值观、信念和思考方式以及偶像崇拜等。其中，第一个层次决定了后面三个层次。学科知识是学科文化的根本，知识的特点决定学科文化的特性，是学科间文化差异的根源。学科文化会受到来自国家文化传统、高等教育管理体制和大学文化传统的影响，但这种影响的作用是有限的，仅限于对某一学科组织（某一国家、地区或大学中的学科组织）的影响，但影响不到整个学科中根本的文化要素。[①]

学科文化与院校文化

伯顿·克拉克在其《高等教育系统——学术组织的跨国研究》[②]一书中分析了学术信念的几种基本类型，包括学科文化、院校文化、职业文化与全国学术系统文化。其中，学科文化和院校文化是信念的最强大来源。学科文化和院校文化，不仅在系和系内单位起作用，而且在大学和学院层面起作用，学科和院校产生学术界所信奉的比较特定的信念。

每一个学科都有一种知识传统（思想范畴）和相应的行为准则；每一个学科领域，都有一种新成员需要逐步养成的生活方式，也即学科文化。学科文化之下还有学科亚

---

① 胥秋.大学学科文化的特点及其影响因素研究[J].黑龙江高教研究,2014,10：1—4.

② ［美］伯顿·R.克拉克著,王承绪、徐辉等译.高等教育系统——学术组织的跨国研究[M].杭州：杭州大学出版社,1994：86—109.

文化。在研究、教学和服务的专业领域内,同样形成了不同的亚文化,这些亚文化既反映不同职业的不同技术和工作方式,也透露出价值观念和规范。学科与专业在文化方面的差异很大。社会科学家和人文科学家被认为更易接受来自外部的特定政治观点或世界观的影响,相比之下,数学、物理学和化学则更可能在封闭的文化系统中运作。

院校文化则是由学术所在的大学、学院的不同而产生的依附于组织的文化。组织的规模、整合、历史、冲突以及组织环境中的竞争性等,都会造成院校文化的差异。一般来说,小规模的组织单位比大规模的组织单位更能形成统一的意识形态;相互依赖的部分比自治的部分更倾向于有共同的自我确定;新建组织或组织变革比普通院校生活更能产生崇高象征;在竞争激烈的组织环境中(一般是较大的组织,为生存和地位而竞争),院校文化又十分不同。

学科文化和院校文化共同构成了某个学术群体学术信念的根基,两者往往水乳交融,不可分割,共同形塑了身处该学术组织的学术人员的信念和行为准则,并确定强有力的自我身份认同。

学科知识与学科文化

英国学者托尼·比彻和保罗·特罗勒尔运用文化人类学的方法,通过对英美两国众多学术机构中大量学者的深入访谈和大量经典文献的辨析,生动而细致地展示了学科知识与学术文化之间的关系。也即,学科认识论与学术文化之间存在密切的关联,存在一种不可分割的互动关系。某一具体学科的学术群体的态度、活动以及认知风格与他们所研究的知识领域的特点、结构紧密相关。从事某一学科知识领域的学术人员,共享某种与学科认识论相关的价值、文化、态度和行为方式。

学术交流模式的学科差异

不同的学科,就学术交流模式而言存在巨大的差异。托尼·比彻等人归纳了两种显著的类型:"都市型"和"田园型"。都市型研究模式中,竞争激烈,经常采用团队合作的研究方式,避免重复研究,用迅速发表研究成果来保护自己的知识产权。都市型研究模式有更充足的资金支持,有更高的学术产出。与此不同,田园型研究模式则节奏慢得多,学术人员在几乎没有交叉覆盖的领域内独自研究。进一步地,两个类型在学术共同体交流的频率、形式上存在重大差异。都市型研究模式中,信息的流动更为迅速、频繁,更倾向于在期刊上发表文章而非出版专著,而田园型研究活动则正好相反。

更进一步地,在期刊上发表文章所需的时间长短也因学科不同而有明显差异。不同学科领域,论文的长度、发表论文的频率也各不相同。不同学科领域的学术论文所使用的符号也有所区别,如数学、物理领域使用数量符号表达意义,人文领域则多使用日常语言，前者更易于不同语言之间的交流（易于国际发表），后者在不同语言、文化之间的转换则存在很大困难。在硬科学和软科学之间，学术合作也有相当的差异（大型合作 VS 单打独斗），因而学术产出的效率也大为不同。

本研究中的学科差异主要指向学科文化差异的维度。具体而言，本研究中的学科差异包括三个层次。第一个层次：自然科学、社会科学、人文学科在"自然科学——人文学科"构成的学科谱系上的位置及其差异（如自然科学与人文学科之间关于竞争科学发现"优先权"的差异）。第二次层次：人文学科和社会科学内部具体不同学科之间的差异（如人文学科中的历史学与社会科学中的管理学之间的学科差异、以及同为社会科学的法学与管理学之间的差异）。第三个层次：某一学科内部不同研究领域之间的差异（如在法学研究中国内法研究领域和国际法研究领域之间的差异，又如文学研究中古代文学研究领域与比较文学研究领域之间的差异）。以上三个层次皆被归到"学科差异"的概念框架之中。

第四节　文献述评

围绕研究问题，文献述评部分着重讨论了三个问题。首先，从现实的层面讨论了人文社会科学使用 SSCI（以及 A&HCI）发表进行评价是否合适的问题。进一步地，探讨了为什么基于期刊（包括国际期刊）发表的评价制度不适合人文社会科学领域；最后，分析了外部奖励及评审文化给学术共同体带来的不良影响。

一、 人文社会科学使用 SSCI（以及 A&HCI）发表进行评价是否合适

人文社会科学使用 SSCI（以及 A&HCI）发表进行评价是否合适，实质上涉及三重逻辑及其合法性。第一重逻辑：基于计量学的科研评价其合法性如何。第二重逻辑：SSCI（以及 A&HCI）作为科研评价计量学基础的合法性如何。第三重逻辑：SSCI（以及 A&HCI）作为中国人文社会科学评价标准的合法性如何。我们分别从这三重逻辑来解读中国人文社会科学使用 SSCI（以及 A&HCI）发表进行评价的局限性。

基于计量学的科研评价在世界范围内受到广泛质疑。本应由同行主导的科研评价却被外行把控，因缺乏对学术共同体以及学科知识和文化的了解，且对科研评价理解不深、对评价指标似懂非懂，外行（评价机构）过分倚重定量数据，导致定量评价逐渐成为破坏科研评价体系的罪魁祸首。近十几年来，大学过分看重其排名（虽然排名所

依据的数据不精确且指标具有主观性),学术界对影响因子过分迷恋(其中社会科学最为严重),定量评价的影响十分深远。一个典型的例子是,欧洲一群历史学家在全国同行评估中排名相对较低——因为他们写书,而不是在 Web of Science 索引的期刊上发表论文——而被迫转入心理系。"研究评价旧金山宣言(2013)""恰当运用科学计量学进行科研评价十原则莱顿宣言(2015)",即意在叫停科研评价中对影响因子的过度迷恋以及过分依赖计量学的科研评价。特别是"莱顿宣言",明确了定量评价应为定性评价服务、科研评价应考虑更大范围的社会经济学和文化情境并保护那些与本土情境相关的研究以及在评价时充分考虑各学科领域之间的差异。①

退一步来讲,即使采用基于计量学的科研评价,SSCI(以及 A&HCI)也是饱受争议的。首先是因为基于文献计量学的数据在评价社会科学和人文学科时存在先天的局限性②,在人文社科领域不应采取与自然科学领域一样的评价方法(即倚重文献计量学)③·④。将 SCI 扩展到社会科学和人文学科(SSCI 和 A&HCI)是欠考虑的,因为 SSCI(以及 A&HCI)并不是作为人文社会科学评价普世标准而设计的⑤,SSCI(以及 A&HCI)作为学术评价标准需要特别注意⑥,人文社会科学具有特殊的产出模式及本土传统,且不同学科和研究领域之间的论文发表和引用情况差别很大⑦。其次,SSCI(以及 A&HCI)具有明显的偏向性。说到底,SSCI、A&HCI 只是美国商业机构建立的以英语为主的期刊论文数据库⑧,有自己的选刊原则,如对符合美国学术规范的期刊和对英文期刊的偏向⑨,汤森路透(Thomson Reuters)的编辑团体甚至明言"国际学界

① Diana Hicks, Paul Wouters, Ludo Waltman, Sarah de Rijcke & Ismael Rafols. The Leiden Manifesto for research metrics. *Nature*. 23 April 2015. Vol. 520. pp. 420-431.
② Anthony F. J. Van Raan. 大学排名面临的挑战[A]. 刘念才&Jan Sadlak. 世界一流大学:特征、排名、建设[M]. 上海:上海交通大学出版社,2007:100—116.
③ Nederhof, Anton J. 2006. "Bibliometric Monitoring of Research Performance in the Social Sciences and the Humanities:A Review." *Scientometrics*. 66(1):81-100.
④ Huang, Mu-hsuan, and Yu-wei Chang. 2008 "Characteristics of Research Output in Social Sciences and Humanities:From a Research Evaluation Perspective." *Journal of the American Sociaty for Information Science and Techology*. 59(11):1819-28.
⑤ 党生翠. 美国标准能成为中国人文社科成果的最高评价标准吗?[J]. 学术评论,2005(4).
⑥ 覃红霞、张瑞菁. SSCI 与高校人文社会科学学术评价之反思[J]. 高等教育研究,2008(3):6—12.
⑦ Michel Zitt, Ghislaine Filliatreau. 对世界大学学术排名的若干评论[A]. 刘念才&Jan Sadlak. 世界一流大学:特征、排名、建设[M]. 上海:上海交通大学出版社,2007:132—144.
⑧ 党生翠. 美国标准能成为中国人文社科成果的最高评价标准吗?[J]. 学术评论,2005(4).
⑨ 师昌绪、田中卓、黄孝瑛、钱浩庆. "科学引文索引(SCI)"——国际上评定科研成果的一种方法[A]. 胡显章、杜祖贻、曾国屏主编. 国家创新系统与学术评价——学术的国际化与自主性[C]. 济南:山东教育出版社,2000:184—196.

最重要的杂志均以英文刊发论文，这一点显而易见"①。对 SSCI、A&HCI 刊物的统计分析也表明，英文期刊和欧美发达国家出版的期刊所占比例高达百分之九十以上②③④⑤。美国学者阿特巴赫也指出，SSCI 所覆盖的只是世界上很少一部分出版物，而且几乎所有的 SSCI 都是发达国家编辑出版的；发展中国家学术人员的大部分研究成果被忽视了。⑥ 而且 SSCI 所覆盖的学科也是不平衡的⑦。SSCI 反映美国思想的主流价值，具有浓烈的议题设定功能⑧，美国不感兴趣的学术议题都会被排斥在外。从本质上来说，SSCI 是地域性而非国际性的（英语为主、美国视角）⑨。

即便如此，使用 SSCI（以及 A&HCI）对人文社会科学领域的学术研究进行评价依旧成为非英语国家的"流行病"并引发了很多担忧。韩国的一项研究指出⑩，SSCI 发表在韩国被作为社会科学的"指路明灯"，导致了韩语本土发表的"贬值"和韩国本土社会科学的萎缩。中国台湾地区学者也指出了在中国台湾地区存在的"SSCI 综合征"，也即人文社科领域强调 SSCI 发表导致了功利主义的泛滥、社会不公和英语国家的学术霸权⑪。西班牙的政策表述了对西班牙学者在高影响力的期刊上（Web of Science 索引的期刊）进行发表的渴望，但在有着高被引率的西班牙语文章中，"具体性"和"特定性"是缺失的⑫。中国大陆研究者对 SSCI 期刊 *Higher Education* 自 1980 年至 2008

① 袁颖.论 SSCI 和 A&HCI 数据库的局限性及其在我国人文学科评价体系的运用[J].宁波大学学报（人文科学版），2011(03).

② 吴丹青，褚超孚，吴光豪，刘艳阳.SSCI 作为我国社会科学评价指标的若干思考[J].统计与决策，2005(10)：36—38.

③ 党生翠.美国标准能成为中国人文社科成果的最高评价标准吗？[J].学术评论，2005(4).

④ 赵宴群.对我国人文社会科学工作者在 SSCI、A&HCI 期刊发表论文的分析与思考[J].复旦教育论坛，2010(1).

⑤ 徐勇，张昆丽，张秀华.SSCI 源期刊的分析研究[J].浙江高校图书情报工作，2007(3).

⑥ Altbach, P. G. (2008). Centers and Peripheries in the Academic Profession：The Special Challenges of Developing Countries. In P. G. Altbach (Ed.), *Tradition and Transition：The International Imperative in Higher Education* (pp. 137－157).

⑦ Archambault, Eric, Etienne Vignola-Gregoire Cote, Vincent Lariviere, and Yves Gingrasb. 2006." Benchmarking Scientific Output in the Social Sciences and Humanities：The Limits of Exsiting Databases." *Scientometrics*. 68(3)：329－42.

⑧ 林照真.SSCI：台湾学界捧过头啦[N].中国时报（台北），2003－11－02.

⑨ 党生翠.美国标准能成为中国人文社科成果的最高评价标准吗？[J].学术评论，2005(4).

⑩ Shin, Kwang-Yeon. 2007."Globalization and the National Social Science in the Discourse on the SSCI in South Korea'. *Korean Social Science Journal* 1(1)：93－116.

⑪ Chou, Chuing Prudence. 2014. "The SSCI Syndrome in Taiwan's Academia.'' *Education Policy Analysis Archives* 22：1－17.

⑫ Diana Hicks, Paul Wouters, Ludo Waltman, Sarah de Rijcke & Ismael Rafols. The Leiden Manifesto for research metrics. *Nature*. 23 April 2015. Vol. 520. pp. 420－431.

年刊发的关于中国或中国作者的文章的分析发现①，26 年间该刊物共刊发 18 篇文章，其中大部分由中国台湾地区与中国香港地区的研究者发表，且议题集中在中西比较、留学、学术自由等有限的内容上，而当前中国亟需解决的诸多问题（如高职教育、农村教育）并不能真正成为国外杂志关注的问题。使用 SSCI（以及 A&HCI）对本国学术共同体进行评价，实质是用美国标准来认证本国的学术研究②；也就是将学术研究的评价权（包括议题设定、学术规范等）交给美国，从而迫使本国的学术研究去满足美国的关注点和兴趣。这一方面会导致本土研究以及用本土语言发表的研究成果的贬值，另一方面会导致本土期刊的萎缩、本土语言在学术界的缺失。

中国香港地区曾为英属殖民地，主张以西方认可的科研范围及西方愿意接受的学术语言作为香港高等教育的发展准则本就存在相当的思想基础。香港回归后，文教界和学术界也出现了信心危机，不知道该如何维持学术标准。此时西方学术统计数字指标（SCI、SSCI 等）被"崇尚西方、重视商业短期效应、缺乏文化自信的当局"所采用，导致香港的学术研究（尤其是人文社会科学领域）产生了"鲜为人所注意的不正常现象"。如香港地区的大部分学术文章和科研成果以英文发表，这些成果的读者亦即受益者多为外国人士；这些以英文发表的成果大部分以中国香港、中国台湾和大陆为研究对象，也即中国香港地区的研究工作是在优先为外国读者提供多方面的、大量的有关中国的信息；关于日本的研究甚少（日本是中国香港的主要贸易对象）；关于亚洲其他地区（即中国香港的近邻）的研究甚少；对西方国家的文化及社会方面的研究甚少。香港学术界采用 SCI、SSCI 进行学术评价所造成的局面是：香港学术界所生产的学术成果，绝大多数直接服务于西方社会，但对中国香港地区的自我需求帮助不大，即使是"他们所崇拜的西方世界的文化和社会"，研究也只有 3% ，绝大多数研究成果是为西方世界提供了解中国地区的资料。③

针对香港地区的情况，杜祖贻评价道④：香港的人文社会科学研究，已经走上了一条特殊的道路——为了争取国际学术界（亦即西方学术界）的注意和接受，多数学者便以满足西方对中国地区的文化、社会、政治和经济的兴趣作为研究的出发点，因为这样

---

① 覃红霞、张瑞菁. SSCI 与高校人文社会科学学术评价之反思[J]. 高等教育研究，2008(3)：6—12.
② [美]菲利普·G. 阿特巴赫、陈运超. 学术殖民主义在行动：美国认证他国大学[J]. 复旦教育论坛，2003(6)：1—2.
③ 杜祖贻. 建立利己利人客观自主的国际学术水平[A]. 胡显章、杜祖贻、曾国屏主编. 国家创新系统与学术评价——学术的国际化与自主性[C]. 济南：山东教育出版社，2000：5—23.
④ 杜祖贻. 建立利己利人客观自主的国际学术水平[A]. 胡显章、杜祖贻、曾国屏主编. 国家创新系统与学术评价——学术的国际化与自主性[C]. 济南：山东教育出版社，2000：5—23.

的研究成果符合国际学术界对中国问题的兴趣、弥补西方对中国情况了解的不足，因而易于被西方编者视为有用的资料性文字而予以发表，这些学者的学术事业无形中成为一种向西方学界提供本地区研究咨询的工作。照此发展，中国香港地区的高等教育系统，特别是人文及社会科学部门，就会逐渐成为英美大学的"中国研究中心"的藩属，本地学者也会自动地、不断地向西方学术界贡献研究成果，长期接受评核和指引。当他们为了满足"学术国际化"的评价标准而营役于西式的中国研究，势必荒废自己真正的学术事业，当其研究的生命力尽失（而只是满足于向西方提供资料），在教学方面又会给下一代造成不可估量的恶劣影响和损失。

　　针对中国台湾地区、大陆地区逐渐升温的"SSCI 热"，杜祖贻进一步指出①，基于模仿的、舍本逐末式的简化标准，都会将学术发展引入歧途，原因如下：首先，在学术方向、标准、审核、取舍等方面，如果全由西方学者操纵和评定，无异于我们承认其宗主地位，我们的角色将永远为奉承者和接受审核者，完全处于被动地位。如果我们自己甘心放弃学术评判的责任，那么也将永远无法获得学术批判的能力与自信。那么，我们将如何从事真正具有创造性的科研工作呢？其次，重视用外文写作在国外发表的文章，轻视以中文写作在本土发表的文章，于是较好的研究成果纷纷向外输出，无异于宣布本国学术出版界的无期徒刑。再次，中文和汉语的地位在学术界将自动消失——因为举国学者率以英文为学术语言，而 13 亿多人使用的中文只是方言俚语，不能登大雅之堂。如此，中国学术传统亦将告终止，西方可不费一兵一卒，便将整个中国纳入其学术和文化的殖民地版图之中。印度便是一个现成的例子。

　　同样地，阿拉伯和伊斯兰世界的学界也是唯欧美马首是瞻——即使是研究其自身的"东方学"亦如此，导致了其为欧美"老板"打工、只能充当本土信息提供者的尴尬境地。正如美国学者萨义德在其《东方学》一书中指出的那样②：

　　　　就文化、知识和学术生产而言，阿拉伯和伊斯兰世界仍然处于劣势……没有哪位阿拉伯或伊斯兰学者能够忽视美国和欧洲的学术刊物、研究机构和大学所发生的情况；反过来却并不成立。比如今天的阿拉伯世界没有一份有影响的阿拉伯研究刊物，正如没有哪家阿拉伯教育机构在阿拉伯研究方面能够与牛津、哈佛或加州大学洛杉矶分校一争高下一样，更不必说其他非东方的主题了。这一切所

① 杜祖贻. 建立利己利人客观自主的国际学术水平[A]. 胡显章、杜祖贻、曾国屏主编. 国家创新系统与学术评价——学术的国际化与自主性[C]. 济南：山东教育出版社，2000：5—23.
② ［美］爱德华·萨义德. 东方学[M]. 北京：生活·读书·新知三联书店，2000：416.

导致的结果是,东方的学生(和东方的教授)仍然想跑到美国并且投到美国东方学的麾下,然后回来向本地的听众重复被我一直称为东方学教条的那些陈词滥调。这一再生产体制的必然结果是,东方学者将因他在美国所接受的训练而睥睨其本国同行,因为他学会了如何有效地"操作"东方学的话语;而在他的"老板"——即欧洲或美国的东方学家——眼中,他则只能永远充当一个"本地信息提供者"。

二、 基于国际期刊发表的评价制度不适合人文社会科学领域

(一) 期刊发表制度的起源——与现代自然科学同源

期刊发表制度的起源可以追溯到 17 世纪英国皇家学会的成立。默顿指出,早期的学会,开始发展规范组织知识所需的技术和策略,其中,以出版作为认可新知识的基本途径即是一个例子。

皇家学会的本来构想是定期聚会以见证实验中发现的新知识。然而,即使是在学会成立后的前二十年间,这样的聚会就呈现出逐渐减少的趋势。而取代实验示范的,首先是通信,接着是在历史上最早的科学期刊之一《哲学汇集》上描述出来。出版的功能也随时间发生着变化。最开始,《哲学汇集》是在学会成员间的实验示范的记录;其后,期刊成为向公众叙述私下进行或记录的实验和观察的媒介。转变的结果是,出版期刊的人充当了把门人的角色:一方面,私下进行和记录的实验需要依靠权威进行认可;另一方面,把门人控制了认可和传播的媒介。期刊的功能变了,读者群也发生了变化。原先,读者群不仅限于具有学会会籍的科学家,还包括贵族、牧师等其他群体;后来,读者逐渐只限于学会中从事研究的科学家。

19 世纪,各种一般性的博学学会逐渐衰落,取而代之的是更为专门的专业组织建制和各个科学学科的专业标准的建立。随着德国研究型大学和法国大学校的发展,各种形式的专业组织地位越来越重要,代表特定学科的专业协会不仅联结着地域上各自分散的学者,而且彼此之间竞争"领导权"。专业协会支持的期刊,对相关学科的学者的研究成果进行评估;甚至,能够在这些期刊发表本身就是一项肯定性的评价。"如果学科要对各自队伍中的成员行使权威,这些机关就提供了所需的评审机制。"

(二) 期刊发表的功能——确立"优先权"

刘易斯·科塞在其著作《理念人:一项社会学的考察》[①]中这样写道:由奥尔登伯格以(皇家)学会名义发行的《哲学汇集》,很快就成为传播科学新闻的主要媒介和科学观点交锋的主要战场。它为联系英国和国外的所有科学成就服务,并成为仲裁"发明优先权"争执的机构。它不但促进了一个关系网络的发展,而且像皇家学会本身一样,也为一种特殊科学精神的逐渐产生奠定了基础。这两种功能都有助于创设一种让科学文化得以发展的条件,并把单个的科学家联合到科学团体的共同事业中去。

斯廷奇科布也指出[②],期刊发表具有"……加快信息流通的外显功能。……发表成果至少有两种潜隐功能,亦即确立科学发现的优先权和自我证实发现(因而从事这项发现的生活)的重要性。""发表成果是诸多展示科学的公有性规范的手段之一(大学教育是其中的另一种手段)""使得通过发表成果而确立优先权的潜隐功能成了一个十分重要的功能——它有可能使得潜隐功能在外显功能即使没有价值时仍将维持这种实践。"

默顿也反复强调期刊发表制度在科学事业中的重要作用——通过期刊发表实现同行交流,在同行承认中确认科学发现的优先权,而对优先权的争夺,是科学家科学事业的重要目标之一。[③]

由此可见,期刊发表制度与科学发现的"优先权"密切关联。通过期刊论文发表在全世界宣布自己科学发现的"优先权"(因此,自然科学领域的国际发表/英语发表显得"不言而喻"),是期刊发表制度最为显著的功能之一。事实上,确立科学发现的优先权正是科学家工作的意义所在。

(三) 期刊发表并不适合人文社会科学领域的评价

通过考察期刊发表的制度起源,我们至少可以确定以下两点事实。首先,期刊发表制度与现代自然科学一同诞生,在自然科学的制度化过程中起到关键性作用。其次,从起源上来看,期刊发表与同行评价近乎同义。

事实上,根据默顿的分析,期刊发表制度是科学制度的重要组成部分——期刊发表制度将个人的怀疑态度制度化为"有组织的怀疑",也即一种受规范约束的、通过社

---

① [美]刘易斯·科塞. 理念人:一项社会学的考察[M]. 北京:中央编译出版社,2004.
② [美]罗伯特·K.默顿著,林聚任等译. 社会研究与社会政策[M]. 北京:生活、读书、新知三联书店,2001:27 note42.
③ [美]罗伯特·K.默顿著,林聚任等译. 社会研究与社会政策[M]. 北京:生活、读书、新知三联书店,2001.

会组织起来的认知警戒制度。因此,期刊制度是科学建制的一部分,但并不是人文学科的传统。在自然科学和工程科学领域,对优先权的竞争十分激烈,学者们必须在国际期刊上发表,才能确保最早得到国际同行对其科学发现的认可。在软科学(很多人文社会科学属于软科学)领域,学者之间的相互依赖性不强,对于科学优先权之间的竞争也不激烈,因此学者们并不一定需要用国际语言(英语)进行发表。[①] 要求人文社会科学领域的学术成果进行国际期刊发表(英语发表)是缺乏最基本的逻辑基础的。

事实上,人文社会科学领域的学术成果,其载体更加多样化,期刊发表这种形式并不总能代表最"好"的成果,在许多学科领域也无法反映学者的真实成就,因为著作更能体现这些学科领域学者的研究成果,甚至有人文学科的学者称期刊发表称为"快餐文化"。

三、 外部奖励及评审文化带来的不良影响

(一) 科学界有其内部奖励系统,外部奖励破坏学术生态

默顿在《科学发现的优先权:科学社会学的一个篇章》[②]一文中论述了科学的"奖励系统":像其他社会制度一样,科学制度也发展出了一套精巧的系统来奖励遵从其规范的科学家。默顿指出"奖励系统"这一术语是一种省略用法,因为它所指的并不仅仅是对那些为公共知识积累做出贡献的人提供社会奖励,而且还指对那些违背制度规范的行为做出惩罚。[③]

默顿所讨论的科学的奖励系统,并非物质报酬,而是基于"尊敬"和"承认"的认可系统。在颇为广泛的认可形式中,历史最为悠久的要数"命名"——用科学家的名字命名定律、公式等,如普朗克常量、胡克定律——通过这种方式,科学家名垂青史,他们的名字进入各国科学语言中。少数贡献卓著的科学家,甚至其所在的整个世纪都以其名冠之,如牛顿纪元、达尔文时代、弗洛依德时期等。还有一些开创了新学科的科学家被称作该学科之父。仅在"命名"这一经久不衰、备受尊敬的方式之中,科学界就发展出了层级化的、与成就大小相匹配的各种"认可"等级。由此可见科学界奖励系统的复杂

---

① Kyvik, Svein, and Ingvild M. Larsen. "The Exchange of Knowledge A Small Country in the International Research Community." *Science Communication*. 18. 3(1997): 238 - 264.

② Robert. K. Merton. Priorities in Scientific Discovery: A Chapter in the Sociology of Science [J]. *American Sociological Review*, Vol. 22, No. 6. (Dec. , 1957), pp. 635 - 659.

③ [美]罗伯特·K. 默顿.《社会研究与社会政策》中译本序言[A]. 罗伯特·K. 默顿著,林聚任等译. 社会研究与社会政策[M]. 北京:生活·读书·新知三联书店,2001:5—11.

结构。

"综合来看，从持续不断地用科学的国际语言将科学家载入史册，到一系列的小范围的、年度的奖项，奖励系统加强、维持着对'原创性'的制度性强调。"默顿指出："在这个特定的意义上，原创性被认为是现代科学重要的制度性目标之一——有时也是最为重要的目标——对原创性的认可是一个原初性的、经常被重点强调的目标。"除了对原创性的肯定，奖励系统还有另外一个面向，那就是通过"社会性强调的谦逊的价值"来防止科学家在追求原创性的急切过程中发生不当行为。

基于内部承认的知识奖励制度

著名科学社会学家科尔兄弟在《科学的社会分层》一书中指出："在科学中，承认是财产的功能等价物；要求得到承认确实是科学家不可剥夺的权利。"[①]社会学家希尔斯也指出："（科学共同体）有自己的组织机构，有自己的原则，有自己的权威，这些权威通过自己的成就按照普遍承认与接受的原则而发生作用，并不需要强迫。"波兰尼指出，如果科学要对长远的社会目标作出贡献，科学共同体需要自治和自我管理，自主性是科学产生应用的必要条件。默顿认为，像其他的社会建制一样，科学建制业已发展了一种给那些实现了其规范要求的人分发奖励的精心设计的制度，这就是科学奖励系统。科学奖励系统的实质是承认，"承认是科学王国的硬通货"，科学共同体根据科学家的角色表现来分配承认。[②]库恩认为，在面对科学的业绩评估中，科学家除了由专家做出同行评价之外，任何权威都不予承认。库恩反对权力和社会舆论以任何理由介入对科学业绩的评价。他说："如果外行权威成为范式的争论的裁决者，这种争论也许确实是一种革命，但是这绝不是科学的革命。"[③]

奖励政策损坏科研的原驱动力

一位中国工程院院士曾对中国科技奖励政策进行了诚恳的评价[④]，并呼吁逐步取消官方科技奖励。他认为，在科技界，属于技术的成果，其"终极承认"是市场的承认；属于科学的成果，其"终极承认"是科学界同行的广泛认可。与"终极承认"相比，官方奖励是一种"中间承认"，这种承认在一定程度上扭曲了对科技成果的终极承认。他认为，目前的奖励政策使科技人员更容易急功近利——追逐奖励成为科技人员的科研驱动力，损坏了科研的原驱动力。奖励制度破坏了科研成果的模糊性，也损害了科研评

① J. R. Cole, J. S. Cole. *Social Stratification in Science*. University of Chicago Press, 1973, P, 45.

② 朴雪涛. 知识制度视野中的大学发展[M]. 北京：人民出版社, 2007：42.

③ 朴雪涛. 知识制度视野中的大学发展[M]. 北京：人民出版社, 2007：42.

④ 李培根. 中国科技奖励之我见[EB/DL]. http://www.itmsc.cn/archives/view-79477-1. html. 2015 - 01 - 24.

价的清晰性。所谓的模糊性是指科研成果不可能完全量化，也不可能清晰地等级化；所谓的清晰性是指，终极评价对科研的评价本来是十分清晰的，但"中间承认"的介入使得这种清晰性又变得模糊和不确定了。评奖也成了适宜社会不诚信种子发芽的一种土壤——若诚信不足，只要有评审，就会有问题。因此，虽然在科技发展的起步阶段政府奖励起到了一定的作用，但奖励的作用随科技发展程度的增大而降低，甚至变成负作用。取消官方奖励，能够使得货真价实的成果得到更真实的承认。

（二）评审文化带给学术界的影响

以期刊论文发表评价学术人员的工作导致学风浮躁，伤害学术可持续发展

以期刊论文发表评价学术人员的工作有其积极意义。如杰罗姆[①]指出："由于担心被指责为意识形态、性别或种族偏见，衡量一个学者只看其是否公开出版著作，而不是就其各种前提、特色、正确性或含义展开争论，这种倾向被合理化了。"与此同时，仅仅以期刊论文发表来评价学术人员的工作具有一定的局限性。杰罗姆进一步指出："一份列有在有重要影响的杂志上发表的许多论文的履历是一个有天才头脑的人的标志。然而，年轻的科学家承认，重大的发现通常需要长时间的坚持不懈的努力，而且不存在关于持续努力将会得到成功的任何保证。较理性的策略是实施那些可以很快完成并很可能产生清晰成果的实验。"为了发表更多的文章，年轻学术人员不得不在一个狭隘的领域从事专门研究，以求获得该领域的权威。正如杰罗姆所描述的——"为了一个教授职位而竞争的许多较年轻的教师感到，他们被迫在他们学科的一个狭隘的领域从事专门研究，并被迫在五到八年间，即在获得终身教职的决议前，发表尽可能多的文章。不幸的是，这些作为工作鉴定书的文章中的大部分事实上既没有实际效用价值，也没有理论意义；他们只是在一座大教堂中寻找一个位置的小小的石头。"以期刊论文发表评价学术人员的工作，会导致学术人员追求利于产出期刊发表的研究项目，不利于鼓励那些为了更重要的科学发现而花费大量时间、精力，但暂时又不能产出期刊论文发表的研究及研究人员。

事实上，即使是那些发表在顶尖期刊上的论文，也不必然说明学者研究工作的卓越性。一位范德堡大学的教育研究者在申请晋升职称时，提供了很多他发表在顶尖教育研究期刊上的文章，但这些文章大多数是对其他已有研究结果的重复或模仿，仅是在研究方法上做了微小改动。这些文章使用复杂的实证方法来掩盖其在理论贡献上

---

① ［美］杰罗姆·凯根著，王加丰、宋严萍译. 三种文化——21世纪的自然科学、社会科学和人文学科 ［M］.上海：世纪出版集团，2011：36.

的贫瘠，并不能表明申请者研究的原创性。① 英国学科评估的语言文学组在其 2008 年的总体评估报告中也指出："一些真正世界领先的研究是发表在未经同行评审的载体（unrefereed outlets）上的，而发表在国际公认杂志上的成果也未必符合最高水准。"②

同行评议的困境

杰罗姆指出，当今学术组织里正在发生三个令人担忧的趋势，其中之一即"极度的专业细分"。这不仅造就了学术共同体内数目繁多的小团体（宗派），还造成了内部之间的过度竞争。另外，极端专业化使某个狭隘的专业领域以外的学者难以判断某个学者的主要工作的贡献。也即，随着学科越来越细分，学术分工越来越细致，所谓的"同行"需要新的理解。"大同行"不了解"小同行"——甚至有时候小同行之间也相互竞争、隔阂。如果让彼此熟悉的小同行进行评议，又很难操作（无法做到匿名评审，因为大家彼此都很熟悉）。

另一方面，学科的分割意味着一种封闭，封闭带来的则是监督和审查③。学术人员不得不满足外界监督和审查的要求，比如在得到承认的期刊上公开发表论文。这两者是矛盾的，却也是真实存在的。

评审标准偏好客观性指标、排斥创新

杰罗姆将社会科学共同体进一步区分为两类：一类是"与各门自然科学结盟的人"，他们喜欢研究生物起源或与其相关的各种问题的性质；另一类是那些"对随社会条件而形成及变化的特征更感兴趣的人"。杰罗姆还区分出两类不同的社会科学家：一类被理论的综合所吸引，常常基于历史学或人种学的证据来进行工作；另一类则"总是提防过分偏离那些可以重复的经验事实"。并指出在这两类社会科学家之间存在一种紧张的关系。杰罗姆举例说，在 20 世纪中期，当美国国立卫生研究院和美国国家科学基金会成立后，第一类社会科学家被边缘化。因为，若想获得政府的资助，社会科学家必须遵循自然科学的原则，指派人员客观地收集观察成果，对数据实行精细的统计和分析，避免得出不可能用数量的证据来支持的解释。结果，那些探索历史结果的影响、从历史个案中寻找远见卓识或沉思人类道德的学者们，都被从有权力的职位和终身教授职位上排挤出来——因为上述研究内容都不太容易计量，而那些对大量样本忠

---

① Stephen P. Heyneman. The Future of Education Research in Asia. Seoul National University，Ocotober 16，2015.

② RAE2008. Main Panel M Overview Report. www. rae. ac. uk/pubs/2009/ov/.

③ ［法］皮埃尔·布尔迪厄著，陈圣生、涂释文、梁亚红等译. 科学之科学与反观性——法兰西学院专题讲座（2000—2001 学年）［M］. 桂林：广西师范大学出版社，2006：82.

实地进行量化研究的人则成了支配性的力量。

当公正的审查专家在评估研究计划时,研究者所使用的方法是否严格和精确,比该研究所具有的理论意义在评审标准中更重要——因为评估一份研究计划中的方法论的缺陷要比评价其理论意义容易得多,也更容易在多个评审员当中形成共识。因而,"那种允许最大限度地控制各种条件而且摆脱主观判断迹象的实验,通常最有可能得到支持,而这是以排斥各种有潜力的创新理念为代价的"。①

"平面化"时代的指标化

渠敬东指出②,如今的时代呈现出"平面化"发展的特征——也即制度化、指标化、指数化。举例而言,个人的人生设计按照整个社会制度所安排的各种指标、证书、积分和发表的文章来累积。如果我们相信"人需要进行自我的设计,整个国家和社会也需要所谓完美的制度设计"的逻辑和价值,并按照这种方式来安排、设计自己的生活和未来,以及设计自己在其中的广大社会和国家治理的未来的话,危机便降临了——因为以上的逻辑和价值都是"去历史化"的。

例如,在判断学术人员的学术成就和学术潜力时,如果只看发表的文章,便是指标化的思路。"美国最好的大学和法国最好的大学,其实他们都不看这些人发表什么文章,而一定要看他曾经在哪儿受教育、师从谁、参加哪个工作坊、思考问题的方式是什么,他怎样把自己的问题和自己的亲身经历连带在一起而形成一种研究。"这种方式被称为"历史化"的方式,而非"指标化"的方式。这种历史不是所谓的"大历史",而是内在于每个人身上的历史。

渠敬东进一步指出,只有尊重历史,我们才有各种未来的可能性;如果我们用去历史的方式看待一切的话,我们是"没有未来"可言的。

四、小结

世界一流大学建设与世界大学排名是国际发表奖励政策出台的重要背景,但世界大学排名及其所采取的技术手段,都是经不起推敲的。尤其是对人文社会科学而言,排名所采取的技术手段——同行评议和文献计量学,前者囿于"认知距离"以及"大同行"与"小同行"之区分,后者囿于学术成果载体多样化、出版语言所限,以及 ISI 数据

---

① [美]杰罗姆·凯根著,王加丰、宋严萍译.三种文化——21 世纪的自然科学、社会科学和人文学科[M].上海:世纪出版集团,2011:184.

② 中国社会科学网.渠敬东、周飞舟谈社会学:专业研究不如《二号首长》?[EB/OL].http://soci.cssn.cn/shx/shx_bjtj/201504/t20150427_1604698.shtml,2015 - 04 - 29.

库自身的缺陷——根本无法评价人文社会科学研究成果。对于 ISI 数据库的分析也表明，在人文社会科学领域，使用 SSCI 评价社会科学研究成果，问题重重、不攻自破。除了技术层面的漏洞，在人文社会科学领域使用 SSCI 发表进行评价还会给使用非英语学术语言的国家和民族带来难以估量的损害，杜祖贻等人对中国香港学术界的描绘，生动表现了采用 SSCI 发表进行评价给中国香港地区学术界人文社会科学发展带来的灾难。杜祖贻警告大陆和中国台湾地区切莫要步中国香港或印度的后尘，将自己的学术推向一条不归路。

再次，自然科学与人文社会科学之间存在学科差异。在自然科学权力不断膨胀的今天，人文社会科学的地位进一步下降，并被"科学化"的浪潮席卷，落入被科学规范统领的框架之内，如以期刊论文发表作为评价人文社会科学学术成果的基本方法、以国际期刊发表作为评价人文社会科学学术成果的指标、以"国际化"评价人文社会科学发展的程度等。

事实上，期刊发表制度与现代自然学科的诞生密切关联，期刊发表制度的主要功能在于确立科学发现的优先权。对科学发现优先权的争夺突出了自然科学研究中的竞争性和排他性。自然科学知识的发展是"一日千里"式的，自然科学界的学术人员需要不断通过迅捷的期刊发表与其同行交换最新的知识进展，阅读期刊、在期刊上发表研究成果是自然科学界最为普遍的正式交流方式之一。然而，人文社会科学中的知识生产却呈现出另外一番景象。人文知识是包容性的、多元化的，不存在竞争取代的关系，知识更新的周期大大延长，学术成果则以专著为主。以典型的人文学科——哲学为例，哲学问题很多是重大深远的问题，根本不是一篇论文可以说清楚的。哲学研究基于从古到今的哲学经典文献，是对经典文献作出新的解读，不读期刊论文也不用担心会错过什么重大发明。

再次，评审文化的影响。以期刊论文发表评价学术人员的学术成果有其积极意义，比如，公开发表的论文比其他方面更能说服评委，评委也不必担心自己的评价结果受到质疑，这是评价客观性的基础。然而，舍本逐末式的一味强调期刊发表，则会催生令人担忧的怪现象，尤其是在这样一个时代——"以学术志业"的学者转变为"知识工作者"，学术队伍里涌进大量并不纯粹以学术为志业的人员，学术人员队伍的纯学术动机动摇了，学术自律性下降，他们更容易受外部制度和政策的影响。在这样的境况下，不良的制度会对学术事业造成重大打击。评审文化的蔓延，导致越来越多的面临职称晋升压力的年轻学术人员选择"捷径"以达到更多的发表。他们倾向于选择更容易产出学术成果的"短、平、快"项目，而不愿再坚守那些具有重大、深远意义却无法在短时间产出学术成果的研究项目。年轻学术人员正处在他们学术生涯的上升期，他们精力旺盛、思维活跃，正是创造他们自己学术帝国的黄金时期，如果他们被迫不断发表论文，并不得不因此选择"东一榔头、西一棒子"以更快产出学术成果——这些成果的质量姑且不论——这无疑是对他们学术事业的重击。

另外，评审文化还影响到学术人员学术研究范式的选择。为了在评价中得到更稳妥的评价，学术人员往往选择那些具有统一评价标准、成熟评价体系的研究范式进行研究，如果选择创新的研究方法，或者选择那些本身颇具争议的新生范式，则会影响他们在评委那里的打分，造成论文发表的风险。

最后，科学界的奖励系统是内嵌于科学规范当中的，这种奖励的本质是同行给予的肯定，这是学术人员得到的终极评价。外在于学术同行的那些评价，往往会干扰学术界的秩序，破坏学术评价的本质意义。事实上，外在于学术界的评价奖励政策，也往往起不到它们预期的作用，有时还会产生反向的作用力，破坏学术界的自然平衡。

一个指标，可以通过它所产生的激励作用进而改变整个系统。[1]"要搞坏一个学科，最可怕的恐怕是扭曲它的认证标准。'劣币驱逐良币'的格雷欣法则在学术界广泛适用。"[2]我们应该认识到一个指标、一种评价标准可能带来的系统性影响。一般而言，在评价实践中，一系列的指标比单个指标要更好——因为单个指标往往会将手段和目标颠倒错置。例如，当仅仅强调发表数量、将发表数量作为唯一的指标，那么提升发表数量就变成了科研的目标，为了满足数量的评价而牺牲质量的做法就并不难理解。当仅仅强调 SSCI 和 A&HCI 发表数量，那么"Super Stupid Chinese Idea（英文首字母连拼同样为 SSCI）"的产生也就在所难免，甚至发生学术人员因学术不端[3]而被国外期刊大规模退稿等使整个学术界蒙羞的事件。总之，以上的分析并非危言耸听，其他国家的"误入歧途"也为我们提供了前车之鉴，正如 Diana Hicks 等人指出的那样，"我们应预先考虑到所有这些影响"[4]。

[1] Diana Hicks, Paul Wouters, Ludo Waltman, Sarah de Rijcke & Ismael Rafols. The Leiden Manifesto for research metrics. *Nature*. 23 April 2015. Vol. 520. pp. 420-431.
[2] 萧琛. 学科制度建设笔谈[J]. 中国社会科学，2002(03)：74—91＋206.
[3] 凤凰资讯. 英出版商撤回 43 篇造假论文　内地 38 家医院涉案[EB/OL]. http://news.ifeng.com/a/20150402/43469464_0.shtml, 2015-05-05.
[4] Diana Hicks, Paul Wouters, Ludo Waltman, Sarah de Rijcke & Ismael Rafols. The Leiden Manifesto for research metrics. *Nature*. 23 April 2015. Vol. 520. pp. 420-431.

第二章　理论框架与研究方法

第一节　理论框架

一、学科文化研究的理论框架

在德国,学科文化研究是高校社会化研究的一个分支,其理论框架有两个来源:布迪厄的习性理论和帕森斯的行动理论,其中,前者是德国学科文化研究的主流。胡伯(L. Huber)和颇提拉(G. Portele)等人采用布迪厄的习性理论,将高校社会化看作是培养一般学术习性和特定专业习性的过程;指出大学的不同学科和专业有着各自独特的人文和物质环境,具有自己独特的、区别于其他学科和专业的文化;并将学科文化定义为"相互之间有区别的,在自身内部又系统联系在一起,由感知、思维、评价和行动模式构成的意义体";而学科文化又因专业不同可以区分为不同的专业亚文化。胡伯等人还指出,在高校社会化研究中,应同时分析学科文化和学科习性两个方面及其之间的互动关系。[①]

温道夫(P. Windolf)是采用帕森斯的理论进行学科文化研究的代表之一。温道夫认为学科文化是一种在学科内部制度化的价值和规范体系——指导各个学科对知识进行有选择地生产、传播和获取;每个学科都有其主流的行动理性,并体现在行为规范上。学科文化促成了学术共同体的均一性,并在代际传递中积淀。[②]

无论基于何种理论框架展开的学科文化研究,都凸显了学科文化的如下特征:学科文化的独特性(不同学科、专业之间相互区别)、学科文化的相对稳定性(制度化价值与规范体系)、学科文化的继承性(也即布迪厄所谓的"再生产"),以及学科文化对学术

---

① 孙进.德国的学科文化研究:概念分析与现象学描述[J].比较教育研究,2007(12):8—12.
② 孙进.德国的学科文化研究:概念分析与现象学描述[J].比较教育研究,2007(12):8—12.

共同体内认知、态度和行为的指导性。总体而言,学科文化具有稳定性与不稳定性相统一、封闭性与开放性相统一、外显性与内隐性相统一、形成的长期性与影响的持久性等特点。① 由于学科文化除了结构性特点之外,还具有动态发展变化的特点,因此,布迪厄的场域理论能够更好地解释学科文化,"习性"的概念也能够为学科文化的分析提供清晰的抓手。

二、理论框架的确定

研究中发现,人文社会科学国际期刊发表奖励政策在不同院系、专业产生的影响是不均等的,初步来看,这种差异与不同学科专业的知识特征有关,而基于知识特征,不同学科专业学术人员的研究兴趣、研究问题、研究范式、世界观、价值观等均存在差异——也即学科文化之间存在差异。

学科文化使得某个学科专业学术共同体内的学术人员对国际化持有特定的信念,而对国际化持有的信念则进一步影响了学术人员对国际发表的态度以及国际发表的相关行为,学术人员对国际发表的态度,以及国际发表行为,决定了国际发表奖励政策实施的效果。具体逻辑见图2。

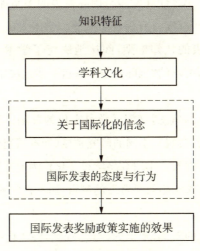

图 2　研究的理论框架

---

① 胥秋.大学学科文化的特点及其影响因素研究[J].黑龙江高教研究,2014(10):1—4.

其中,本研究采用的研究视角是学科文化的视角,研究问题的范畴属于托尼·比彻在《学科差异的意义》①一文中指出的"宏观层面"(对各学科群落与外部环境之间的关系展开的研究)和"中观层面"(对不同学科的学术评价、晋升标准、教师发展生涯等开展的研究)的研究——也即针对"外部政策环境与各学科群落的关系及其互动"与"不同学科的学术评价"展开的研究。根本的研究问题是：不同学科能否使用同一学术评价标准？这是大学实施人文社会科学国际发表奖励政策所涉及的基本问题之一。核心的研究问题是：人文社会科学国际发表奖励政策如何与不同的学科文化互动？

人文社会科学国际发表奖励政策的实施效果既受学术人员对待国际发表的态度的深刻影响,又通过学术人员国际发表的行为体现出来。人文社会科学国际发表奖励政策目的在于促进国际发表的数量、扩大中文学术的影响力,因而,考察国际发表的数量是否因奖励政策的实施而有所增加,是判断奖励政策实施效果的最直接途径。更进一步地,学术人员国际发表的行为受到学术人员对待国际发表态度的支配,因而,分析学术人员对待国际发表的态度有利于理解学术人员国际发表行为背后的逻辑和意义。

国际发表往往被看作国际化的一部分,或者说一个方面,学术人员关于国际化的信念,从根本上决定了学术人员对待国际发表的态度和行为。具体而言,学术人员关于国际化的信念,决定了学术人员对国际发表的认知——何谓国际发表,国际发表与国际化的关系如何,SSCI、A&HCI发表与国际发表的关系如何,将SSCI、A&HCI作为本学科、专业的学术评价标准具有何种意义等。学术人员关于国际化的信念,通过框定学术人员对国际发表的认知框架,间接地决定了学术人员对待国际发表的态度——尤其是奖励政策所突出的"国际发表",还进一步地决定了学术人员国际发表的行为。

学术人员关于国际化的信念,又深受学科文化的影响。学科文化作为研究视角,在不同的层次(宏观、中观、微观)、不同的研究领域(如本研究所涉及的学术评价领域)都不失为一个有效的分析框架。本研究将学科文化作为研究视角,从该视角去看人文社会科学国际发表奖励政策实施效果背后的逻辑,而不把学科文化的内容研究作为关注重点。

学科知识是学科文化的根本,知识的特点决定学科文化的特性,是学科间文化差异的根源。② 因而,知识特征是整个研究的基础,对知识特征及在其基础之上发展起

---

① Tony Becher. The Significance of Disciplinary Differences [J]. *Studies in Higher Education*，1994(2)：160.

② 胥秋. 大学学科文化的特点及其影响因素研究[J]. 黑龙江高教研究,2014(10)：1—4.

来的学科文化的分析,是研究人文社会科学国际发表奖励政策实施效果的核心。本研究将知识特征作为学科文化的重要组成部分和基础,从学科文化的视角研究人文社会科学国际发表奖励政策在不同学科专业实施效果的差异。

　　而关于学科文化的研究,往往采用布迪厄的习性理论①。除此之外,本研究所收集的数据资料也显示,在比学院、学科更小的单位范围内(如研究领域之间、研究范式之间等),存在着学术权力斗争的迹象,因而需要进一步缩小分析的单位并能够在不同单位之间进行切换和比较,以便能够更清晰地呈现出奖励政策在不同学院、学科中的作用过程。因此,布迪厄的场域理论在本研究资料的分析中具有适切性,能够最大限度地整合资料,对资料进行系统的解释,因而选择布迪厄的场域理论作为本研究的理论基础。接下来,将系统介绍布迪厄的场域理论及其核心概念工具:(科学)场域、(科学)资本和(学术)惯习。如何决定本研究中科学场域分析的层次呢? 一般而言,学科是一个相对稳定和范围固定的场域。但从政策运行的视角来看,由于政策的实施依托的是某一组织,在学术场域中也即学术组织,因此,在分析人文社会科学国际发表奖励政策时,以学科为分析层次稍欠妥当,倒是以学科所依托的学术组织——院系为分析单位更为贴切。

三、理论基础: 布迪厄的场域理论

　　在布迪厄看来,社会科学研究的任务在于揭示那些构成社会宇宙的各种不同社会世界中的结构,同时揭示那些确保这些结构得以再生产或转化的"机制"。② 社会宇宙中的结构具有双重性,分别存在于"初级客观性"和"次级客观性"之中。初级客观性包括各种物质资源的分配,以及运用各种社会稀缺物品和价值观念(也即各种资本的类型)的手段;次级客观性则体现为各种分类体系,体现为身心两方面的图式,在社会行动者的各种实践活动,如行为、思想、情感、判断中,这些分类系统和图式发挥着符号范式的作用。若从关系体系来解读,则初级客观性体现了群体或阶级间的权力关系,而

① 孙进. 德国的学科文化研究: 概念分析与现象学描述[J]. 比较教育研究,2007(12): 8—12.
② 关于布迪厄的理论观点参考了以下书目资料: [法]皮埃尔·布迪厄、[美]华康德著,李猛、李康译. 实践与反思——反思社会学导引[M]. 北京: 中央编译出版社,1998. [法]皮埃尔·布尔迪厄著,陈圣生、涂释文、梁亚红等译. 科学之科学与反观性——法兰西学院专题讲座(2000—2001学年)[M]. 桂林: 广西师范大学出版社,2006. [法]皮埃尔·布尔迪厄著,刘成富、张艳译. 科学的社会用途——写给科学场的临床社会学[M]. 南京: 南京大学出版社,2005. [法]P. 布尔迪约、J.-C. 帕斯隆. 再生产——一种教育系统理论的要点[M]. 北京: 商务印书馆,2002. [法]P. 布尔迪厄. 国家精英——名牌大学与群体精神[M]. 北京: 商务印书馆,2004. [法]P. 波丢. 人: 学术者[M]. 贵州: 贵州人民出版社,2006.

次级客观性则体现了它们之间的意义关系。社会科学研究的任务即探讨符号暴力的各种形式如何发挥特有的作用，影响支配结构的再生产及其转换。

社会结构和认知（心智）结构之间存在结构性的联系，两者彼此强化。两者之间达成的对应关系，发挥着至关重要的政治作用——支撑社会分配的结构。也即，符号系统不仅仅是知识的工具，还是支配的工具。正因为如此，各种分类系统构成了场域内争夺的焦点。各个阶级和其他各种敌对的社会集合体，持续不断地参与这场有关分类体系的争夺，以便加强能最大限度地符合其特殊利益的面对世界的界定体系。

在布迪厄的理论中，场域和惯习是两个核心概念。场域本质上是一种社会空间，其特征首先是自主性。一个场域就像是一种游戏，有自己独特的游戏规则。在这个意义上，每个场域都相对独立于其他场域。但基本上所有的场域都会受到元场域的影响。场域有两个基本性质。首先，在结构的意味上，场域反映出一种社会空间结构。场域就像一面棱镜，它的内在结构就是对各种外在力量的反映，也即，场域的结构是外在力量关系的一种"定格"。其次，在能动的意味上，场域反映出一种动态的冲突与竞争。在场域中，占主导地位的角色试图维持现行的游戏规则，因为这套游戏规则有利于维持其主导地位；而身处边缘地位的角色，则试图改变游戏规则，重新制定有利于他们获取更多权力和资本的新规则，以此抢占该场域的主导地位。占主导地位的角色，拥有的资本更多，在场域中的权力更大；而处于边缘地位的角色，拥有的资本（场域中承认的那种资本）较少，权力较小。在场域的结构中，更有利于占主导地位的角色进一步获取更多的资本。综上，场域的基本特点是，具有一定的自主性，遵循自己的逻辑和必然性；并对制定游戏规则的权力——对规定权力场域中各种权威形式间的等级序列及"换算比率"的权力的垄断——进行争夺，力图在游戏中占据更好的角色和地位，在游戏中获得更多的筹码（"资本"），并维持对自身有利的游戏规则。在学科场域中，什么样的学术活动价值等级更高，什么样的学术成果价值等级更高以及具体到期刊发表上什么样的期刊更具有权威性、什么样的发表更具有学术价值，都是学科场域中权力斗争的焦点。

惯习是由"积淀"于个人身体内的一系列历史关系所构成的，其形式是知觉、评判和行动的各种身心图式。[①] 随着个人不断接触某些社会状况，个人也就逐渐被灌输进一整套性情倾向。这种性情倾向较为持久，也可转换，将现存社会环境的必然性予以内化，并在有机体内部打上经过调整定型的惯性及外在现实约束的烙印。惯习是"结

---

① ［法］皮埃尔·布迪厄、［美］华康德著，李猛、李康译. 实践与反思——反思社会学导引［M］. 北京：中央编译出版社，1998：17.

构"在身体层面的体现。经由这种内化过程,行动者在其实践中注入的各种超个人的、无意识的关注原则或划分原则得以构建。在学科场域中,学术惯习即是这样一种超越个体的、无意识的观念、态度和行动原则。拥有什么样的学术惯习,便拥有与之相对应的知觉、评判以及行动的身心图式。而学术惯习来源于个体所经受的系统教育和学术训练。不同学科的学术惯习以及海归学术人员与本土培养的学术人员的学术惯习,都大不相同。

第二节　概念工具：学术场域、学术资本与学术惯习

本研究中,采用布迪厄理论中的(学术)场域、(学术)资本与(学术)惯习三个核心概念作为基本的分析工具。

一、学术场域

布迪厄的多部著作对科学场域都有论述,如《科学的社会用途——写给科学场的临床社会学》和《科学之科学与反观性——法兰西学院专题讲座(2000—2001学年)》两部著作。在布迪厄看来,科学场域"像其他场域一样,是一个汇聚了具有一种结构意味的各种力量的场,同样也是一个进行着这些力量的转变或保持的斗争的场"。[①]

科学场域具有一般场域所具有的基本特征。首先,科学场域是一种具有结构意味的"各种力量的场"。在这个场域中,每一个行动者——单个的学者、设备器材、实验室等(这些都是场域中的"活动因子")及其相互关系,形成了一个空间。在这个空间中,各个"活动因子"决定着场的结构,场的结构反过来也作用于各个活动因子。一个活动因子所具有的力量,既由它们所拥有的特定资本的数量和结构所定义,也取决于场域内其余活动因子——取决于场域内其他所有的观点,以及这些观点之间的关系。一个活动因子的力量,取决于该因子使用的竞争策略——不同的活动因子使用与其位置和资本匹配的竞争策略在场域内展开竞争,以在场域中占据有利位置、获取更多资本,并在场域中获得成功。在人文社会科学中,主要的活动因子类型有单个的学术人员、同一研究领域的学术小组、学术委员会、各类研究基金等。这些活动因子的力量大小各

---

① [法]皮埃尔·布尔迪厄著,陈圣生、涂释文、梁亚红等译.科学之科学与反观性——法兰西学院专题讲座(2000—2001学年)[M].桂林：广西师范大学出版社,2006：57—58.

异,处在场域中的不同位置。不同场域中的同类型活动因子,甚至同一场域中的同一类活动因子的内部,都具有不同的力量。比如,同一类型的活动因子,在某个场域中可能无足轻重,处于受支配的位置,而在另一个场域中却可能处于支配地位,成为"决定因子"。

科学场域中的科学资本分配结构决定着科学场域中各个活动因子之间的力量关系。持有一定分量资本的活动因子能够在科学场域中施加一种权力,来影响那些拥有较少资本分量的活动因子,影响场域"入场费"的设定,并决定场域中获取利益的机会分配。在一个场域中,情况往往是,少数行动者和少数团体建制把足够的资本集中起来,抢先把该场域所获得的利益占为己有,以便对其他行动者持有的资本,以及只持有较少资本分量的行动者行使权力、施加影响。

除了各个活动因子之间直接的相互作用、干扰或控制之外,场域的结构对于所有活动因子都产生影响。场域的结构因资本的不均等分布形成,场域根据活动因子在其中所处位置的优劣来限定对不同活动因子开放的各种可能性空间的大小。所谓的决定因子(或统治者)也就是在整个场域的结构中占有着有利于他的那个结构作用的位置。①

其次,科学场域是一个"充满斗争"的场域。在科学场域中,各个活动因子(或行动者)之间呈现对峙关系,它们总是试图保持或者改变目前的力量关系。科学场域中的活动因子参与一些活动,由于这些活动因子在场域中——也即资本分配结构中的位置不同,它们参与这些活动的目的、手段以及效果等均不相同。

在科学场域中的各个活动因子的斗争中,各个活动因子所采用的策略并非毫无限制、随心所欲。事实上,一方面它们采取的策略来源于行动者的知识与认知结构,并受到它们所处位置带来的客观性制约;另一方面,它们的策略也受到竞争对手的策略及竞争对手所处位置的影响。活动因子所采取的策略发挥作用的自由度,往往取决于该场域中资本的集中程度;这种自由度存在于场域中统治者与被统治者(或称挑战者)的对立当中。对于场域中的统治者而言,他们往往无需刻意使用某些策略,便能使学科场域的发展最大限度地增进自己的利益。事实上,统治者无需刻意使用策略,是因为他们采用了某种表面上看来既"合适"又"合法"的方法,如通过推崇某一研究规范来实现其利益等。

场域中的统治者主导着场域的现实状态,他们在场域的竞争中往往具有决定性的

---

① [法]皮埃尔·布尔迪厄著,陈圣生、涂释文、梁亚红等译.科学之科学与反观性——法兰西学院专题讲座(2000—2001 学年)[M].桂林:广西师范大学出版社,2006:59—61.

优势,因为"无论他们的竞争对手是怎样的,他们总是构成一个强制性的参照系。他们以自我存在为唯一的存在,把他们在自己的实践中所遵循的原则强制性地规定为普遍准则。他们是能够强制性地规定科学定义的人,按照该科学定义,最完美实现的科学,就是他们所从事的、所实施的和所拥有的科学"。

既然场域中现存的各种力量都趋向于加强统治者的位置,如何才能使一个场域发生真正的转变呢?布迪厄举例说:"比如在经济领域中,一个场域的内部变化往往是通过各种场域之间的界限的重新确定(因为,其结果造成具有新生资源的因子进入原有的场域之中)来实现的。"①

关于科学场域,值得注意的还有以下两点:第一,科学场域中集体资本的分配可以倾向于这个学科或者另一个学科;在学科内部,可能倾向于这个或那个专业;在专业内部,可能倾向于这样或那样的科学"类型"。第二,科学场域当中的斗争,既可以发生在个人之间,也可以发生在学科之间或实验室之间。

二、学术/科学资本

首先,科学资本是一种象征资本,建立在认识与再认识的基础之上,而象征性资本的独特性在于它存在于行动者的感知之中,这些感知范畴的获取,来源于行动者在科学场域中对该类型资本在科学场内部分配结构的探索。科学资本是行动者投身科学领域所完成的认识和确认行为的产物,也是他们所占有的全部知识产权,行动者也因此被赋予特殊的感知范畴,使他们可以按照场域法则的构成原则去识别其中关键的差异。② 科学资本在科学场域内,其具有的价值才能被最大程度地认可,因为科学场域赋予学术人员对科学资本的感知能力——甚至这种感知能力也是科学资本的一部分,拥有此感知能力的学术人员,能够识别科学资本及其在场域中的价值、结构中的位置。

另一方面,科学资本又具有排他性——尽管科学资本有时候可以转换为其他类型的资本(如经济资本),但科学资本从性质上来说是具有自主性的。但并不是说科学资本是绝对独立于其他资本的,有时候科学资本依赖于其他形式的资本,其他形式的资本也会与之互动。如对经济资源的依赖——经济资源在数学、历史等学科中的地位是

① [法]皮埃尔·布尔迪厄著,陈圣生、涂释文、梁亚红等译.科学之科学与反观性——法兰西学院专题讲座(2000—2001学年)[M].桂林:广西师范大学出版社,2006:61—62.
② [法]皮埃尔·布尔迪厄著,陈圣生、涂释文、梁亚红等译.科学之科学与反观性——法兰西学院专题讲座(2000—2001学年)[M].桂林:广西师范大学出版社,2006:92.

十分微弱和次要的，但在像物理或社会学这样的学科中则变得很强。

科学资本的权力以一种信誉的形式发挥作用。布迪厄指出，作为一种特殊的象征资本（符号性资本），科学资本在于科学场域内所有竞争对手给予的承认，也即声誉，以及通过这些声誉获得的权威。这种权威不仅能够规定游戏的规则，而且还能够规定游戏的合法性，而场域则按照这些规则来分配游戏利益，这样一来，权威即可轻松获得场域内的利益。在学术场域中，某个选题是否重要，某个话题是否成为热点，某个话题是否过时陈旧，在哪个杂志上发表文章价值更高、更有回报……全都是这样产生出来的游戏规则。①

三、 学术场域中的惯习

布迪厄指出，惯习是一种"技能"，也就是处理一些问题的实践意识，以及处理那些问题的合适方法。场域选择能够实现自己倾向的行动者惯习。布迪厄指出，存在着一种所谓的"学科惯习"，这种惯习与学校教育紧密相连。与行动者的历程（包括社会、学校等方面，场域内及场域外）以及行动者在该场域中所占有的地位紧密联系。场域中的一个区域被一些带有先入之见的人所占据，他们由于自己的地位和惯习的原因，往往倾向于理解和重视这种惯习所指导的活动，并且不断地加强它、肯定它，并将它推向发展的高峰。

四、 学术场域的入场费

布迪厄指出②，科学场的"入场费"指的是研究能力，包括研究者的科学资本，是已经形成的博弈意识，也是某种渴望、某种科学的生命力，某种幻想……入场费包含了学术人员进入学术场域所需的基本条件——保证学术人员进入学术场域后有意愿、资格、能力等来参与场域内的竞争。入场费规定了学术人员进入学术场域所需要的最基础条件。入场费包含了一系列的惯习，包含了长达数年的学术训练，包含了学术场域现行的结构及其行为倾向。入场费能够反映学术场域的结构变迁——如布迪厄所举的物理学科的例子：物理学科的数学化使得职业人与业余爱好者，内行与外行之间的

---

① ［法］皮埃尔·布尔迪厄著，刘成富、张艳译.科学的社会用途——写给科学场的临床社会学［M］.南京：南京大学出版社，2005：31—34.

② ［法］皮埃尔·布尔迪厄著，陈圣生、涂释文、梁亚红等译.科学之科学与反观性——法兰西学院专题讲座（2000—2001 学年）［M］.桂林：广西师范大学出版社，2006：85.

鸿沟越来越大,对数学的掌握成为进入物理学科的"入场费",并因此不仅减少了读者的数量,而且还减少了潜在的生产者的数量。入场费还能反映学术场域的自律性程度——学术场域对新进入者征收入场费的力度和形式,反映了学术场域的自律性程度。

第三节　分析框架

本研究的分析框架分为四个层次。第一个层次:对不同案例学科(院系)中学术人员国际发表行为的分析(第三章)。第二个层次:对人文社会科学学术人员关于国际化的信念、对国际发表和国际发表奖励政策的认知与态度的分析(第四、五、六章)。第三个层次:对人文社会科学国际发表奖励政策的实施效果的分析(第七章)。第四个层次:对人文社会科学学术人员关于国际化的信念、对国际发表及国际发表奖励政策的认知与态度之间的差异产生的原因的分析(第八章第一节),以及人文社会科学国际发表奖励政策在各个院系实施效果的差异所产生的原因的分析——也即对不同学术场域的对比分析(第八章第二节)。

一、对案例学科（院系）中学术人员国际发表行为的分析

第三章着重分析五个人文社会科学院系在国际发表方面的差异、差异产生的原因以及人文社会科学国际发表的影响因素。

二、对学术人员关于国际发表及其奖励政策的认知与态度的分析

通过对案例院系典型案例的分析,呈现人文社会科学学术人员关于国际化的信念以及对待国际发表和国际发表奖励政策的认知与态度。其中,第四章呈现人文学科学术人员对国际发表及国际发表奖励政策的认知与态度。由于社会科学院系中两个案例各具典型性,因此分章进行介绍。法学院作为社会科学中重视本土发表的案例于第五章进行单独分析。商学院作为社会科学中重视国际发表的案例于第六章进行单独呈现。通过三个章节的对比,试图描绘出人文社会科学学术人员对国际发表以及国际发表奖励政策的认识图景和态度谱系。

三、 对 H 大学国际发表奖励政策实施效果与影响的分析

H 大学的人文社会科学国际发表奖励政策实施效果如何？以及政策产生的影响如何？第七章着重分析人文社会科学国际发表奖励政策的实施效果及影响。

四、 对案例院系所呈现出的不同学科场域的对比分析

通过对案例学术场域的对比分析，解释人文社会科学学术人员对国际发表及国际发表奖励政策的认知与态度的差异，以及人文社会科学国际发表奖励政策在各个院系实施效果之间的差异。

布迪厄指出，"我碰到的和想要提出的关于科学场的问题一共有两类：一方面牵涉到人们是否可以在这个场域中找到各种场域的普遍的特性；另一方面是这个场域是否具有与其自身的特殊目的和特殊运作方法相联系的一种特殊的逻辑。""并解答如下一些问题：人们要使这个场域发挥什么样的作用？如何发掘、分配或者再分配场域中的资源和利益？这些资源是怎样分布的？要取得成功需要哪些工具和手段？在研究或场的运作的每个时段，利益、盈利和制胜的主牌的分配结构应当如何？这些都涉及特殊的资本的分配结构（由此，人们可以看到，场域的概念就是在每个时段里场内自行规定的一系列具体问题的系统）。"①

具体而言，对科学场域的分析由两个部分组成：静力分析与动力分析。② 科学场域的静力结构描述了场域中不同学者获取利益的分配结构。所谓的静力分析指的是分析场域的静力结构，也即各种作用力之间的关系——场域中所有权（科学资本）的分配结构。静力分析主要分析空间中的行动者，与它们所占有的资本，以及彼此之间的关系结构。动力因素的根源在静力结构当中，在静力结构所定义的作用力的关系之中。

布迪厄提出了场域分析的三个必不可少的基本步骤。第一步，必须分析所研究的场域相对于权力场域的位置。尽管每个场域都或多或少具有一定的自主性，遵循着自己的逻辑和必然性，但特定的场域相对于原场域以及其他场域的关系，无疑对这个场

---

① ［法］皮埃尔·布尔迪厄著，陈圣生、涂释文、梁亚红等译. 科学之科学与反观性——法兰西学院专题讲座（2000—2001 学年）［M］. 桂林：广西师范大学出版社，2006：60.
② ［法］皮埃尔·布尔迪厄著，陈圣生、涂释文、梁亚红等译. 科学之科学与反观性——法兰西学院专题讲座（2000—2001 学年）［M］. 桂林：广西师范大学出版社，2006：103—104.

域产生着不可忽视的制约作用。第二步,必须勾画出场域中各个位置之间关系的客观结构,因为场域中不同位置的占据者,为了控制场域中特有的正当形式的权威,相互竞争和较量。由此而发生的关系,制约着不同位置的行动者的策略选择。第三步,必须分析行动者的惯习。[1]

正如布迪厄所指出的,行动者的观点会随其在客观的社会空间中所占据的位置的不同而发生根本的变化。[2] 学术人员因其在科学场域中所处位置的不同,其关于国际发表的观点也有极大分歧。因此,分析学术人员的观点时,也必须分析其在场域中所处的位置。如何确定一个学术人员在科学场域中所处的位置? 可以看他所拥有的科学资本及其相关象征性资本,如他的头衔、职称、期刊发表、学科训练背景等。

第四节　研究方法：个案研究

本研究中涉及多个层次的个案研究。首先,本研究选择 H 大学出台的人文社会科学国际发表奖励政策作为个案来探讨人文社会科学领域内所实施的针对国际期刊论文发表的奖励政策。其次,本研究选择人文社会科学中的多个个案学科来描述人文社会科学领域的整体情形。之所以采取个案研究,是因为"个案研究已经被证明特别适合于对教育革新、项目评价和理解政策方面的研究"[3]。考林斯和努布利特[4]详细描述了个案研究(他们称之为田野研究)在政策研究方面的优势:

> "田野研究可以更好地抓住情境和场景,这对于政策或者介入性项目来说要比积累单个特征更富有补充性意义。第二,田野研究所揭示的并非静态特征,而是对行动中的人以及它们在特定背景下如何互动的理解,这样对人们行为的推论就不像量化研究那样抽象,人们可以很好地理解介入性项目对特定情境下的行为的影响……田野研究可以比实证主义设计对社会变革更有用一些,而变革通常是

① [法]皮埃尔·布尔迪厄著,刘成富、张艳译. 科学的社会用途——写给科学场的临床社会学[M]. 南京：南京大学出版社,2005：15.
② [法]皮埃尔·布迪厄、[美]华康德著,李猛、李康译. 实践与反思——反思社会学导引[M]. 北京：中央编译出版社,1998：11.
③ [美]莎兰·B. 麦瑞尔姆著,于泽元译. 质化方法在教育研究中的应用：个案研究的扩展[M]. 重庆：重庆大学出版社,2008：29.
④ Collins, T. S., and Noblit, G. W. *Stratification and Resegregation：The Case of Crossover High School*, *Memphis*, *Tennessee*. Memphis：Memphis State University, 1978. (ED 157 954).

政策所想达到的目标。(p. 26)"

那么,何谓个案研究? 作为社会学经验研究中的一项基本研究方法,个案研究历史悠久。其中,马林诺斯基的《西太平洋的航海者》被看做是个案研究历史上具有里程碑意义的名著。这部民族志研究的经典,连同该研究中对调查对象的选取、以及作者的田野调查实践,都被当做个案研究的最初范例。在过去近一百年中,在人类学、社会学的共同推动下,个案研究已经成为人文社会科学研究中最重要的研究取向之一。①

不同的学者从不同的侧面对个案研究都有所界定,比如伊恩曾把个案研究界定为研究过程:"个案研究是实证性探究,它在真实生活场景下对当前现象进行探索,特别适用于现象和场景的界限并不明显的状况。"斯塔克则重点关注个案研究中的研究单位——个案。麦瑞尔姆曾将个案研究界定为"最终产品":"一个质化个案研究是对单位事件、现象或社会单位所进行的密集的、整体性的描述和分析。"沃尔考特也将个案研究看作是"现场研究的最终产品",而非一种策略或方法。麦瑞尔姆后来指出,对个案研究的特征进行界定的最重要的方面在于对其研究目标——也即个案研究中的个案进行清晰的划界。麦瑞尔姆十分赞同史密斯的看法,也即把个案界定为"有边界的系统"。个案可以是不同层次上的界定。一个人、一个政策、一个群体、一个学校,都可以成为一个个案。②

斯塔克将个案定义如下:

> 个案可以简单,也可以复杂。它可以是一个儿童、一间儿童教室,或是一个事件,一次发生(happening)……它是许多个中间的一个……个案是一个"有界限的系统"(bounded system)。③

根据研究目的,斯塔克进一步将个案研究区分为三个类型:内在的个案研究(intrinsic case study)、工具性个案研究(instrumental case study)和多个案研究(multiple case study or collective case study)。其中,在内在的个案研究中,研究者研

---

① 卢晖临、李雪. 如何走出个案——从个案研究到扩展个案研究[J]. 中国社会科学,2007,01: 118—130＋207—208.

② [美]莎兰・B. 麦瑞尔姆著,于泽元译. 质化方法在教育研究中的应用:个案研究的扩展[M]. 重庆:重庆大学出版社,2008.

③ Robert E. Stake, Qualitative Case Studies, In Norman K. Denzin and Yvonna S. Lincoln (eds.), *The Sage Handbook of Qualitative Research*, Sage Publications, 2005, p. 444.

究某个个案,并非因为该个案具有代表性或是具有某种特殊性质,而是出于对该个案本身的兴趣,如人物传记、项目评估、临床诊断等都是典型的内在的个案研究。在工具性个案研究中,研究者更多地将个案当作探讨某种议题、提炼概括性结论的工具,对于个案本身的兴趣退居次要地位。多个案研究实质上是一种更为极端的工具性个案研究,研究者旨在研究某个总体或一般情况,对于特定的个案本身没有什么兴趣。① 一般的人文社会科学研究多使用工具性个案研究和多个案研究。本研究涉及的两个层次上的个案研究分别对应两种个案研究形式。其中,第一个层次的个案研究——也即以 H 大学实施的人文社会科学国际发表奖励政策为个案,探讨普遍意义上的中国大学实施人文社会科学国际发表奖励政策的一般情况,也即“工具性个案研究”。第二个层次的个案研究——选择文学、历史学、哲学、法学和管理学五个案例学科来探讨整个人文社会科学领域的总体情况,此为“多个案研究”。

布洛维分析了传统的个案研究所面临的主要批评。第一个批评涉及个案研究的意义:个案研究可能提供非常有趣的结果,但却无法说明自己具有多大的普遍性,也即特殊性与普遍性之间的关系。第二个批评涉及分析层次:作为对社会处境中具体的人际互动的研究,个案研究具有微观性和反历史性,也即微观与宏观之间的关系问题。② 个案研究中如何回应以上两种质疑? 在个案研究的发展史上,研究者发展了四种应对策略:超越个案的概括——类型学的研究范式、个案中的概括——人类学的解决方式、分析性概括、扩展个案方法。③

费孝通的研究路径是类型学研究范式的代表,在社区研究中,通过对一个一个村庄的具体而微的研究,然后加以比较,“用比较的方法逐步从局部走向整体”。费孝通将单个社区研究的意义主要定位为建立“地方类型”,通过积累众多的“类型”,进一步反映中国社会结构的总体形态。④ 这一信念被弗里德曼称作“最典型的人类学谬误”⑤,认为这是将传统人类学研究初民社会的工具移植到复杂社会的时候,错误地将对总体性的把握也移植了过来。

个案中的概括,是人类学的解决之道。人类学研究试图将微观阐释与宏大景观结

---

① 卢晖临、李雪. 如何走出个案——从个案研究到扩展个案研究[J]. 中国社会科学,2007(1):118—130＋207—208.

② Michael Burawoy, The Extended Case Method, *Ethnography Unbound*. Berkeley:University of California Press,1991.

③ 卢晖临、李雪. 如何走出个案——从个案研究到扩展个案研究[J]. 中国社会科学,2007(1):118—130＋207—208.

④ 费孝通. 学术自述与反思[M]. 上海:三联书店,1996.

⑤ Maurice Freedman, *The Study of Chinese Society*. Stanford:Stanford University Press, 1979, p. 382.

合起来："我们通过那些成就整体的部分看待整体，通过推动部分的整体看待部分，这样往返来回于这二者之间，我们经由一种持续性的知识活动，试图使它们彼此成为对方的说明。"[①]这种理论认为，研究地点不等于研究对象，个案的代表性不等于个案特征的代表性（研究者研究的是个案特征，而非个案）。[②]个案可以非常独特，甚至是偏离正常状态，但个案体现出的某些特征却具有重要的代表性。[③]个案中的概括，关键不在于"概括"，而在于个案研究中与相关理论的比较。

分析性概括中，理论扮演了重要角色，先前的理论作为一种模板，用来作为与个案进行比较的工具。[④]因此，在个案选择中，更多地具有理论指向。研究者通过对某些个案的研究，达到提出、修正或检验理论的目的。有些学者指出，"概括"一词并不适用于个案研究，"外推"才是对个案研究特征更为准确的把握——因为个案研究强调的是个案与其他事件的相关性[⑤]，而非总体代表性。

有时候出于研究目的的需要，研究者常常选用若干个具有相关性的个案进行比较研究，这其中即面临对个案进行抽样的问题。有些研究者强调理论在个案选择时的重要性，并将个案研究中的抽样称为理论抽样[⑥]。样本的选择具有理论上的意义，因为它体现了某些特征，并有助于发展和检验理论与解释。个案研究中的比较研究往往只涉及少数几个个案，是一种小规模样本的比较研究。本研究采用的即为理论抽样，在学科差异的理论指导下，选择最有助于解释学科差异的五个学科（院系）。

具体而言，因研究目的不同，比较研究被区分为四种类型：个体化的比较（individualizing comparisons）、普遍化的比较（universalizing comparisons）、差异发现的比较（variation-finding comparisons）和包围性的比较（encompassing comparisons）。其中，本研究采取的即为"差异发现的比较"——通过检视个案之间的系统性差异来建立一种差异原则，这种差异涉及具有多种形式的某个现象的强度或特征。通过比较研究

① Clifford Geertz, *Local Knowledge*, Basic Books, 1983, p. 69.

② Giampiet ro Gobo, Sampling, Representativeness and Generalizability. In Clive Seale, Giampiet ro Gobo, J aber F. Gubrium, and David Silverman (eds.), *Qualitative Research Practice*, Sage Publications, 2004, p. 452.

③ 卢晖临，李雪. 如何走出个案——从个案研究到扩展个案研究[J]. 中国社会科学，2007(1)：118—130＋207—208.

④ Robert K. Yin, *Case Study Research：Design and Methods*, 2nd edition, Sage Publications, 1994, pp. 10,31.

⑤ David Silverman, *Doing Qualitative Research：A Practical Handbook*, Sage Publications, 2000. P. Alasuutari. *Researching Culture：Qualitative Method and Cultural Studies*. Sage Publications, 1995, pp. 155 - 156.

⑥ Clive Seale. *The Quality of Qualitative Research*, Sage Publications, 1999, p. 110.

得到的概括较之从单个个案中得到的概括往往更具说服力,而理论在比较和概括中的角色也显得尤为重要。①

当然,与其他方法一样,比较方法也有它的软肋。如斯考科波尔指出,研究者很难选择出完全符合要求的个案,因为个案太少、变量太多,而且无法实施控制,所以有些个案的选择不得不退而求其次;再者,研究者必须假定进行比较的这些个案之间的相互独立性——事实上这几乎不可能。缺乏对个案之间相互作用的考察,也会减弱所得结论的力量。② 此外,等值性问题(待比较个案在诸方面的界定上具有完全的一致性)也是比较方法难以解决的。

社会人类学中的曼彻斯特学派提供的"扩展个案方法"则试图另辟蹊径,以回应布洛维所提出的关于个案研究的诘难。扩展个案方法将传统个案研究采取的立足点进行了转换——从个别个案转移到宏观权力,将社会处境当作经验考察的对象,从有关国家、经济、法律秩序等已有的一般性概念和法则开始,去理解那些微观处境如何被宏大的结构所形塑——其逻辑在于说明一般性的社会力量如何形塑和产生特定环境中的结果。③

在本研究中,采用理论抽样的方式,基于差异发现的比较研究方法,吸取了分析性概括和扩展个案研究的思路。

一、 案例 H 大学的选取

选择案例大学所依据的原则,主要考虑案例的典型性如何,具体而言,主要基于以下几点考虑:首先,案例学校的国际化发展达到一定程度。只有国际化发展达到一定的程度,才会展现出国际化发展进程中的更多面向。如果把选取的案例院系比作生物实验室中用显微镜进行观察的"组织切片",那么,在国际化发展达到一定程度的大学中选取的案例院系(组织切片)则属于最具有丰富性和过程展示性的"材料"。其次,案例学校应属于研究型大学。期刊发表属于研究成果展示的最重要手段之一,若非研究型大学,则并不会将鼓励学术人员进行国际期刊发表作为工作重点。研究型大学中,学校、院系和学术人员才会更多关注期刊发表。再次,案例学校应属于综合性大学,人

---

① 卢晖临、李雪. 如何走出个案——从个案研究到扩展个案研究[J]. 中国社会科学,2007(1): 118—130 + 207—208.

② Theda Skocpol. *States and Social Revolutions: A Comparative Analysis of France, Russia, and China*. Cambridge: Cambridge University Press, 1979, pp. 38 - 39.

③ 卢晖临. 社区研究:源起、问题与新生[J],开放时代,2005 年第 4 期。

文社会科学在学校中占有相当的地位。由于本研究所关注的问题是人文社会科学领域，因此选择的案例大学应该属于综合性大学，该大学的人文社会科学领域有一定的历史，经历过相当一段时间的发展历程，形成了自己的学术传统，这样，高等教育国际化进程中该大学的人文社会科学领域的发展，会形成独特的发展形态，形成富有张力的案例。其次，案例学校实施人文社会科学国际发表奖励政策至少已经数年时间。只有如此，才能谈得上评估政策的影响。最后，案例学校应该能够代表中国大学发展的基本样态。如何确定一所大学能够代表中国大学发展的基本样态呢？中国高等教育系统目前所呈现的状态接近于大卫·里斯曼所说的"蛇形队列"，也即层次较低的学校追随层次较高的学校，就像蛇的身躯追随蛇的头部一样。① 因此，选择一所在国内大学中具有一定威信、声誉和影响力的案例大学，能够在最大程度上代表中国大学目前或未来大部分大学的发展样态。

二、案例学科的选取

在案例学科的选取上，本研究主要参照了托尼·比彻和保罗·特罗勒尔以及皮亚杰等的分类框架。托尼·比彻和保罗·特罗勒尔在其《学术部落及其领地——知识探索与学科文化》一书中提出的学科分类框架，也即根据各个学科群体及其知识特征，以"硬性——软性（知识）"和"纯的——应用的（知识）"两个维度为参照，将学科划分为纯硬科学、纯软科学、应用硬科学和应用软科学四类，②如表 2 所示。

表 2　学科知识分类框架

知识分类	学科分类	描述	典型学科举例
纯硬知识	纯硬科学	纯科学	物理学
纯软知识	纯软科学	人文学科	历史
		纯社会科学	人类学
应用硬知识	应用硬科学	技术	机械工程学、临床医学
应用软知识	应用软科学	应用社会科学	教育学、法学、行政管理学

① ［英］托尼·比彻、保罗·特罗勒尔. 学术部落及其领地——知识探索与学科文化［M］. 北京：北京大学出版社，2008：29.
② ［英］托尼·比彻、保罗·特罗勒尔. 学术部落及其领地——知识探索与学科文化［M］. 北京：北京大学出版社，2008：38.

其中,人文社会科学在此分类框架中被区分为三个类别:人文学科、纯社会科学、应用社会科学,如表 3 所示:

表 3 人文社会科学的分类

知识分类	学科分类	描述	典型学科举例
纯软知识	纯软科学	人文学科	历史
		纯社会科学	人类学
应用软知识	应用软科学	应用社会科学	教育学、法学、行政管理学

然而,学科的复杂性并不能用这个简单的分类框架描述出来,许多学科并不能简单地被划分到纯社会科学或应用社会科学的类别中。当研究者问及一位经济学研究生经济学属于这个分类框架中的哪个类别时,该研究生思忖良久后告诉我:"不能把它放到任何一个类别中吧!经济学中有的是纯理论研究,有的是应用研究,都有啊!"

皮亚杰在其《人文科学认识论》①中指出,人们越来越倾向于不再在所谓的社会科学与所谓的人文科学之间作任何区分,然而,在庞大的学科体系中引入一些亚分类却必不可少。基于皮亚杰的分析,庞大的人文社会学科被区分为四个亚类,如表 4 所示。

表 4 皮亚杰对人文社会科学的亚分类

人文社会科学亚分类	描述	学科范例	关键特征
人文"正题法则"科学	探求"规律"	科学心理学、社会学、人种学、语言学、经济学、人口统计学	用实验事实去检验理论图式
人文历史学科	"以重现和理解在时间长河中展开的社会生活的全部画卷为己任"的学科	历史	对具体的复原
法律科学	是一个规范体系	法学	研究规范有效性的条件
哲学学科	以达到人类各种价值的总协调为己任	哲学	与人文正题法则科学相对立

———————

① [法]让·皮亚杰著,郑文彬译. 人文科学认识论[M]. 北京:中央编译出版社,1999:2—9.

这种划分有益于在人文社会科学庞杂的学科群落中，抽取出具有典型类型特征的学科"范例"。这种划分思路启发了本研究中对于案例学科的选取。本研究中所选取的案例学科(管理学——人文正题法则科学；历史学——人文历史学科；法学——法律科学；哲学——哲学学科。)均具有皮亚杰所提出的类型意义，这些范例学科在整个人文社会科学领域中具有典型意义，通过这些范例学科切入来分析和研究整个人文社会科学领域，具有方法论上的适切性。本研究最终将案例学科的选取确定如下：

表5　案例学科的选取

	案例学科	案例学科所在院系	皮亚杰分类
人文学科	文学	中文系	人文历史学科
	历史	历史系	人文历史学科
	哲学	哲学系	哲学学科
社会科学	法学	法学院	法律科学
	管理学	商学院	人文"正题法则"科学

除了以上学科，本研究还将访谈对象扩大到其他相邻学科以及部分自然科学，访谈对象所在院系的具体分布情况如"附录3访谈对象名录"所示。

三、访谈对象的选择

访谈对象的选择采用"综合式抽样"[①]，也即，根据研究过程中的实际情况采用了多种不同的抽样策略来选择研究对象。具体而言，在研究中主要采用了"目的性随机抽样"和"滚雪球式"抽样方法。目的性随机抽样是指，根据本研究的目的——了解人文社会科学领域学术人员对国际发表的认知和态度——对研究对象进行随机抽样。采用此种抽样的原因在于，虽然本研究已经选定了案例大学和案例学科，但潜在研究对象的样本数量依旧太大，采用目的性随机抽样可以缩小样本的数量。在研究中的具体做法为：研究者在互联网上搜集案例大学中案例院系各位学术人员的邮箱地址，并按照研究方向、职称进行分组，每一组中包含所有本研究需要的研究对象，涵盖不同的学科专业、性别和职称状态。接着研究者通过电子邮箱向第一组候选人发送研究邀

---

① 陈向明.质的研究方法与社会科学研究[M].北京：教育科学出版社，2000：111.

请。同意接受访谈的候选人，则会与之进一步约定访谈的时间和地点。没有回信，或者拒绝参与研究的候选人，研究者将之移出候选人名单，并向第二组的替补候选人发送研究邀请，若第二组中的替补候选人仍然拒绝参与研究，则再次选择向第三组的替补候选人发送研究邀请……以此类推。总体而言，同意接受访谈的候选人占约请候选人的比例不足十分之一。因此，本研究结合了"滚雪球式"的抽样策略，请求同意接受访谈的研究对象介绍更多的相关研究对象，以弥补前述目的性随机抽样策略无法约请到预期数目的访谈对象的不足。除此之外，对于一些特别关键的研究对象，研究者通过重要人物的私人介绍获得访谈机会。在研究资料基本饱和的情况下，研究者不再约请候选人。

四、 资料收集的方法

在质的研究中，材料的收集方法一般有三种：访谈、观察和实物分析。[①] 本研究中主要采用了访谈和实物分析两种收集方法。

访谈（interview）是质的研究中最重要的一种资料收集方式。访谈即研究者"寻访"和"访问"被研究者，并与被研究者进行"交谈"和"询问"的一种活动。访谈是一种目的性较强、遵循一定规则的研究性交谈，研究者以口头谈话的方式从被研究者那里收集第一手资料。[②] 本研究采用一对一的面对面访谈作为基本访谈形式，如果实在无法与被研究者面对面接触，则退而求其次，采取电话访谈的形式，若被研究者依然无法接受，则再退而求其次，采取邮件访谈的方式。在本研究中，绝大多数的访谈都是"面对面访谈"。在访谈中，主要采取"半结构型"（也被称作"半开放型"）访谈，也即，研究者本人根据研究目的和研究内容，拟定一份粗线条的访谈提纲（访谈提纲详见附录2访谈提纲），在访谈过程中根据访谈提纲的提示与被研究者展开交谈，但访谈提纲仅仅作为提示之用，并不限定被研究者的思路。在实际访谈中，研究者鼓励被研究者畅所欲言，并根据被研究者的思路、思考框架来灵活调整访谈的程序、内容和节奏。大多数的访谈是一次性访谈，但因个别访谈过程中出现了模糊不清的信息或未能获取的信息，研究者进一步补充了追访性质的邮件访谈。一些被研究者要求审看访谈转录稿以确保其提供的信息准确，因此研究者与这些被研究者进行了多次邮件交谈。除了邮件访谈外，基本上所有的访谈（包括电话访谈）都在征得被研究者的同意后进行了录音，

---

① 陈向明.旅居者和"外国人"——留美中国学生跨文化人际交往研究［M］.长沙：湖南教育出版社，1998：43.
② 陈向明.质的研究方法与社会科学研究［M］.北京：教育科学出版社，2000：165—210.

录音工具为索尼牌录音笔，由于访谈地点大多约在被研究者的办公室，因此录音效果良好。其中有两位被研究者拒绝录音，针对此情况研究者采取了用笔速记，并事后与被研究者回顾了他们所提供的重要观点和信息。在所有的访谈中，研究者都重申了研究的保密约定，承诺保护被研究者的个人隐私，并在研究中隐匿被研究者的私人信息和真实姓名。

实物分析（document analysis）包括对所有可以收集到的文字、图片、音像材料的分析。实物分析的对象可以是历史文献也可以是现时记录。实物分析比较适合历史研究，但也可以用来补充访谈和观察所获得的情况——访谈、观察和实物分析能够从不同角度对研究结果进行补充和检验。本研究收集了 H 大学的人文社会科学国际发表奖励政策文本以及 H 大学社会科学部网站上公布的与国际发表奖励政策相关的各类数据，收集了五个案例院系 2005 年至 2017 年 SSCI、A&HCI 论文发表的资料以及五个案例院系学术人员的数量、职称构成、海外背景、研究方向等资料，还尽可能收集了案例院系的其他相关材料——包括案例院系实施的相关政策、案例院系官方网站的网页材料及宣传小册子等。对这些收集来的实物进行的分析，能够对访谈所获得的资料进行补充和检验。

五、 研究的"效度"

在质的研究中，关于效度（validity）、信度（reliability）、推广度（generalizability）和伦理道德（ethics）等的问题存在相当的争议，其中尤以"效度"问题为甚。[1] 有的学者认为质的研究可以保留"效度"的概念，但应以新的定义和分类来更新质的研究中所指的"效度"；[2]有的学者则认为应该用"真实性"和"可靠性"来代替"效度"的概念；[3]还有的学者则否定一切与"效度"相关的类似概念。[4]

---

[1] 陈向明. 旅居者和"外国人"——留美中国学生跨文化人际交往研究[M]. 长沙：湖南教育出版社，1998：48.

[2] Judith Preissle Goetz& Margaret D. LeCompte. *Ethnography and Qualitative Design in Educational Research*, Academic Press, 1984；Jerome kirk&Marc Miller. *Reliability and Validity in Qualitative Research*, Newbury Park：Sage Publication, 1986；Frederick Erickson. *The Meaning of Valiity in Qualitive Researh*, unpublished paper presented at the annual meeting of the American Educational Research Association, March 1989.

[3] Yvonna S. Lincoln&Egon G. Guba, Naturalistic Inquiry, Newbury Park：Sage Publications, 1985.

[4] Harry F. Wolcott, O Seeking-and Rejecting-Validity in Qualitative Research in Elliot W. Eisner&Alan Peshkin, eds. ,*Qualitative Inquiry in Education：The Continuing Debate*, New York：Teachers College Press, 1990.

　　尽管学术界对质的研究中是否可以使用以及如何使用"效度"概念并无定论，但绝大部分质的研究者仍旧沿用这一概念来讨论研究结果的真实性问题。[①] 但"效度"这一概念在质的研究中有着与在量的研究中不同的定义、内涵、使用范畴和分类方法等。马克斯韦尔将效度区分为五种类型[②]：描述型（descriptive）、解释型（interpretive）、理论型（theoretical）、推广型（generalizability）和评价型（evaluative）。其中，描述型效度是指对外在可观察到的现象或事物进行描述的准确程度（这一概念对量的研究和质的研究都适用）。衡量这一效度有两个条件：所描述的事物或现象必须是具体的；这些事物或现象必须是可见或可闻的。对这一效度产生影响的因素有：客观条件的限制，如距离太远无法看清或听到所发生的事；研究者在收集和分析资料时有意无意地省略掉某些至关重要的信息；研究者和被研究者之间的关系等。解释型效度只适用于质的研究，指的是研究者了解、理解和表达被研究者对事物所赋予的意义的"确切"程度。满足这一效度的首要条件是：研究者必须站到被研究者的角度，从他们所说的话和所做的事情中推衍出他们看待世界以及构建意义的方法（而非像量的研究那样从研究者预定的假设出发，通过研究来验证自己的假设）。理论型效度又称"诠释效度（explanatory validity）"，指的是研究所依据的理论以及从研究结果中建立起来的理论是否真实地反映了所研究的对象。评价型效度是指研究者对研究结果所作的价值判断是否确切。推广型效度其实谈的是推广度的问题。在质的研究中，推广度指的是某研究结果是否可以推广到类似的人群和情境。质的研究主要通过认同而达到推广；研究者在研究结果的基础上建立起来的理论也可以通过阐释其他类似情形而达到推广的效果。[③]

　　质的研究中，"效度"的检验主要有以下几种方法：侦探法、证伪法、相关检验法（三角检验法）、反馈法、参与者检验法、收集尽可能丰富的原始资料、比较法等。[④] 在本研究中，研究者采用了尽可能多的手段来检验研究的"效度"。本研究过程中尽可能收集了所有可以获取的相关原始资料，并主要采用反馈法、参与者检验法等方法来确保研究的"效度"。

① 陈向明. 质的研究方法与社会科学研究[M]. 北京：教育科学出版社，2000：390.

② Joseph Maxwell. *Qualitative Research Design*，Newbury Park：Sage Publictions，USA，1996.

③ 陈向明. 旅居者和"外国人"——留美中国学生跨文化人际交往研究[M]. 长沙：湖南教育出版社，1998：51—52. 另见：陈向明. 质的研究方法与社会科学研究[M]. 北京：教育科学出版社，2000：392—400.

④ 陈向明. 质的研究方法与社会科学研究[M]. 北京：教育科学出版社，2000：401—408.

第三章　差异：人文社会科学国际发表的影响因素

前面的分析指出,学术人员所在的不同学科、社会渊源、国家与地区等因素通过教育系统在其身心产生不同的学术惯习。因此,分析学术人员所在的不同学科、不同国家与地区以及经受学术训练的教育系统,即可识别学术人员的学术惯习,而学术惯习与国际发表密切关联。本章节对比分析了五个案例院系学术人员国际发表的情况,以及五个院系学术人员的组成情况——包括学术人员的来源国家与地区(由于中国内地与中国港澳台地区的教育系统和教育发展水平以及教育国际化程度不等——如英语是中国香港地区官方语言之一、葡萄牙语是中国澳门地区官方语言之一;中国台湾地区的教育国际化进程较大陆要早三十年[①]——因此在分析中将中国内地与中国港澳台地区区分开来)、学术人员经受学术训练的教育系统(以中国内地和非中国内地地区获得的博士学位来表征),以及学术人员具体的学科研究领域、学术人员所处的学术生涯阶段(以职称状态为表征)等。

第一节　差异：五个案例院系的国际发表情况

通过 H 大学社会科学部提供的五个案例院系在 2005 年至 2017 年间 SSCI、A&HCI 论文发表数量,研究者分析了五个案例院系在十三年间 SSCI、A&HCI 论文发表数量方面的差异(参见表 6、图 3)。

---

① 卢希. 两岸高等教育学生国际化策略比较研究[D]. 大连理工大学,2013.

表6　2005—2017年五个院系 SSCI、A&HCI 论文发表数量

院系	2005	2006	2007	2008	2009	2010	2011	2012	2013	2014	2015	2016	2017	2005—2017
中文	2	5	3	3	3	12[a]	2	4	2	1	7[b]	1	3	48
历史	0	0	0	0	6	6	1	2	5	0	5	2	6	33
哲学	1	3	6	5	7	7	5	4	12[c]	5	3	6	8	72
法学	2	1	3	1	2	2	1	1	1		3	1		24
商学院	43	34	35	48	59	59	53	50	66	52	72	62	61	694
合计	48	43	47	57	77	86	62	61	86	63	88	74	79	871

a：2010年，中文系在 SSCI、A&HCI 期刊上的发表量达到12篇，与前后几年相比有较大差异。经查，12篇中的7篇为同一老师同年发表。

b：2015年，中文系在 SSCI、A&HCI 期刊上的发表量达到7篇，与前后几年相比有较大差异。经查，这7篇中分别有两位老师各发表了3篇。

c：2013年，哲学系在 SSCI、A&HCI 期刊上的发表量达到12篇，与前后几年相比有较大差异。经查，其中4篇为同一外籍教师所发。

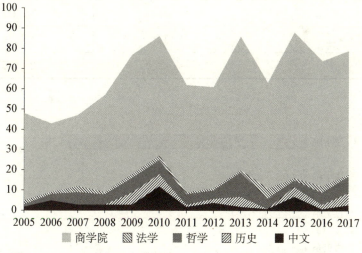

图3　2005—2017年五个案例院系 SSCI、A&HCI 论文发表数量对比

　　由表6、图3可知，在论文发表数量方面，商学院的发表数量尤其突出，历年来均占五个院系发表总量的绝大比例。但考虑到每个院系规模不同，还需进一步分析人均发表量之间的差异（参见表7、图4）。

表7　五个院系 2005—2017 年师均 SSCI、A＆HCI 论文发表量

院系	全职教研人员总数	2005—2017总发表量	2005—2017师均发表量	以法学院为基数的倍数关系
中文系	100	48	0.48	1.6
历史系	64	33	0.515	1.7
哲学系	64	72	1.125	3.8
法学院	80	24	0.3	1
商学院	120	694	5.783	19.3

＊第一列数据来源于案例院系官方网站教师介绍汇总,数据获取日期截止于 2019 年 9 月 1 日。

表8　五个院系前六年(2006—2011)与后六年(2012—2017)论文发表数量对比

院系	2006—2011 年论文发表数量	2012—2017 年论文发表数量	增长率
中文	28	18	可解释的异常(见下文分析)
历史	13	20	53.8％
哲学	33	38	15.2％
法学	10	12	20％
商学院	372	451	21.2％

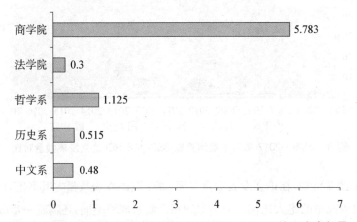

图4　2005—2017 年五个案例院系师均 SSCI、A＆HCI 论文发表数量

　　由表 7 和图 4 可知，五个案例院系中，师均 SSCI、A&HCI 论文发表数量最多的是商学院，最少的是法学院，商学院师均发表量是法学院的 19.3 倍。栾春娟、姜春林的研究也表明，2005 年至 2007 年间，中国 SSCI 研究论文发表排名前十位的学科中，经济学排名第一，管理学排名第二，法学、文学、历史学、哲学则榜上无名。[1] 在文史哲三个人文院系中，中文系人均发表数量最少，哲学系最多，哲学系人均发表数量是中文系的 2.34 倍。五个院系中，国际发表数量之间的差异非常大。赵宴群对 1956—2007 年我国高校在 SSCI 和 A&HCI 期刊发文的学科分布进行的分析指出，社会科学的 SSCI、A&HCI 论文发表明显高于人文学科。[2] 但这种差异并不简单是社会科学与人文学科之间的差异，社科院系的国际发表数量并不一定就比人文院系多——法学院国际发表数量低于文史哲三个人文院系，在文史哲三个人文院系中也存在显著差异，哲学系国际发表数量高于历史系，历史系高于中文系。有研究者认为国际发表与是否拥有国际共同关注领域有关，认为经济、财经、管理学科有更多国际共同关注领域，发文概率高一些，政治、法律学科因意识形态、国别性、本土性等原因国际发表受到更多限制，传统哲学、文学、历史等文科国际发表论文空间更小。[3]

　　其次，2005 年至 2017 年间，五个案例院系在 SSCI、A&HCI 论文发表数量方面，普遍存在微弱的增长趋势。如果图 3 不能明显体现这种增长趋势的话，可以进一步通过 2006—2011 年 6 年间的发表数量与 2012—2017 年 6 年间的发表数量的对比来观察（表 8、图 5）。由表 8 和图 5 可知，历史系增长率最高，达 53.8%，中文系则呈现了剧烈的负增长（负向增长 55.6%），但中文系的异常是可以解释的。由表 6 可知，中文系 2010 年发表数量是 12 篇，与前后数年的发表量相比存在较大差异，经查，这 12 篇中的 7 篇为同一教师同年发表。若剔除该特殊值，以 2005 年的数值代之，则前六年的发表数量（2005—2011，但除去 2010 年）与后六年（2012—2017）的发表数量持平。虽然直接除去 2010 年的数据并不客观，但考虑到论文发表的周期及时间截取的随意性（本文出于对所获取数据样本的限制考虑而以 2011 年为界，但为什么以 2011 年为界是可以追问的。假设以 2009 年为界，即把 2010 年的数据算到"后六年"当中，则完全是另一种情形），这样的折衷用以说明中文系论文发表数量前后六年变化不大还是可以接受的。

————————

① 栾春娟、姜春林. 近年来中国发表 SSCI 论文状况及可视化分析[J]. 文献分析与研究，2008(3).
② 赵宴群. 对我国人文社会科学工作者在 SSCI、A&HCI 期刊发表论文的分析与思考[J]. 复旦教育论坛，2010(1).
③ 吕景胜. 论人文社科研究本土化与国际化的契合[J]. 科学决策，2014(9)：54—65.

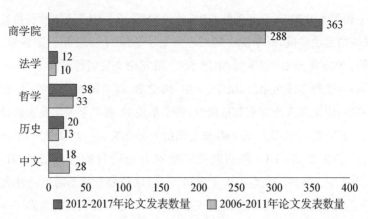

图 5　五个院系前六年(2006—2011)与后六年(2012—2017)论文发表数量对比

第二节　差异产生的背景

研究表明,从 SSCI 和 A&HCI 发文的情况来看,作者大多是中青年教师和有国外留学经验的学者,他们在国外留学时间长,熟悉国外发文的语言环境和学术环境,所写论文比较容易被国际同行认可。[①] 因此,分析学术人员的国际经历有利于解释案例院系国际发表方面产生差异的原因。

一、中国港澳台地区及外籍教师

国际化的一个重要指征是院系教师来源的多国家化、多地区化。由表 9、表 10 和表 11 可知,五个院系中,来自中国内地以外地区(中国港澳台地区与海外)的教师数量很少、占比很低。以 2019 年为例(表 9),五个院系里中国港澳台地区及海外人员所占百分比均未超过 5%,最低的是商学院(0.83%),最高的是历史系(4.69%),平均比例为 2.78%。值得注意的是,占比较高的并不是国际发表数量最多的商学院,相反,是国际发表数量较少的文史哲院系。

我们再来看五个院系教师获得中国港澳台地区及海外博士学位的比例情况。由表 9、表 10 和表 11 可知,五个院系中获得中国港澳台地区及海外博士学位的教师比例

---

① 赵宴群. 对我国人文社会科学工作者在 SSCI、A&HCI 期刊发表论文的分析与思考[J]. 复旦教育论坛,2010(1).

表 9 2019 五个人文社会科学院系教师的职称构成以及拥有中国港澳台地区及海外博士学位者与中国港澳台地区及海外籍教研人员的比例

院系	全职教研人员	中国港澳台地区及海外人员	百分比	中国内地教研人员	百分比	中国港澳台地区、海外博士学位	百分比	教授	百分比	副教授	百分比	讲师/助理教授	百分比
中文系	100	4	4%	96	96%	10	10%	59	59%	36	36%	5	5%
历史系	64	3	4.69%	61	95.31%	15	23.44%	42	65.63%	13	20.31%	9	14.06%
哲学系	64	2	3.13%	62	96.88%	18	28.13%	43	67.19%	13	20.31%	8	12.5%
法学院	80	1	1.25%	79	98.750%	14	17.5%	55	68.75%	17	21.25%	8	10%
商学院	120	1	0.83%	119	99.17%	85	70.83%	58	48.33%	38	31.67%	24	20%

表 10 2014 年五个人文社会科学院系教师的职称构成以及拥有中国港澳台地区及海外博士学位者与中国港澳台地区及海外籍教研人员的比例

院系	全职教研人员	中国港澳台地区及海外人员	百分比	中国内地教研人员	百分比	中国港澳台地区、海外博士学位	百分比	教授	百分比	副教授	百分比	讲师/助理教授	百分比
中文系	102	3	2.94%	99	97.06%	7	7.07%	57	55.88%	37	36.27%	8	7.84%
历史系	88	4	4.55%	84	95.45%	13	15.48%	56	63.64%	28	31.82%	4	4.55%
哲学系	66	3	4.55%	63	95.45%	14	22.22%	43	65.15%	20	30.30%	3	4.55%
法学院	91	0	0.00%	91	100.00%	12	13.19%	54	59.34%	29	31.87%	8	8.79%
商学院	114	2	1.75%	112	98.25%	78	69.64%	50	43.86%	42	36.84%	22	19.30%

* 表 9 中相关数据的获取日期截止于 2019 年 9 月 1 日；原始数据均来源于 H 大学各案例院系的官方网站，以官方网站全职在职教师介绍中所列出的信息为准。表 12 中相关数据的获取日期截止于 2014 年 7 月 17 日；原始数据均来源于 H 大学各案例院系的官方网站，以官方网站全职在职教师介绍中所列出的信息为准。

表 11 2014 年与 2019 年五个案例院系教师构成情况对比

院系	2014 年中国港澳台地区及海外人员百分比	2019 年港澳台及海外人员百分比	2014 年中国港澳台地区、海外博士学位百分比	2019 年中国港澳台地区、海外博士学位百分比	2014 年教授百分比	2019 年教授百分比	2014 年副教授百分比	2019 年副教授百分比	2014 年讲师/助理教授百分比	2019 年讲师/助理教授百分比
中文系	2.94%	4%	7.84%	10%	55.88%	59%	36.27%	36%	7.84%	5%
历史系	4.55%	4.69%	15.48%	23.44%	63.64%	65.63%	31.82%	20.31%	4.55%	14.06%
哲学系	4.55%	3.13%	22.22%	28.13%	65.15%	67.19%	30.30%	20.31%	4.55%	12.50%
法学院	0.00%	1.25%	13.19%	17.50%	59.34%	68.75%	31.87%	21.25%	8.79%	10%
商学院	1.75%	0.83%	69.64%	70.83%	43.86%	48.33%	36.84%	31.67%	19.30%	20%

（以 2019 年为例），商学院最高(70.83%)且高出其他院系数倍(是哲学系的 2.5 倍,是中文系的 7.08 倍),哲学系(28.13%)和历史系(23.44%)的比例次之,比例最低的是法学院(17.5%)和中文系(10%)。

五个院系里中国港澳台地区及海外教师所占比例与中国港澳台地区及海外博士学位获得者所占比例的情况并不一致。以 2019 年为例,商学院前者比例最低但后者比例却远高于其他院系。文史哲院系前者比例高出商学院数倍(历史系的比例是商学院的 5.65 倍),但后者的比例却又远低于商学院(商学院的比例是中文系的 7.08 倍)。一个合理的解释是,文史哲院系与商学院,两者学术研究的学术中心地不同。文史哲院系,尤其是其中的部分专业,其学术中心在中国内地,该中心能够吸引海外或中国港澳台地区的学术人员前来从事研究。而商学院中的大部分专业,其学术中心不在中国内地,而在欧美地区,因此商学院中的大部分学术人员是接受欧美学术训练的"海归",但商学院的学术职位对海外或中国港澳台地区的学术人员吸引力不大。

二、 拥有中国港澳台地区及其他国家博士学位的教师

将"中国港澳台地区与其他国家的博士学位"(下面以"海外博士学位"代称,注意:虽然以"海外博士学位"代称,但包含中国港澳台地区)作为分析的一个维度,主要基于两个方面的考虑。

第一个方面,"海外博士学位"意味着具有国际发表的能力(中国港澳台地区学术国际化程度也高于内地),这个能力包含三个层面。第一个层面是,能够用非中文文字进行学术写作。第二个层面是,熟悉大陆以外国家与地区的学术规范。第三个层面是,拥有海外学术联系,易于获取国际信息,开展国际合作。

第二个方面,为什么只考虑博士学位,而不考虑硕士学位、或者博士后经历、国际访学经历? 原因有三。一是,攻读博士学位的年限较长。攻读博士学位的年限一般在四年以上。而海外攻读硕士学位的年限则短得多,有的国家只需一年。同样的道理,博士后经历、国际访学经历的年限都比攻读博士学位的年限短。二是,攻读博士学位,意味着最为系统、规范的学术训练。一般情况下而言,博士研究生阶段是高等教育系统培养人才中的最后一个阶段,也是最为重要的阶段。获得博士学位也往往是获得大学教职的前提之一,博士学位一般意味着为进入大学获得教职做准备。三是,在研究者调查的五个院系中,有相当数量的教研人员具有国外访学经历,甚至累计时长超过攻读硕士学位所需的时长。因此,若要考虑硕士学位,也需对国外访学经历予以考虑。

然而,国外访学经历的复杂性十分妨碍对其进行整体的考察,也很难对其进行跨院系的比较。举个例子,中文系教师赴国外访学的一种显著情形是,赴日本、韩国、美国等地区教授中文,其间并不必然涉及基于日语、韩语或英语的交流。

需要补充说明的是,"海外博士学位"作为分析维度并不是完全精确的。一些不具有海外博士学位的教师,也可能具有国际发表的能力,事实上,一些在国际发表方面比较活跃的学者,并无海外学术训练的背景。还有一种情况,教师虽无海外学位,但是曾经获得过外语专业的学位,精通某门外语。因而,拥有"海外博士学位"仅仅在概率上意味着可能会有更多的国际发表。

从"海外博士学位"这个维度进行分析,表9(2019年)显示,商学院教师中拥有海外博士学位的比例高达70.83%,远远高于其余四个院系。其余四个院系中,中文系教师拥有海外博士学位的比例最低,仅10%;哲学系教师拥有海外博士学位的比例最高,为28.13%,历史系教师拥有海外博士学位的比例为23.44%,法学院教研人员中拥有海外博士学位的比例为17.5%。

如果我们将各院系教师中拥有海外博士学位者的比例与各院系2005—2017年SSCI、A&HCI师均发表量加以比较,我们可以发现:商学院拥有海外博士学位的教师比例最高,其师均发表量的排序也为第一,且与其他四个院系之间差异显著。其次是哲学系。哲学系是剩余四个院系中拥有海外博士学位的教师比例最高的系,其师均发表量排序相应地也为第二。接着是历史系,其拥有海外博士学位的教师比例与师均发表量的排序均为第三。法学院与中文系相比,前者拥有海外博士学位的教师比例较高,但其师均发表量的排名却低于中文系。这个例外正好说明,"海外博士学位"并非影响教师国际发表的唯一因素。

表12　海外博士学位与SSCI、A&HCI发表

院系	拥有海外博士学位的教师比例	排序	2005—2017年SSCI、A&HCI师均发表量	排序
中文系	10%	5	0.48	4
历史系	23.44%	3	0.515	3
哲学系	28.13%	2	1.125	2
法学院	17.5%	4	0.3	5
商学院	70.83%	1	5.783	1

我们可以再从另一个角度来看一下海外博士学位对于教师国际发表的影响。我们还是以 2011 年为界,分析一下 2006—2011(前六年)和 2012—2017(后六年)五个院系国际发表数量的变化(其中为了避免极端数据的影响,中文系的发表数据用 2005 年代替了 2010 年,理由如前所述),以及 2014 年、2019 年五个院系拥有海外博士学位的教师比例的变化情况,并将两者加以比较。由于本研究所能获取的数据本身的限制,选取的两者时间节点不同。但事实上,教师及其发表也构不成严格的时间对应关系。举个例子,2019 年的教师,其发表可能出现于 2021 年。两者之所以可以比较,是因为其代表的随时间变化的趋势是可比的。

如表 13 所示,历史系在过去一段时间里拥有海外博士学位的教师的比例增长最大(增长率接近 8%,高出排名第二位的哲学系 2 个百分点),相应的,其论文发表的增长率也最高(达 53.85%,增速是排名第二位的商学院的 2 倍多)。但另一方面,商学院虽然前者增长最慢,后者的增速仍高于中文系、哲学系和法学院。这里面有两个原因,一是商学院拥有海外博士学位的教师比例本来就最高(且远远高于其他院系),因此其增幅必然会受到限制;二是商学院的发表需求明显高于其他四个院系,商学院的讲师/助理教授比例最高(是中文系的 4 倍)(参见表 9),加之商学院采取的是"非升即走"的新体制,尚未获得长聘教职的讲师/助理教授面临很大的发表压力。除去商学院的特殊情况,中文系拥有海外博士学位的教师比例增幅最小,其论文发表数量增幅也最小(增幅为 0)。这里还有一个例外:中文系论文发表数量并未随着拥有海外博士学位教师比例的增长而增加,这说明一个问题:拥有国际发表能力并不一定产出国际发表。如前所述,中文系中大部分专业的学术中心所在地在中国内地而非所谓的"国际上",因而教师的发表并不追求国际发表。

表 13 五个院系海外博士学位获得者比例增长情况及师均发表增长率排名比较

院系	2014VS2019 拥有海外博士学位的教师比例增长情况	排序	2006—2011 VS 2012—2017 SSCI、A&HCI 论文发表量增长情况	排序
中文系	2.16%	4	0	5
历史系	7.96%	1	53.85%	1
哲学系	5.91%	2	15.15%	4
法学院	4.31%	3	20%	3
商学院	1.19%	5	26.04%	2

历史系、商学院和中文系的情况说明，教师的国际发表同时受到多个因素的影响，包括教师的国际发表能力（以海外博士学位表征）、教师的发表动力（以职称状态表征）、教师的国际发表意识（对于不同的专业而言，国际发表并不一定意味着靠近学术中心的"高质量"发表）等。甚至也会受到国际发表奖励政策的影响，这个后面再加以详述。

三、 海外博士学位与研究领域

通过表9我们可以发现，不同院系之间，在拥有海外博士学位的教师比例上差异较大。事实上，这种差异既存在于院系之间，也存在于院系之内。这种差异存在的原因有二。第一个原因在于，较为年轻的教师拥有海外博士学位的比例更大。做出这个推断的根据是，留学在新世纪以来已然成为一种风尚，不仅国家加大了公派研究生赴国外攻读学位的资助力度，自费留学的学生数量也一路飙升。从客观情况来看，年龄在三十多岁的教师中拥有海外博士学位的比例，高于年龄在五十岁左右的教师中拥有海外博士学位的比例，非常容易理解。由表13也可以看出，五个院系拥有海外博士学位的教师比例都存在不同程度的增长，这种增长即年轻的新入职教师的贡献。第二个原因在于，不同研究领域的特殊情形，使得某些研究领域更容易促使教师获得海外博士学位——如中文系中研究语言学和比较文学的教师、历史系中研究外国历史的教师以及哲学系中研究外国哲学的教师——同时使得另一些研究领域很难想象在国外获得同专业的博士学位——如中文系的中国古代文学研究、历史系的中国古代史研究、哲学系的中国哲学研究。

（一）中文系

由表14可知，中文系教师中拥有海外博士学位的人员分布并不均匀，事实上，所有的海外博士学位仅分布在语言学、比较文学和现代汉语三个研究领域中（中文系有十个研究领域），其中10个海外博士学位中的9个都分布在语言学和比较文学两个领域，另外1个中国香港地区的博士学位（现代汉语领域）其获得者的国籍为中国（对其本人而言是本土博士学位）。而其他研究领域海外博士学位的数量为零。这种情形在2014年更加显著，由表15可知，2014年中文系教师中拥有海外博士学位的人员全部集中在语言学和比较文学两个研究领域。

中文系教师拥有的10个海外博士学位中，其中4个是美国博士学位，2个是欧洲博士学位，1个是日本博士学位，3个是中国香港地区博士学位。为什么美国博士学位独占 40％呢？

> "以前研究苏联的很多,现在没人研究了。"——ZX-1

学术人员留学目的地的选择、学术研究的热点与国家政治也有关联。冷战时期,中苏交好,前去苏联留学的学术人员数量可观,研究苏联的学术力量也蔚为可观。冷战结束,苏联解体,美国成为世界体系的"中心",美国超级大国的地位也为美国的文化软实力撑腰,美国的教育系统受到关注和追捧,美国成为各国研究的热点。加之二战后欧洲学术中心转移到美国,以及中国教育系统中将英语作为第二语言,美国成为学术人员留学目的地的首要选择便不足为奇了。正如一位哲学系受访者所言:"美国以前多差呀,谁去美国留学、学英文?(后来)强大的时候什么都强大了,整个什么都学它了。与欧洲相比美国文化本来没有什么基础,现在美国文化比欧洲强势多了,就是因为国力强盛,所有都掌握在他们的手里,所以大家都到他那里去学习。"——ZX-1

除了上述美国在全球中的经济、政治和文化地位的原因,还有与之相关的学术原因。正如一位受访者所言,以前汉学研究重镇在欧洲,但由于后来美国经济崛起、欧洲经济衰退,汉学研究者从欧洲转移到美国,加之中美关系越来越密切,美国各个大学里研究中国、汉学的人越来越多。

> "美国的汉学现在比较发达,以前汉学的重镇在欧洲,像英国、德国、法国的汉学都是比较兴盛的,但是后来美国崛起之后——因为美国的经济地位就摆在那儿,然后欧洲有一段经济衰退,所以欧洲很多大学汉学系的老师就纷纷跑到美国去了,这是一个原因。然后美国因为跟中国的关系越来越密切,所以在美国的各个大学里面——它的东亚系就是研究中国学的,研究汉学的人就是比较多,越来越多,……美国汉学是比较活跃的。"——ZW-1

> "我们与欧洲的交往没有那么多,与日本的交流比较多,而且总体来说日本研究这方面的人比较多,美国也不少,随着中国学者、学生到美国去留学,他们留下来当教授,美国东亚研究中国文学、历史的,很多所谓的美国学者都是中国学者。"——ZW-2

不仅中文系美国博士学位的数量显著多于其他国家和地区博士学位的数量,历史系(2014 年尤其突出)也是如此。事实上,即使美国的博士学位在某个院系中在数量上暂时不占优势，但仍然被认为是"主流"。

　　"我们学院大概有六七个留日的，我们叫他们'习德一'。留美的有两个，留英的有一个。但欧美是主流。你想啊！宋朝那时候都说河南话呢！"——LS-3

　　北宋的都城位于今河南省开封市。因宋朝建都开封，故北宋人往往以开封和洛阳方言作为当时的标准语音。南宋陈鹄说："乡音是处不同，惟京师天朝得其正。"陆游也说："中原唯洛阳得天下最中，语音最正。"（陆游《老学庵笔记》卷六）。南宋初，大批中原人迁居作为政治中心的临安（今浙江省杭州市），时至今日，杭州官话在某种程度上仍保留着北方语音。这个观点非常鲜明地表明了权力中心与语音正统性的关系，语音的正统性（可以类推到语言、文字、文化），表征的是使用这种语音（语言、文字、文化）的人群的权力优越性。该受访者用"宋朝那时候都说河南话"来暗示，欧美作为世界体系中的权力中心，其他国家与地区"唯其马首是瞻"并不难理解，欧美成为主流的留学目的地也在情理之中。

　　另外，中文系教师中拥有中国香港地区博士学位的教师有三个（仅次于美国博士学位的数量），这有两个原因。一是如前所述，有教师本人即中国香港人士，该教师在中国香港地区获得博士学位对其本人而言仍是"本土博士学位"。二是中国香港地区的地理位置和中英双语的学术环境以及中国香港地区大学的学术声誉使得其具备得天独厚的条件和吸引力。

　　进一步地，对表14和表15加以比较可以发现，无论是2014年还是2019年，中文系教师中海外博士学位集中在语言学和比较文学两个研究领域，而这两个研究领域的发祥地恰恰是欧美，且目前的学术中心地均是美国。现代语言学诞生于欧洲，20世纪中叶后美国的语言学研究成为国际主流。比较文学作为跨民族、跨语言、跨文化甚至跨学科的文学研究，其研究对象本身即是"国际化"的。比较文学研究发端于欧美，其时中心在法国，二战之后，美国成为比较文学研究的中心。根据"推拉理论（Push-Pull Theory）"——一种解释留学生国际流动的理论——留学生输出国对学生留学国外有"推力（Push）"效应，留学生接收国对外国留学生有"拉力（Pull）"效应[①]。类似地，"学术中心"对"学术边缘"具有拉力效应，"学术边缘"则具有推力效应，在推力和拉力的作用下，处于学术边缘的国家，其学生、学术人员等去向处于学术中心地的国家留学。欧美尤其是美国作为语言学研究和比较文学研究的学术中心所在地，对其他国家该研究

---

① 刘明超.推拉理论下的赴美中国留学生移动率研究[D].哈尔滨工业大学，2013.

领域的学者具有拉力效应。实际上，日本及中国香港地区使用的也是欧美学术体系。这就是语言学和比较文学这两个研究领域拥有高比例的海外博士学位尤其是欧美博士学位的原因。

表 14　2019 年中文系拥有海外博士学位的教师留学国家与研究领域的分布

留学国家 ＼ 研究领域	古代文学	现代文学	当代文学	民间文学	文艺理论	古典文献	古代汉语	现代汉语	语言学	比较文学	合计
美国									1	3	4
中国香港								1	2		3
法国										1	1
德国									1		1
日本									1		1
合计								1	5	4	10

说明：中文系教师的研究领域参考了 H 大学中文系官方网站。

由该表可知，美国博士学位占比 40％，欧洲博士学位占比 20％，亚洲博士学位占比 10％（不含中国港澳台地区）。

表 15　2014 年中文系拥有海外博士学位的教师留学国家与研究领域的分布

留学国家 ＼ 研究领域	古代文学	现代文学	当代文学	民间文学	文艺理论	古典文献	古代汉语	现代汉语	语言学	比较文学	合计
美国									1	3	4
法国										1	1
德国									1		1
中国香港									2		2
合计									4	4	8

说明：中文系教师的研究领域参考了 H 大学网站。

由该表可知，2014 年，中文系的教研人员中留学美国、欧洲和亚洲的数量分别为 4 个、2 个和 2 个。研究领域为"三古"（古代汉语、古典文献、古代文学）的教师中无海外博士学位获得者。事实上，研究中国现代文学、当代文学和现代汉语的教师中也无海外博士学位获得者。拥有海外博士学位的教师集中在语言学和比较文学两个研究领域。

表 16   2019 年历史系拥有海外博士学位的教师留学国家与研究领域的分布

研究领域 ／ 留学国家	中国古代史	中国近现代史	世界古代史	欧美近现代史	亚非拉近现代史	专门史	民族史	艺术史	合计
美国	1		1	1					3
德国			2	1				1	4
英国			1*						1
荷兰					1				1
比利时					1				1
意大利				1**					1
俄罗斯				1					1
韩国		1							1
日本	1								1
中国台湾	1***								1
合计	3	1	4	4	2			1	15

历史系教师的研究领域参考了 H 大学历史系官方网站。＊该教师为英国人。＊＊该教师为意大利人。＊＊＊该教师为中国台湾人。

表 17   2014 年历史系拥有海外博士学位的教师留学国家与研究领域的分布

研究领域 ／ 留学国家	中国古代史	中国近现代史	世界古代史	欧美近现代史	亚非拉近现代史	专门史	民族史	合计
美国	1	1	2	1				5
荷兰					2			2
比利时					1			1
德国				2				2
韩国		1				1**		2
日本	2***				1****			3
合计	3	2	2	3	4	1	0	15

历史系教研人员的研究领域参考了 H 大学网站。

＊＊该教师为韩国人，研究领域为专门史中的韩半岛研究。＊＊＊其中一位为日本人。＊＊＊＊该教师为日本人。

由该表可知，来自、留学美国、欧洲、亚洲的人员数量分别为 5 个、5 个、5 个。外籍、留学人员中研究领域为中国史、世界史的数量分别是 5 个、10 个。

表 18　2019 年哲学系拥有海外博士学位的教师留学国家与研究领域的分布

研究领域 留学国家	马克思主义哲学	中国哲学	外国哲学	逻辑学	伦理学	美学	佛教与道教	基督教与宗教学原理	科学技术哲学	合计
美国	1*				1			1		3
加拿大		1								1
英国		1**			1					2
德国	1		1					1		3
比利时			2							2
荷兰						2				2
日本		1					1		1	3
中国香港							1	1		2
合计	2	2	4	2	2	1	2	2	1	18

说明：哲学系教师的研究领域划分来源于 H 大学哲学系官方网站。

＊该教师为美国国籍。＊＊该教师为加拿大人。

由该表可知，来自／留学北美、欧洲、亚洲的人员数量分别为 4 个、9 个、5 个。

表 19　2014 年哲学系拥有海外博士学位的教师留学国家与研究领域的分布

研究领域 留学国家	马克思主义哲学	中国哲学	外国哲学	逻辑学	伦理学	美学	佛教与道教	基督教与宗教学原理	科学技术哲学	合计
美国					1			1		2
加拿大		1								1
德国			3**					1		4
法国	1***									1
比利时			3							3
荷兰						1				1
日本		1					1			2
中国台湾		1****								1
中国香港							1	1		2
合计	1	6	3	1	1	1	2	2	0	17

哲学系教研人员的研究领域划分来源于 H 大学网站。

＊＊其中含一位德国籍人文讲席教授。＊＊＊为法国籍人文讲席教授。＊＊＊＊为中国台湾地区的华人，同样被聘为人文讲席教授。

由该表可知，来自／留学北美、欧洲、亚洲的人员数量分别为 3 个、9 个、5 个。

表20　2019年法学院拥有海外博士学位的教师留学国家与研究领域的分布

研究领域 留学国家	宪法学与行政法学	经济法学	民商法学	法律史	法学理论	诉讼法学	刑法	国际法学	环境与资源保护法	合计
美国＊＊	2	1	1	1	2			1		8
英国＊＊	1		1							2
瑞士＊＊＊								1		1
意大利＊＊＊			1							1
德国＊＊＊			2							2
合计	3	1	5	1	2	0	0	2	0	14

法学院研究领域的划分依据教育部学科分类目录:一级学科法学下属十个二级学科,分别为法学理论、法律史、宪法学与行政法学、刑法学、民商法学(含劳动法学、社会保障法学)、诉讼法学、经济法学、环境与资源保护法学、国际法学(含国际公法、国际私法、国际经济法)、军事法学。由于该法学院中不设军事法学专业,因此表中并不涉及此项。

＊＊美国和英国的法律属于英美法系。＊＊＊瑞士、意大利和德国的法律属于大陆法系。

表21　2014年法学院拥有海外博士学位的教师留学国家与研究领域的分布

研究领域 留学国家	宪法学与行政法学	经济法学	民商法学	法律史	法学理论	诉讼法学	刑法	国际法学	环境与资源保护法	合计
美国＊＊	1		1	1	1			1		5
英国＊＊			1							1
意大利＊＊＊			1							1
德国＊＊＊			2				1			3
日本＊＊＊								2		2
合计＊＊＊	1	0	5	1	1	0	1	3	0	12

法学院研究领域的划分依据教育部学科分类目录:一级学科法学下属十个二级学科,分别为法学理论、法律史、宪法学与行政法学、刑法学、民商法学(含劳动法学、社会保障法学)、诉讼法学、经济法学、环境与资源保护法学、国际法学(含国际公法、国际私法、国际经济法)、军事法学。由于该法学院中不设军事法学专业,因此表中并不涉及此项。

＊＊美国和英国的法律属于英美法系。＊＊＊意大利、德国和日本的法律属于大陆法系。

(二) 历史系

同样地,我们再来看历史系的情形(表16)。与中文系相比,历史系留学人员中,美国博士学位比例下降(20%)、欧洲(60%)和亚洲地区(13.3%,不含中国港澳台地区)博士学位的比例增加，尤其是欧洲的增幅十分显著。另一方面，历史系教师留学国家的分布更加广泛，欧洲国家众多，因而欧洲博士学位比例大幅增加，亚洲地区博士学位比例也有所上升。

接下来我们看历史系教师中留学人员的研究领域分布。由表 16 可知，研究领域直接涉及世界上其他国家（世界古代史、欧美近现代史、亚非拉近现代史、艺术史）的留学人员占比 73.3%；在涉及中国古代的研究领域（中国古代史），历史系也有比例相当的留学人员（占比 20%），这与中文系"三古"（古代文学、古典文献、古代汉语）研究领域无一留学人员形成了鲜明对比。

从事历史地理学研究的受访者指出，他的同事中有六七个留学日本的，留学美国的有两个，留英的有一个。事实上，从事历史地理学研究的教师中很大一部分是历史学出身。因此，从事历史地理学研究的学者的留学情况能够在一定程度上佐证历史系留学人员中亚洲地区博士学位比例确实较高的事实（与其他院系相比）。为什么在历史系中会出现这种情形？原因在于历史学研究本身的特点。历史学研究要基于史料，而中国很多史料在日本保存地相当完好。日本在这方面的研究也在国际上具有相当的水平，反而是欧美国家，这方面的研究比较弱。

> "中国古代政治制度，欧美研究成果很少，日本研究比较强，我一般引用日本的研究。"——LS-4

另外，由于日本、韩国的古代文字基本与中国古代文字一样，在中国古代史研究方面，中国学者与日本学者之间的交流基本上不存在语言的障碍。

> "他们都能看懂。"——ZW-1
> "古代文字是一样的。"——ZW-2
> "在日本发表，不存在这个（语言）障碍。"——LS-4

这也解释了为什么中国古代史研究领域也拥有一定比例的海外博士学位，事实上，中国古代史研究领域海外博士学位集中在亚洲地区（亚洲地区的博士学位占比三分之二，美国博士学位占比三分之一，欧洲博士学位占比为零）。而亚洲地区的留学人员，其研究领域全部集中在中国史研究领域，在世界史研究领域则集中了欧美国家留学人员。

除此之外，美国的博士学位也占有重要比例，且获得美国博士学位的教师其研究领域的分布最为广泛（中国史、世界史研究领域均有分布），这一方面是因为美国在全球中的经济、政治和文化地位。另一方面，美国高等教育系统规模大，大学中开设东亚研究的学校也较多，专业研究者的数量也多。因此，无论是从开设东亚研究的学校的数量来说，还是以从事东亚研究的研究者数量来看，美国都多于欧洲。

> "美国大学多，而且它设有东亚汉学这种专业的学校也多，整个从学校数量或者是专业研究者的数量来说，比欧洲那边还是要多的。"——LS-7

比较历史系 2014 年和 2019 年教师海外博士学位构成的变化情况（表 16 和表 17）可以发现：五年来历史系教师留学国别更加多样化了，由 2014 年的 6 个国别增加为 2019 年的 10 个国别及地区（9 个国家和中国台湾地区）。这种多样化的趋势反映了历史学研究不断扩大历史研究视野与领域、地域的特点。

历史学研究的这个特点的产生在于历史研究还具有为国家战略服务的功能。习近平总书记致信祝贺中国社会科学院中国历史研究院成立时，寄言历史研究工作者"充分发挥知古鉴今、资政育人作用"①。历史学家张宪文则直接撰文"彰显历史学服务国家发展战略的功能"②。随着国家综合实力的提升，中国参与国际事务的力度加大，与国际上各个国家之间的交流增加，而交流的基础是对对方的深刻认识，所谓"知己知彼"，历史研究即能提供关于一国一族之基本知识和全面认识。可以预测的是，基于这样的政治逻辑，未来历史系教师留学国别会更加多样化。

另外，德国博士学位在过去五年由 2 个增加到了 4 个，在数量上甚至超过了美国博士学位（2019 年），通观拥有德国博士学位的教师的研究领域则可以发现，拥有德国博士学位的教师，其研究领域集中在古希腊哲学与思想史以及艺术史。张汝伦教授在德国哲学专业委员会 2019 年会上的发言指出："德国哲学家对古希腊哲学和中世纪哲学的研究，是任何在这两个哲学领域中工作的哲学家都不能忽视的。"③这句话突出了德国在古希腊哲学、思想史学术研究中的重要地位。而德国在艺术史研究领域同样具有举足轻重的地位，事实上，现代意义上的艺术史研究即发端于德国④。由此可见，德

---

① 新华网. 习近平致中国社会科学院中国历史研究院成立的贺信. [EB/OL]. http://www.xinhuanet.com/politics/leaders/2019-01/03/c_1123942672.htm, 2019-09-27.
② 张宪文. 彰显历史学服务国家发展战略的功能[J]. 江海学刊, 2018(5)：45—48.
③ 张汝伦. 德国哲学研究的课题[EB/OL]. http://www.sohu.com/a/322742069_651325, 2019-09-27.
④ 艺术论坛. 我们需要怎样的艺术史研究？[EB/OL]. http://artforum.com.cn/column/7936#, 2019-09-27.

国博士学位的增长基于学术的逻辑——即学术中心地的拉力(pull)效应。

(三) 哲学系

哲学系拥有海外博士学位的教师其研究领域的分布最为广泛,在哲学系所设九个研究领域均有分布。哲学系教师中拥有中国港澳台地区及海外博士学位的比例也最高(表9),达28.13%。哲学系教师师均发表量也是除了商学院之外最高的(表8)。

一位哲学系受访者指出:"哲学是相对比较西方化的一门学科,哲学本来就是西方传过来的学问,它不像文史——咱们中国有自己固有的学术传统,而哲学——虽然我们有'中国哲学'——总的来说哲学这个东西还是从西方过来的,可能本身骨子里面就带有一些国际化的基因,容易和国际接轨。所以系里年轻的老师基本很多是从国外留学回来的,或者说即使没有在国外学习,也有出国访问的,特别多,老师基本上都出过国,不管是留学还是访问。相对而言,哲学系比中文系、历史系国际化的程度要高一些。"

在哲学系,留学北美、欧洲、亚洲的学术人员数量分别为4个、9个、5个。除了亚洲博士学位所占比例高于美国博士学位外,欧洲的博士学位更是比例显著——欧洲博士学位的数量是美国博士学位和亚洲博士学位数量的总和。这是因为哲学的研究重镇(学术中心)在欧洲,正如哲学系一位受访者所指出的那样:

> "哲学最发达、最强大的是在德国,法国等欧洲国家,英国,美国根本就没有哲学。"——ZX-1

需要特别指出的是,德国、法国等欧洲国家并非英语国家,而SSCI、A&HCI期刊是以英文期刊为主的。这一点在下面的分析中会很重要。

(四) 法学院

同为社会科学,法学学科(法学院)的海外博士学位占比却不像管理学科(商学院)那么高(商学院海外博士学位占比70.83%;法学院海外博士学位占比17.5%。见表9)。虽然法学院拥有海外博士学位的学术人员比例并不高,但具有留学经历的学术人员并不少——这种情况在法学院比较典型,教研人员虽无海外博士学位,但却读过"LLM"——全称Master of Law(法律硕士),这是一个偏向于法律实务的一年制进阶课程,大多是为外国法律本科的学生和外国律师所设,仅仅对美国的法律体系进行常识性介绍。[①] 如果将这种对美国法律体系的常识性了解(也即国际视野)也作为国际化的一部分,那么法学院教师的国际化程度是相当高的。

除此之外,法学院在国际化方面还有一个突出表现——聘请大量的外籍专家,如全球教席、客座教授、访问学者等,以"全球教席"为例,该计划聘请了 20 位全球知名的法学教授和法律实务人士开设国际前沿法律课程、担任优秀学生的国际导师、开展学术交流与合作研究、拓展中国法律的国际传播。该计划的人数是法学院全职教师人数的四分之一,其余四个案例院系虽然也有聘请外籍专家,但规模上根本无法与法学院相比,以同为社科院系的商学院为例,该学院类似的计划("特聘教授")聘请人数是 12 人,数量是全职教师人数的 10%,人文学科聘请外籍专家的比例更低。

下面对法学院海外博士学位的国别分布和研究领域分布做一个分析:

对于国内法而言,学术交流更多地发生在同一个法系之内,如中国与日本、中国与德国等。由于美国是英美法系,与中国属于不同的法系,因此中美之间在这方面的交流的必要性和现实条件受到限制。从这个角度出发,法学院教师中获得意大利、德国、日本等国家博士学位的教师占比较高就不难理解了(由表 20 和表 21 可知,2014 年占比 50%,2019 年占比 29%。2019 年比例下降是因为美国博士学位的大幅增加)。涉及研究领域,民商法学、国际法学领域是主要的留学领域(2014 年这两个领域的海外博士学位占比 67%,2019 年占比 50%。2019 年比例下降是因为在"宪法学与行政法学""法学理论""经济法学"这三个研究领域留学英美尤其是美国的教师数量的增加,见表 20 和表 21)。由于美国强大的国际影响力,美国博士学位的比例显著(2014 年法学院教师中获得美国博士学位的比例为 42%;这一比例在 2019 年达到 57%。见表 20 和表 21)。虽然美国博士学位获得者的比例很高且在过去五年内还在增加,但值得注意的是,在"诉讼法学"和"刑法"领域没有美国博士学位获得者(2014 年"刑法"研究领域曾有 1 个德国博士学位获得者。见表 20 和表 21)。这印证了前述"在国内法方面中美交流的必要性和现实条件受到限制"的观点。

四、 职称与国际发表

论文发表是教师职称评定的重要指标,因而,面临多大的职称评定压力在一定程度上会反映到论文发表上。那么,职称评定的压力在多大程度上能够影响教师的 SSCI、A&HCI 论文发表? 这取决于两个因素。第一,SSCI、A&HCI 论文发表必须作

---

① 资料参考 http://baike.baidu.com/subview/1709033/5072165.htm#viewPageContent/20140717.

为职称评定的指标或指标之一。第二,教师必须面临职称评定的压力。

在五个案例院系中,仅有商学院将 SSCI、A&HCI 论文发表作为职称评定的硬性指标之一。其余院系虽然未将 SSCI、A&HCI 论文发表作为职称评定的指标,但教师仍受到论文发表的压力,这种压力在某种程度上被转化为 SSCI、A&HCI 论文发表的压力。如法学院一位受访者所言:

> "目前我是做博后,有两年发表三篇中文核心期刊文章或者两篇 SSCI 或 A&HCI 论文的要求。"

中文系一位受访者也说到:

> "评职称的时候,在数量相当的情况下,SSCI、A&HCI 发表的论文会比中文发表的论文有优势。"

因而,只要评定职称的竞争存在,且 SSCI、A&HCI 论文发表更具优势,那么,中文论文发表的压力,会部分转化为 SSCI、A&HCI 论文发表的压力。因而,无论是否作为职称评定的硬性指标,都存在 SSCI、A&HCI 论文发表的压力,只是这种压力的程度不同而已。

表 22　五个院系中教师的职称分布情况

院系	教授/研究员		副教授/副研究员		讲师/助理教授	
	2014 年	2019 年	2014 年	2019 年	2014 年	2019 年
中文系	55.88%	59%	36.27%	36%	7.84%	5%
历史系	63.64%	65.63%	31.82%	20.31%	4.55%	14.06%
哲学系	65.15%	67.19%	30.30%	20.31%	4.55%	12.5%
法学院	59.34%	68.75%	31.87%	21.25%	8.79%	10%
商学院	43.86%	48.33%	36.84%	31.67%	19.30%	20%

由上表可知,五个院系中教师的职称分布均呈倒三角形:拥有教授/研究员职称(绝大多数是教授职称)的教师比例最高,均值达到 57.6%(2014 年)和 61.8%(2019 年),除了商学院比例仅为 43.86%(2014 年)和 48.33%(2019 年)以外,其余四个院系

中教授/研究员的比例均在55％（2014年）和59％（2019年）以上，最高比例达65.15％（2014年）和68.75％（2019年）；拥有副教授/副研究员职称的教师数量次之，2014年五个院系的比例均在30％～37％之间，近五年有所下降，2019年的比例均值为26％；拥有讲师/助理教授职称的教师数量最少，2014年除了商学院以外，其余四个院系比例均在9％以下，均值为6.4％，最低比例为4.6％（历史系、哲学系）；但五年来这个比例有所上升（除了中文系），尤其是历史系和哲学系的比例上升明显，分别达到14.06％和12.5％。

"现在教师队伍超编，特别是高级职称超编，没有岗位，这样的话我们年轻人很少。老师（队伍）都是倒三角，老的多，年轻的越来越少。像别的学校——国内文科比较好的大学，它们进一些年轻人还是比较多的，我们这个专业进一些海归还可以。"——LS-7

在五个院系中，商学院教师职称分布的倒三角形坡度明显较为平缓。事实上，商学院实施的"非升即走"的人事聘任制度[①]，使得商学院高达56％（2019年比例为52％）的教师（包含副教授/副研究员和讲师/助理教授）面临"非升即走"的压力，也即论文发表的压力。

"我们系已经走了好几个了。"

"副教授也不算终身制，还是'非升即走'。"

通过比较，我们可以看出，五个院系中，商学院的教师普遍面临论文发表的压力，这种压力的性质是"生存"——"非升即走"让教师们不得不竭尽全力。相较之下，其他院系仅有很少一部分教师面临这种压力（主要是讲师/助理教授，2014年其比例最高不超过9％，均值6.4％；2019年比例均值为10.5％，在五年内有所上升），但由于没有实行"非升即走"政策，这种压力的性质远远比不上商学院的教师所面临的压力那样尖锐。在一些院系，有一些极其特别的案例（这种情况相当罕见），已经晋升为副教授的教师，已经完全屏蔽了职称晋升的压力。近年来该校其余四个院系开始实行非升即走的新体制，但经由新体制聘任的新教师数量很少，只有几个人。

需要进一步讨论的是，职称评定的压力是否是促进论文发表的关键因素？这种因

---

① 关于商学院的特殊情况，将在后面专门章节中予以说明。

素在一定程度上确实能够促进论文发表，这是制度设计使然。然而，当我们再进一步分析商学院中教授群体的论文发表情况，以及其他院系教授/研究员以及副教授/副研究员的论文发表情况，我们发现，论文发表的关键因素并不在于职称评定的压力，而在于一种可以被称作"学术成就"的激励性因素。所谓"学术成就"，也即，在"以学术为志业"[①]的教师那里，从事学术研究不再仅仅是一份拿工资的工作，而是掺杂个人热情、通过学术研究获得美好个体体验的事业。他们致力于创造有分量的学术成果，并进一步得到同行的认可，将学术研究作为自己的志业进行追求。这种正向的激励因素，往往能够促使教师产出更具价值的学术成果。

---

① 韦伯语，关于"以学术为志业"的论述详见韦伯的《学术作为一种志业》。［德］马克斯·韦伯著，钱永祥译. 学术与政治［M］. 桂林：广西师范大学出版社，2010.

第四章 文史哲：关于国际发表的认识与态度

人文学科学术人员虽然认可人文交流的重要性，但对于学术工作中的国际发表则有不同看法，对于 H 大学人文社会科学国际发表奖励政策所突出的 SSCI、A&HCI 发表则表达了直接的否定。下面分别从中文系、历史系和哲学系三个系科的不同案例，来呈现人文学科学术人员对国际发表的认识和态度。

第一节 中文系：语言是主体性栖息的所在

人文交流的重要性被文、史、哲等人文学科的研究者一致认可。人文交流以及由此带来的相互理解被认为是消弭战争和冲突的重要途径。然而，人文交流不等同于人文学科交流。如果说人文交流是为了"相互了解"，人文学科交流则是试图在某种框架之内进行"对话"。许多研究人文学科的学者指出了人文学科国际交流的困境——如语言的障碍，也指出了人文学科交流中出现的问题和偏差——如过度追求外部视角，有丧失主体性的危险。

人文学科的研究与自然科学不同，自然科学主要使用的是国际通用的符号语言，而人文学科所使用的则主要是自然语言和本土语言，与本土历史文化情境有着不可分割的联系，是非常"接地气"的学科。"接地气"意味着，研究中的问题意识、理论建构、方法路径、结论答案等必须高度贴合本土情境。受访者指出，如若随意将其他文化中的研究理论与方法嫁接到本土，很可能就变成一种"文化表演"，是一种无法适用于本土情境的花哨的哗众取宠。学者田成有也指出："在现代化、后现代化喧嚣不断的弥漫氛围中，在知识分子急于把中国推入现代化的努力中，我们更多地是忙于'观念更新'与'学术创造'，往往把'形式制度'与'现代术语'视为生活本身……结果我们在把高、精、尖的理论和非常深刻、晦涩的'外来术语'对照和搬到现实的乡土社会中时，这套书本上的学术语言，在中国这块儿土地上基本上很难找到它们的所指，成为漂浮在知识分子表层思维与语言中的浮萍。"①

　　"人文学科是非常接地气的,也必须接地气的一种研究。……在北美有很多中国留学生,去国外读了很多年,他们的英语技术已经非常非常好了,与此同时,他们的研究路数,或者是问题意识几乎西方化了,比如说有位学生是国内本科毕业之后出国读硕、读博,(这位学生)用现在最流行的性别理论(跨越性别、变性理论)去研究《六朝怪谈》里的一些故事,男变女、女性变成狗的故事,我感觉很奇怪,因为这样的一个研究在中国,问题意识是不存在的,更像是一种文化表演,就是一种操作——把西方的一些理论拿来,很华丽地去切割、分析,但是有什么用呢?……包括西方的'后现代',很多'后'字头的学问,在西方本土有深邃的问题意识,是因为西方现代性某种意义上已经结成一个怪胎,必须解构掉——不论是通过古代的视域,还是通过后现代的爆炸,把它解救出来。而中国,我想可能还处于'前'现代,还没有达到奢侈地去玩儿'后'现代,我们只是把它的某一个方面拿来用,一种屠龙之术而已。因此可以研究,可以引介,但是并不接地气,不能解决我们此时此地的一些焦虑或者是问题。"——ZW-3

　　在人文学科研究中,虽然国际上也有相关研究领域的研究者,如所谓的"汉学家",但国外的研究与本土的研究完全是两回事,正如一位受访者指出的那样,对于本土研究而言,我们是"内在的体认",对于国外研究者而言则是"外在的观察",两者是完全不同的视域。"问题不同,视域不同,甚至是相同的问题,眼光,方案,解答的路数,结论也不相同。……不能说对方错,或者我们的眼光有问题,因为是不同的文化语境——人文研究一定要接地气。"(ZW-3)虽然国外的研究可以提供一种新鲜的"他者"视域,但这种"他者"视域的价值在于更好地认识自我,完善自我的主体性。如若一味追求他者视域,则无异于邯郸学步,丧失自我视域的同时,也消解了主体性。况且,对于许多国外的汉学家而言,他们的研究更多的是一种爱好,是一种"对珍稀物品、老少边穷的一种特殊的兴趣"。其他研究者也指出,为了能在英语刊物上发表,许多学者所用的分析架构与问题意识必须先符合这些地区的要求,而本地化的议题往往无法成为研究焦点,诸多人文社会科学研究的问题,本来必须具有明确的历史脉络感,如今却遭遇"去脉络化",或是被淡化隐藏,研究者必须以英语世界所熟悉的理论架构及语言来换取发表的可能性,长远看来,社会、政治、文化及历史的背景和底蕴会被逐渐掏空,人文社会

---

① 田成有:"乡土社会中的民间法——序言",中国农村研究网 http://www.ccrs.org.cn

科学的出版将越来越像自然科学一样趋于一元，这显然是与近来世界学术潮流强调多元异质的走向背道而驰。[①][②]

正因为人文学科是如此接地气的学科，每个文化研究的问题是如此不同，人文学科的国际交流中出现了非常有意思的现象，许多交流看似红火，实质上却是"鸡同鸭讲"（ZW-3）。

一、人文学科国际交流中的学术主体性

学术主体性究竟有多重要？说到底，学术主体性是某一学术社群存在的根基。没有主体性，就谈不上平等交流；丧失了主体性的交流，被称作"学术殖民"。正如一位受访者所言，一个文化、学术社群的影响力在于它的独特性和无可替代，也即主体性。

> "有一些学问是不可以国际化的，有句口头禅'越是民族的，越是世界的'，有一些学术之所以能够引起其他文化的重视，被认为是他们所不具备的'他者'，是因为我们是如此地与众不同，如此地不可以被同化，如此的不可以为另外一种语言——比如英语——所改写。"——ZW-3

而对于一个民族而言，本土语言是其文化母体，是"我"的存在方式，一个人使用何种语言来体认某种文化，决定了他的世界观和主体意识。跨越了语言，就等同于跨越了文化、转换了身份。

> "法国人一向学得很好的法语，不是为传递信息、交流人们的共同需要而存在，而是同历史意识难分难解地交织在一起。法兰西的国民性是通过参与这种语言以及它的文学所发挥的全部影响而得到确立的。"[③]

使用何种语言进行国际交流，不仅仅是语言问题，背后更是主体性确立的问题。

---

① 党生翠. 美国标准能成为中国人文社科成果的最高评价标准吗？[J]. 学术评论，2005（4）.
② 参见陈光兴、钱永祥. "新自由主义全球化之下的学术生产"，反思台湾的《人文及社会》高教学术评鉴研讨会论文，1993 年 9 月 25、26 日.
③ ［美］艾伦·布卢姆著，战旭英译. 美国精神的封闭［M］. 南京：凤凰出版传媒股份有限公司译林出版社，2011：9.

党生翠认为,要求学者放弃母语写作和母语思维,不能不说是文化霸权的表现。① 在目前的国际学术交流中,西方中心主义的意识形态仍旧占主导地位,根深蒂固。比如在中国古代文化研究领域,研究对象是中国古代文化,于情于理,使用中文作为国际学术交流语言都是最好的选择。然而,实际情况则是,英文还是作为比中文更重要的国际语言在中国古代文化研究的国际学术交流中占主导地位,这使得中国学术人员在国际交流中备受挫折。因为,语言不仅仅是交流便利与否的问题(中国古代文字翻译成英文十分困难),更是文化与学术主体性确立的问题。

事实上,在中国学研究领域使用中文作为学术交流语言也并非毫无现实可能性。对于大部分汉学家而言,使用中文交流不成问题,况且,对于研究中国学的国外学者而言,"使用中文属于学术基本功"。

当然,抵制西方中心主义、树立我们自己的学术主体性并不是学者们的抗议就可以解决的问题。事实上,学术、文化之间的竞争,背后往往是国家之间综合实力的较量。受访者指出,一个国家的文化、文明再古老、优秀,如若国家实力不济,该文化就不会引起国外学者的关注和重视,"在文化领域,其实最终起作用的还是一个国家的实力——综合实力,全面实力。我们往往想的是文化越古老别人越尊重你,其实往往不是这样的。"(ZW-1)在国际上,学术圈中的实际情况是,"你越强大,我越尊重你"。

受访者还举了历史上的实例,指出中国历史上盛唐时期欧洲、中亚、日本等国家派遣人员赴大唐进行交流的状况,与现在中国人去美国极其相似。事实上,1300多年前的初唐盛世,中国的文化学术达到一个高峰,各国游学之士7000余人,云集长安。当时的中国,是知识和技术的输出国,也是东西方文化交流的总汇。②

而中国目前的状况是,所谓的人文学科国际化,只是单方面地吸收欧美视角,我们的视角却并未被他者所采用,这种国际化是不平衡的。事实上,目前所谓的"国际化"是十分片面的,毋宁说是"国际化",不如说是"欧美化"。我们仅将那些在经济、政治和军事上占主导地位的国家纳入我们的国际视野,并十分"自觉"引进他们的理论和视角——他山之石可以攻玉。吸收引进理论没有错,但值得关注的是,这个过程是单向的——也即我们只有吸收和引进,而没有输出。这是西方中心主义的表现,我们在其间处于边缘地位,与处于中心的欧美是一个不平衡的权力和等级关系。

---

① 党生翠. 美国标准能成为中国人文社科成果的最高评价标准吗？[J].学术评论,2005(4).

② 胡显章、杜祖贻、曾国屏主编.国家创新系统与学术评价——学术的国际化与自主性[M].济南：山东教育出版社,2000：6.

二、 中文系国际发表的基本情况

在中文系,所谓的"国际发表"(英文发表)集中在两个专业方向:语言学和比较文学研究。在"三古"——古代文学、古代汉语和古代文献——研究领域,在日本、韩国发表和中国港澳台地区发表更为常见,但在 H 大学的国际发表奖励政策中却并不被算作国际发表。

中文系受访者认为,语言学和比较文学研究因其特殊的性质,国际发表的"渠道"更多。所谓的发表"渠道"包含三个方面的内容:第一个方面是指语言学和比较文学天然具备国际交流的因素——语言学的研究范式比较偏西方;[①]而比较文学则涉及中国与国外文学的比较,学术人员因而必须能够使用外语并对外国文学进行研究。第二个方面是指语言学和比较文学研究领域中的学术人员多具备海外留学背景,能够熟练使用外语;第三个方面是指他们拥有更多的海外联系,因而拥有更多的发表机会。

除此之外,"三古"在近年来也开始出现海外发表的情形,但与语言学和比较文学研究中的国际发表性质不同。"三古"领域内的海外发表,更多的是受到海外研究机构或学者的邀请,比较优秀的中文研究成果被翻译成外语并在国外发表。有研究指出,文学领域的国际发表有一种很典型的情形就是我国期刊或著作中的中国文学作品通过国际期刊被翻译介绍出去(占比 59.9%)[②]。这种发表的性质是因外界的关注和重视而"走出去"。除了被动的"走出去",也有一些相关的行动尝试主动"走出去",如翻译出版《中华文明之光》等。然而,翻译毕竟不是什么轻松的小事,许多学术人员在日常的学术工作中,并没有追求国际发表(外语尤其是英语发表)的意识,也不习惯将中文翻译成外语发表。对于许多母语不是英语的学者而言,让自己的英文学术论文达到国际标准是非常困难的。[③,④]

---

① 季羡林. 对 21 世纪人文学科建设的几点意见[J]. 文史哲,1998 年第 1 期.

② 何小清. 建国以来我国人文社会科学学术研究国际化发展学科分析——基于 SSCI、A&HCI(1956～2006)的定量分析[J]. 东岳论丛,2008(3):24—31.

③ Canagarajah, A. S. *A Geopolitics of Academic Writing*[M]. Pittsburgh, PA: University of Pittsburgh Press, 2002.

④ Flowerdew, J. & Y. Li. English or Chinese? The Trade-off between Local and International Publication among Chinese Academics in the Humanities and Social Sciences [J]. *Journal of Second Languge Writing*, 2009(18),1 - 16.

三、 对国际发表及其奖励政策的看法

　　受访者认为，重视在欧美期刊上的发表，而对日本、韩国等其他非欧美国家的海外发表不重视、无所谓，除了可能与现行的国际发表奖励政策有关，说到底是一种"崇洋媚外"，是欧美中心主义思想在作怪。并认为，在中文系，欧美中心主义思想并未得逞，未能大行其道。

　　受访者认为，在"三古"研究领域中，重要的刊物在"自己的圈子"——中国大陆、中国台湾和中国香港（日本也有一些，但用中文没问题）——也即中文学术圈子。美国也有一个在欧美汉学圈比较有名的杂志，民国时期有一些中国学者在上面发表过文章（非直接英文写作，而是翻译发表），但之后就没有再发表了。事实上，大家也并未将其作为发表的目标刊物，因为中国已经有自己最好的刊物，发表在中国自己最好的刊物上，欧美学界也可以看到——他们的图书馆订阅了相关刊物，正如我们自己的图书馆也订阅了欧美学界比较重要的刊物一样。赵宴群也指出，由于我国与欧美国家的文化背景差异较大，欧美对我们人文学科的接受度很低，我国人文学科的大部分学术交流主要是在东亚这个具有相似文化背景的学术圈内开展的，与西方学术界的交流也多是局限在汉学这一有限的范围内。[①]

　　当然，能够在欧美最知名的刊物上发表文章，未尝不是一件好事，因为"三古"研究领域海外发表的特点——受邀翻译发表，因此能够在海外发表首先代表着一种荣誉——海外学界的关注和认可。除此之外，也可以直接扩大海外影响力。然而，海外发表本身面临一个十分重大的障碍——语言问题。尤其是对"三古"研究领域而言，翻译起来十分费劲儿，或许这也正是"三古"研究领域多被动海外发表（受邀发表）、少主动海外发表（主动投稿）的原因之一。受访者指出，如果可以用中文发表，"*我们很多人都会在海外刊物上发文*"。

　　中文系并没有将国际发表纳入各项评估指标当中，一方面是因为目前中文系国际发表的数量相对较少，另一方面大家对国际发表的态度并不积极，事实上，即使是中文系国际发表较为显著的比较文学研究领域，学术人员对国际发表的态度也有所保留。一方面，用外语写作学术论文确实十分辛苦，与中文写作相比，需花费更多的时间和精力；且国外发表与国内发表适用不同的体例，转换起来也颇费功夫。加之在评估上"没

[①] 赵宴群. 对我国人文社会科学工作者在 SSCI、A&HCI 期刊发表论文的分析与思考[J]. 复旦教育论坛，2010(1).

有什么特别的差异"，因而国际发表的动力不大。

另外，正如前面的分析所指出的，在中文系，并没有大家公认的所谓国际期刊，因而，尽管学校层面十分重视国际发表，但对于中文系的学术人员而言国际发表却无太大意义。

> "我们还没有一个公认的（大家都认可的国际期刊），对我们来讲，在国外发表，虽然说上面可能很重视，但是对我们而言没有什么太大的意义。"——ZW-5
>
> "要说我们学科有国际影响的期刊，我觉得不同的专业很难去把握，但首先肯定没有英语的期刊，这个是肯定的。"——ZW-2

事实上，国内期刊的水平并不必然低于国外。在中文系，由于研究的是中国问题，相当于我们的"国学"，无论从研究的群体规模，还是研究的深度、视角来看，我们都毫无疑问是"主体"。另外，随着国际学术交流越来越频繁，尤其是中国学术人员留学海外并在海外东亚系任教，很多所谓的美国学者其实都是中国学者，这样一来，国内、国外的思考问题的方法、研究的水平都越来越接近了。

（一）美国对待国际发表的态度

我们出台人文社会科学国际发表奖励政策鼓励学术人员用英文发表论文，甚至部分院系将国际发表纳入职称晋升评估体系，那么，美国评估体系是如何看待"国际发表"的呢？按理来说，对于美国学术界而言，用英文以外的语言进行发表应属于国际发表，如用法语、德语、日语、中文发表等。但美国学术界的评价体系拒绝将中文发表纳入其评估体系——它们接受德文发表，接受法文发表，但是不承认中文发表。当然，它们有理由拒绝接纳中文发表——因为不懂中文，没有办法评估质量如何，这显然是对中国学术界整体的不信任和排斥。党生翠的研究指出，国外学者在中国的学术期刊发表文章，即使是研究中国问题的，即使是发表在我们的所谓权威刊物上，也不能作为晋级的重要成果。[①] 一位受访者指出，其美国留学时候的导师为中国人，曾在中国发表了许多文章、出版了许多著作，但所有这些都不能被美国学术界的评价体系接纳。与之相反，我们中国学术界却将使用英文写作学术论文然后发表在美国学术期刊上作为目标或者是值得庆贺的喜事，这显然是双方权利不平等的表现。

---

① 党生翠.美国标准能成为中国人文社科成果的最高评价标准吗？[J].学术评论,2005(4).

(二) 国际发表扩大影响力吗

受访者认为，国际发表并不见得能够扩大国际影响力。一方面，主要的研究团体在中文学术圈，如果用外语发表，中文学术圈的大部分学术人员不会去看；另一方面，该研究领域的国外专家其实数量非常少，是"数地过来的"。我们没有必要为了迁就这些本来就会中文的少数外国专家而大费周章用英文去发表。

(三) 奖励政策的影响

中文系并没有设立与学校配套的人文社会科学国际发表奖励政策。对于学校层面的奖励政策，受访者表示中文系的学术人员并未"受到多大影响"，意指中文系的学术人员并未由此政策而改变对国际发表的看法，或增加国际发表的数量。包括国际发表相对较多的语言学和比较文学研究领域，更多的还是学科特点和国际发表的渠道决定的，与外部的奖励政策关系不大。进一步地，认为不分学科性质对所有的学科专业一视同仁对整体学科的发展不利。总体上，受访者认为，对国际发表进行适当金钱奖励无可厚非，但不能将国际发表列为评估中必须考量的项目。

第二节　历史系：历史研究为民族国家服务

总体而言，历史系的大多数受访者认为国际交流很有必要，尤其是外国史研究(LS-1)，以及其他与国际上"接轨"的研究领域(如性别史研究)(LS-5)。但也有一些看法认为，对于某些专业而言，国际交流并不十分重要(LS-2)。还有受访者指出，重要的不是"接轨不接轨"，而是研究的深度(LS-3)。还有一些受访者指出，过多的国际交流给学术人员的正常工作造成了干扰(LS-6)。

"国际化就是立足本土，走向世界。任何学科都有交流的必要，中国史也应该交流，而且要掌握另外一个国家的语言进行交流。我们要积极学习人家的语言，自己的成果才能够得到国际的承认和接受。要求对方学习中文，是一种帝国主义心态，是美国人和英国人的心态，是不对的。目前国际交流中，最主要的障碍是语言，由于语言能力不足，许多人是被迫硬着头皮去交流，而不是自愿和主动地去交流。完全靠评职称的要求来压，也不是那么回事。不同阶段不同目标，目前我们处在为国际化发展打好基础的阶段，首先是解决语言问题，其次是在学术界形成

很好的氛围和基础——大家都在谈国外的一些事情，对国外的事情发生兴趣。"——LS-1

"性别史与女性研究已是国际显学，国际学术交流对于学科的开拓与发展不可或缺，十分重要。中国学者的研究往往通过研讨会或翻译出版，被国际同行所了解。"——LS-5

"学术都是天下通的，有好的学习学习也挺好的。宏观的可以交流，具体问题无法交流。做理论是一回事，做应用就是解决实际问题。可以学习外面的方法。西方讲学术传承、理论、方法。我们呢，事儿做明白就行。"——LS-3

"我是中国史专业教师，参与或不参与国际学术交流，并不是太重要的问题。"——LS-2

"历史学科特别强调要沉下心来，扎扎实实坐冷板凳，去查资料、阅读、思考，而过多、过于频繁的学术交流太牵扯精力。……我的基本看法就是适当的学术交流是必须的，但是不宜过多，过多会牵扯很多精力，没有时间去思考，去做自己的研究。"——LS-6

一、对国际发表的看法

总体来看，历史系对国际发表的态度是：在国际一流期刊上发表论文自然是好的，但不应把国际发表作为评定学术成果的标准。与强调国际发表相反，应强调国内发表，国际发表是"锦上添花"，不应刻意去追求。

受访者认为，人文学科所承载的功能与自然科学不一样，就历史研究而言，一方面与民族和地区的过去、现在息息相关，带有浓厚的民族和地区色彩；另一方面，历史研究也服务现实，服务一个国家的战略需要。再一方面，"研究中国史的，还是用中文能够说清楚"（LS-4）。

除此之外，由于人文学科的国际发表没有国际标准；国际杂志鱼龙混杂，质量良莠不齐；在一些顶级知名国际杂志上发表文章确实是不容易的事情；非母语发表又往往需要花费大量的时间与精力。因此，可以适当鼓励，但不应过分强调。异位而处，外国的汉学家也很难"中文发表"，他们中的大部分人需要翻译。或许他们可以用汉语做讲座，但写作中文论文则是另一回事。

语言障碍（我们很难用英文发表自己的研究成果）确实阻碍了我们中文的研究成果被国外吸收和采纳。国外许多相关研究者若想了解中国学者的研究成果，往往需要去读中文——因为很少有英文发表的研究成果。西方学术界自身对中文成果的国际发表也是有需求的。一位受访者举例说，西方研究中国的学者主要集中在当代中国研究，研究古代中国的学者较少，事实上，各种东亚系、汉学系——研究古代中国的学者，在整个中国研究的圈子里面被边缘化了，他们希望中国相关的学者在他们的圈子里面"有一些发言权、号召力，显得他们更热闹一些"（LS-7）。

二、 院系层面是否有国际发表奖励政策

历史系没有设立与 H 大学人文社会科学国际发表奖励政策相配套的奖励政策。受访者指出，系里认为论文发表是学术人员自己的事情，无论是发表在国内顶级期刊上，还是发表在国际期刊上——无论是发表在哪儿，系里都没有奖励。受访者进一步指出，"当然，学校的奖励系里也不会反对"。

三、 职称晋升制度中是否涉及国际发表

历史系未将国际发表纳入职称晋升的评价考核体系中。第一个原因是国际发表的数量本身较少，系里只有少数年轻的海归博士有能力进行英文发表，引进相关考核机制意义不大。第二个原因，系里面掌握话语权和评价体制的老师，由于在国际发表上不占优势，因此并未将国际发表纳入评价机制。受访者 LS-7 指出，他认为目前不应该把国际发表作为职称晋升或岗位考核的标准，因为其他的学校会去模仿。目前的考核以国内核心期刊为标准。

四、 对学校奖励政策的看法

总体而言，历史系受访者对学校层面的人文社会科学国际发表奖励政策的态度相对温和，认为"挺好""无可厚非""也还可以"，或者"没有听说过"。

> "学校社科部对国际发表的奖励应是鼓励参与国际对话，鼓励 H 大学老师在相关重大问题上参与讨论，提高 H 大学在国际上的声望。我觉得国际发表挺好。"——LS-2
> "从教育行政主管部门到高校可以鼓励，包括对在国外核心期刊 SSCI 上发表的论文给予奖励。这个做法当然也无可厚非，我觉得当然也比较恰当，也还可以，学校层面应该是鼓励老师在海外发表。"——LS-6

第三节　哲学系：SSCI、A&HCI 发表是伪国际发表和伪国际化

哲学系是文史哲中国际化程度最高的人文系科——拥有海外博士学位的比例最高，人均 SSCI、A&HCI 发表也最多。在本章节中，选择了两个案例来集中呈现哲学系学术人员的认知和态度。第一个案例中受访者的观点代表了哲学系学术人员的主流观点。与此同时，本章节还选择了另外一位对国际发表持不同观点的受访者的访谈内容作为辅助资料。哲学系中对待国际发表和国际发表奖励政策的两种态度更加直观地反映了不同学科专业背景对于学术人员认知与态度的决定性影响。

一、案例 1：主流观点

案例基本情况介绍：ZX-1，哲学系教授，研究方向为德国古典哲学，在德国获得博士学位。以下是受访者 ZX-1 的主要观点。

（一）以 SSCI、A&HCI 发表衡量的国际化是伪国际化

学校实施的人文社会科学国际发表奖励政策的出发点是促进学科的国际化，但其所采取的奖励标准——奖励在 SCI、SSCI、A&HCI 上发表的论文，是对欧美霸权的迎合，是对真正国际化的曲解。是一种学术人员"不感兴趣"，"不愿接受"，甚至"抵制"的"伪国际化"。这种伪国际化在学术人员看来是一个"很坏、很恶劣"的标准。打着国际化的幌子进行美国化。

（二）伪国际化的实质——美国化

伪国际化并非真正意义上的国际化，而是"美国化"，是以英美文化为主导的，首先表现为"英语化"，是文化霸权的表现。例如，在 SSCI 收录的 3000 余种期刊中，大多数期刊语言为英语，其中显示来自中国的 10 本期刊，也均在中国香港或国外以英文出版[①]。美国学者菲利普·G. 阿特巴赫也指出："英语的统治地位使得世界范围内的科学日趋成为使用英语的主要学术系统为主导的霸权统治，并且给不使用英语的学者和

---

① ISI Web of Knowledge, Journal Citation Reports ［DB/OL］．［2014 - 07 - 24］．Http://www. webofknowledge. com.

大学带来了挑战。"①真正的国际化,应是全世界各个民族的文化都要发扬光大。SCI、SSCI、A&HCI 以英文发表为主,且收录的期刊由英美国家指定,完全按照英美的标准。这种国际化排斥其他文化、语言,是狭隘的,是利益集团的共谋,以维持其霸权地位。伪国际化是以英美文化为代表的巨大的利益集团对其他民族、文化的一种打压,伪国际化遵从他们设定的标准,表面上看是国际化,实质上则以其自身为主导,企图让其他民族、文化遵从其标准,将其他民族国家纳入其"伪国际化"轨道,"永远跟在它们屁股后面走",以维护他们的国际化标准,维持他们的霸权地位。

例证如下:

哲学系一部分学术人员在德国、法国以及其他国家顶尖杂志上的发表,并未被 SCI、SSCI、A&HCI 收录在内。部分学术人员的著作以非英语语言进行国际出版,但在此标准框架中并不算是"国际发表"——著作不算,论文才行,且须得用英文发表。研究德国哲学的学术人员用德语进行学术研究工作,本身是国际化的一种体现,但却被排斥在该"伪国际化"的框架之外。党生翠指出,在 SSCI 哲学类期刊中,美国的哲学期刊共 8 份,占到总数 19 份的 42%,而德国这个哲学最发达的国度之一却一份期刊也没有入选。再以国际佛学研究为例,从世界范围来看,国际佛教学术研究贡献最为卓越的国家是日本、印度而非英美国家,但采用日文发表的期刊论文却未被纳入该体系。俄罗斯也只有 3 种期刊入选,意大利作为艺术的发祥地之一也只有一种《运动心理学》入选。②

受访者进一步指出,该奖励政策追求的国际化完全是"糊弄外行"。哲学类的国际顶尖杂志,德国有很多,基本上都未被收录在 SSCI、A&HCI 之中。中国香港一中文杂志却被收录进了 SSCI。在奖励"国际化成果"时,发表在该中文杂志上的中文发表也得到一样的奖励,但其余发表在未被 SSCI、A&HCI 收录的中文期刊或其他语种期刊上的文章却不被承认是"国际化成果"。

> "追求这样的伪国际化交流,而且须得按照英美设定的标准来交流——使用英语,遵从英美思维方式,使用英美学术标准进行交流——我们该有多自卑。我们不要这种虚伪的国际化,也请不要用这种标准来折磨我们。……更进一步地说,像文史哲这样更加纯粹、更加精神化的学科,怎么可能进行量化评价? 如果按

---

① [美]菲利普·G. 阿特巴赫. 至尊语言——作为学术界统治语言的英语[J]. 朱知翔译. 北京大学教育评论,2008(1)：179—183.

② 党生翠. 美国标准能成为中国人文社科成果的最高评价标准吗? [J]. 学术评论,2005(4).

照伪国际化的标准来衡量，咱们的文史哲就不用办了。"

受访者指出的"咱们的文史哲就不用办了"并非危言耸听，事实上，就在几年前，欧洲的一些历史学家因在全国同行评估中排名相对较低——因为他们写书，而不是在 Web of Science 索引的期刊上发表论文——而被迫转入心理系。[1]

（三）真正的国际化——我们并不差

"在学术研究中，国际交流是自然而然的事情，学术人员在学术研究中相当开放，真正国际化意义上——真正地与其他民族、文化交流方面，我们已经在很大程度上实现了国际化。哲学系六十多个人，研究领域涵盖的面儿特别广：有中国的，也有西方的；还有德国、法国、俄罗斯、印度、日本等国家；还有各种宗教研究，逻辑研究等——我们研究范围很广，我们与这些国家都有着很多的来往交流，我们的眼光也是非常开阔的，并不是闭关自守、头埋在沙子里，我们的眼光是真正国际化的。相比之下，西方的大一点儿的哲学系也就十几个人，而他们的哲学系其实就相当于我们系里的西方哲学教研室——他们没有研究中国哲学的，也没有研究印度哲学、日本哲学的，也没有研究各种宗教的——有一些研究相关问题的分散在东亚系。因此，从国际化真正的意义上来看，我们的实力还是很强的，并不比别人弱。

因此，我们是非常国际化的，与世界各国都有交流，尤其是哲学系——因为哲学系注定了就是一个视野非常开阔的、全世界的思想文化都要进行研究的，不像中文历史系，受学科限制，还是没有哲学系这样开阔——哲学系已经高度国际化了。现在我们出国留学的学生也很多，请国外学者做报告、讲座、开课的很多，甚至还有两名外籍的人文讲习教授，这怎么不是国际化？除了没有一定要用英文、在指定的杂志上发表之外，我们很国际化的。"

（四）唯英美马首是瞻——缺乏文化自信

为什么我们会被这么一个伪国际化的标准牵着鼻子走？受访者认为，归根结底，是因为我们缺乏文化自信。赵宴群认为，中国哲学社会科学必须有自己的特色和自

---

[1] Diana Hicks, Paul Wouters, Ludo Waltman, Sarah de Rijcke & Ismael Rafols. The Leiden Manifesto for research metrics. *Nature*. 23 April 2015. Vol. 520. pp. 420 - 431.

信,这是主动开展国际学术交流的必要前提。①

"我们都是在国外留过学、见过世面的,不会崇洋媚外。我们觉得崇洋媚外的还是一些没有怎么见过世面,或者见过世面但因为自己本身的认识能力很有限、眼光很狭窄,以为自己见过世面的。我们有理由比以前更自信,但一些上了年纪的人还是缺乏文化自信。要看到我们国家在变得强大,中国在崛起,而文化崛起总是跟随其后的。任何一个国家首先是在政治和经济上崛起、军事上崛起,然后才伴随着文化上的崛起。试图让文化先崛起是没有用的。像中国以前一样,被打得落花流水——中国的文化没有落后过,只是我们在政治军事上的落后,洋人的船坚炮利,我们才有这一两百年惨痛的教训。现在我们变得强大了,发展政治军事经济,中国这个发展策略非常对——就是不停地发展,闷头发展。"

"我们老觉得自己没什么英文发表,没有世界性影响。其实,当我们国力强大了,别人自然会主动来了解我们。事实上,一个学者的名气不光取决于他自己——而是取决于他所在的大学、所在的国家,还取决于大家对他的关注。比如很多美国教授,名气是怎么来的呢?我们去美国,关注美国这几个哲学系,就知道了这个人——我们主动关心他,他的名气就大了。现在,别人并没有主动关心我们的意愿,就是因为我们的文化还不够强大,吸引力不够。"

(五) 期刊发表——快餐文化

在自然科学领域,学术成果多以论文形式呈现,例如爱因斯坦、哥德尔这样的科学家,一生中最重要的一两篇论文即可奠定其在科学史上的位置。而在人文社会科学领域,学术成果则以专著为主。根据荷兰高校 1980—1985 年度报告中的出版品资料分析,人文社会科学的图书出版比期刊发表数量更为庞大。② 格里菲思和斯莫尔也指出,对于社会科学许多问题而言,期刊文章这种交流工具不适合用来探讨特别复杂的

---

① 赵宴群. 对我国人文社会科学工作者在 SSCI、A&HCI 期刊发表论文的分析与思考[J]. 复旦教育论坛,2010(1).
② 周祝瑛. SSCI 下的台湾高教竞争力:以政大学术评鉴为例[C]//北京论坛(2010)文明的和谐与共同繁荣——为了我们共同的家园:责任与行动."变革时代的教育改革与教育研究:责任与未来"教育分论坛论文或摘要集. 北京:北京大学出版社,2011:48.

话题,著作才是探讨特别复杂话题有效的交流工具。① 受访者也指出,"哲学问题很多是重大深远的问题,根本不是一篇论文可以说清楚的"。受访者进一步指出,期刊发表是快餐文化的一种体现。

在自然科学中,由于同行间对科学发现优先权的争夺而产生的激烈竞争,使得自然科学家尽量避免与他人的研究产生重复,因而他们特别关注同行间的研究领域及研究进展。清华大学一位生物学教授的演讲生动地做出了注解:

> "接下来,就是我永远不会忘记的日子,2011 年 7 月 11 日。如果你们去查日历,那是星期一,是在中国看到《自然》新论文上线的日子。我本来应该早上 6 点出门去机场,在 5 点 55 分的时候,我打开了《自然》在线,第一篇文章直接砸来,砸得眼睛生痛,因为这篇文章的题目就是《一个电压门控钠离子通道的晶体结构》,这正是我们在做的课题,也就是说,我们被超越了。我们一直说科学上只有第一,没有第二。而现实是我们再也没有可能在这个课题上成为第一了,惨败! 我把论文打印出来,交给了当时正在做这个课题的张旭同学,她立即泪崩。"②

而格里菲思和米勒对一项心理学研究的调查发现,在心理学研究中交叉覆盖的可能性很小,几乎没有必要去了解其他人是否也在进行与自己相似的研究。③ 受访者也指出,人文学科与自然科学不同——自然科学中每一篇论文都是一个新成果的呈现,如果不关注新发表的论文,就会"落伍",但人文学科并不遵从这种直线式进步。比如哲学,不看杂志,也不存在落后的问题。

> "哲学研究基于从古到今的哲学经典文献,是对经典文献做出新的解读,一点儿也不担心不看论文就错过了什么重大发明(大多人文学科都是如此,除了考古发现);有分量的研究成果以专著的形式出版,以往的哲学家不会写那么多格式工整的论文。因此我们不看重论文,更重视著作。不仅英文论文如此,大多数老师连中文论文也不热衷,但是由于论文发表是职称评定的硬指标,我们不得不写一

① [英]托尼・比彻、保罗・特罗勒尔.学术部落及其领地——知识探索与学科文化[M].北京：北京大学出版社：2008：117.

② 颜宁.风物长宜放眼量——在清华大学 2014 年本科生毕业典礼暨学位授予仪式上的讲话.http://news.tsinghua.edu.cn/publish/news/4205/2014/20140707101539445844075/20140707101539445844075_.html.

③ [英]托尼・比彻、保罗・特罗勒尔.学术部落及其领地——知识探索与学科文化[M].北京：北京大学出版社,2008：114.

些论文。其实,对于研究文史哲的我们来说,都喜欢扎扎实实自己看书,讲究厚积薄发,对自己的学问要求比较高,总觉得自己积累地还不够,不敢乱说话。但是整个体制逼着你不停地发论文,很多论文是仓促出来的东西,主要是出于应付的需要,自己也不是很满意。发表中文论文的任务本来就是巨大的负担,现在又来一个英文发表的要求——还必须是被收录进特定期刊目录的才算,其他的很多好杂志都不算。我们实在是没有这个精力。"

"期刊论文发表,从根本上来说是美国快餐文化的一种反映。哲学领域的国际期刊论文绝大部分是没有价值的,是垃圾,是这个时代快餐文化的一种体现,讨论的问题很肤浅,很搞笑。国际上的一些讨论看似火热——美国、英国、澳大利亚、新西兰,所有英语国家都在讨论,我们便会怀疑自己是不是封闭了、落后了?其实,他们讨论的问题是毫无价值的。研究欧洲哲学的我们也不可能去迁就美国搞的哲学标准。"

二、案例2: 另一种观点

案例基本情况介绍：ZX-2,哲学系讲师,研究方向为逻辑学,在欧洲获得博士学位。"逻辑"研究,与数学研究比较接近,也是有一套固定的语言模式和符号系统,与使用中文或其他文字关系不大。

ZX-2认为,人文学科的国际化是指在可能的情况下国内学术界与国际学术界谈论一样的问题,国内学术人员广泛而深入了解国际上的相关工作及历史沿革,学术人员能用非中文进行学术写作,并在国际一流杂志上发表成果,在学术评价方面采用国际标准,能够在国际学术共同体中占有一席之地。该受访者认为,国际化的评价标准可以帮助评估工作质量,有利于学科的良性发展。值得思考的是：何谓"国际化的评价标准"? 当前以欧美为主的国际化是否是我们真正追求的国际化? 中国的学术共同体自己有可能开发出真正的国际化的评价标准吗?

(一) 国际发表在学科国际化中的地位和作用

"国际发表在学科国际化中非常重要,因为好的国际杂志通常有严格的审稿制度,可以帮助评价自己的工作并且让外界了解国人的工作。虽然领域不同发表难度不一,但应识别国际杂志的优劣,争取在公认的国际一流杂志上发表学术文章。国际发表能够真正起到学术交流的作用,扩大影响力。"

首先，该受访者指出，好的国际杂志通常有严格的审稿制度，可以帮助评价自己的工作。但国际发表的前提是至少要与国际共同体讨论相同的问题。该受访者指出国际发表具有的功能是学术交流与扩大影响力。然而，另一位受访者则指出，交流不是学术的首要功能，而只是附带功能，学术的存在不是为了交流；其次，影响力的扩大不是靠主动去传播、让他者被动接受，而是我们自己文化崛起后引起他者的主动关注。

（二）人文学科学术人员国际发表的动力和阻碍因素

ZX-2指出，人文学科学术人员进行国际发表的动力主要存在以下几个方面：首先是进行学术交流；其次是提升学术影响力。这两个方面都是学术自身的要求。除此之外，学术本身之外的制度、政策也会成为国际发表的动力，如将国际发表作为职称评定的依据，或者对国际发表实施奖励等。而该受访者将人文学科学术人员进行国际发表的阻碍因素归纳如下：学术水平不够、语言不好、发表周期长、相关国际文献了解少、不能正视学术批评、研究问题完全不同、研究方式落后等。其中，研究问题、研究方式，涉及的是学术研究的传统。学术批评，涉及的是学术文化。学术水平、语言、对国际文献的了解，涉及的是进行国际发表的能力。发表周期，涉及的是国际发表的特点。

可见，关于人文学科国际发表的阻碍因素，绝大部分在"人文社会科学国际发表的影响因素"的框架之内。也即，这种所谓的阻碍因素，是内生的，而非我们所处的发展阶段所导致的。

三、 院系层面是否有国际发表奖励政策

除了学校层面总体的人文社会科学国际发表奖励政策之外，哲学系对国际发表也有奖励政策。但哲学系的奖励政策与学校层面的奖励政策在本质上有所不同。学校层面的奖励政策是为了激励国际发表，仅仅奖励国际发表，且奖励那些能够在 SSCI、A&HCI 等检索到的发表。但哲学系的奖励同时覆盖了国内顶级杂志，且在院系奖励政策中，对国内顶级杂志的奖励高于国际发表——一方面是由于国际杂志的优劣较难判断，另一方面是学校层面已有对国际发表的相关奖励政策。从这个角度来看，哲学系院系层面的奖励政策是一种补偿性的政策——补偿那些被学校层面忽略的本土优秀发表。

"哲学系一篇国际文章(1 万字以上)奖励 800 元，比国内顶级杂志奖励低，理由有二：一是国际杂志很难识别优劣；二是学校层面对可以在 SSCI、A&HCI 等

检索到的国际文章已有奖励。"——ZX-2

四、职称晋升制度中是否涉及国际发表

"一般情况应该涉及，但不必须（考虑到特定领域的特殊性）。"——ZX-2

该受访者的观点较为中肯，考虑到了不同研究领域的特殊性，认为一般情况下应在职称晋升制度中考虑对国际发表的考量，但在特定领域需要特殊考虑。需要进一步追问的是，"特定领域"指的是什么？"特定领域"在"总体科学领域"中所占比重如何？"特定领域"在"人文社会科学领域"中所占比重又如何？如果"特定领域"在人文社会科学领域中所占比例超过了所谓的"一般情况"，那么，是不是应该在人文社会科学领域中将"一般情况"和"特殊领域"的地位调换一下？也就是说，需要引进国际发表作为评价标准的，是少数的"特殊领域"，而"一般情况"下应避免用国际发表的标准来度量人文社会学科？另一位受访者则将人文学科整体看作是"总体科学领域"当中的"特殊领域"，认为文史哲等人文学科是更加纯粹、精神化的学科，不能像自然科学一样进行量化评价，也不能以西方（甚至是美国）的标准来衡量，认为人文学科的发展关系到民族大业和文化事业，如果按照西方（美国）的标准，"中国的文史哲学科就不用举办了"。

五、如何看待院系层面的国际发表奖励政策

"人文学科的教师群体整体比较轻视国际发表，因为国内杂志多，'顶级'杂志发表相对容易。不少在国外拿到博士学位的教师回国之后也不再在国际杂志上发表了。""我个人认为在目前国际发表很缺乏的情况下，院系还是应该有所激励。"——ZX-2

首先，该受访者指出人文学科的教师群体整体上都较为轻视国际发表，这与其余人文学科受访者的观点一致。其次，该受访者认为，因为国内发表相较于国际发表更为容易，如若再无对国际发表的激励，即使是具有国际发表惯习的学术人员也会放弃国际发表，转而进行本土发表。并认为在目前国际发表还很缺乏的情况下，院系应该对国际发表有所激励。

然而，另一些受访者则认为，没有人会为了金钱奖励而去追求国际发表。

　　"没有人为了奖励而去国际发表——奖励几千元或一万元——没有老师会为了这种事情而去发表论文。可能的情况是：恰好写了一篇论文，又有一个合适的杂志可以投稿。据我所知，我的同事里面没有以国际化为目标、以国际发表为目标去发表文章的。"——ZX－1

第五章　法学院：社会科学中重视本土发表的案例

第一节　法学研究的性质

一、法学知识是一种本土知识

皮亚杰指出，法律科学研究对象是"规范体系"，研究内容是规范有效性的条件，是完全不同于其他人文社会科学的特殊学科。规范与文化、社会实践密切相连，不同的社会往往具有不同的规范体系。

就法律而言，世界上主要有两种法系，一种是英美法系，一种是大陆法系。前者又被称作普通法法系，是指以英国普通法为基础发展起来的法律的总称，它首先产生于英国，后来扩大到曾经是英国殖民地、附属国的许多国家和地区，包括美国、加拿大、印度、巴基斯坦、孟加拉、马来西亚、新加坡以及非洲的个别国家和地区。18 世纪至 19 世纪，随着英国殖民地的扩张，英国法被传入这些国家和地区，英美法系终发展成为世界主要法系之一。英美法系的主要特点是注重法典的延续性，以判例法为主要形式。大陆法系又称民法法系、法典法系、罗马法系、罗马-日耳曼法系，是以罗马法为基础而发展起来的法律的总称。它首先产生于欧洲大陆，后来扩大到拉丁族和日耳曼族各国。历史上的罗马法以民法为主要内容。法国和德国是该法系的两个典型代表，此外还包括过去曾是法国、西班牙、荷兰、葡萄牙四国殖民地的国家和地区，以及日本、泰国、土耳其等国。

中国与法国、德国和日本等国一样，属于大陆法系。中国法律体系在历史发展中受日本、德国等的影响颇深。具体到中国的法律科学，主要有两个来源。其中"国内法"基本上是经由日本这个"东洋"港口引进的"西洋"（欧洲大陆）体系；"国际法"起源于 16、17 世纪欧洲的一套国际秩序观，后来逐渐成为各地区都适用的一套国际交往规则。

对于国内法而言，学术交流更多地发生在同一个法系之内，如中国与日本、中国与德国等。由于美国是英美法系,与中国属于不同的法系,因此中美之间在这方面的交流的必要性和现实条件受到限制。法律对于语言的依赖性很大,所谓"法学家是实践中的语言学家",语言、文字对于法律而言十分重要。我们中国属于成文法系,我们使用和使用过的语言有法语、德语、日语和汉语,法律术语都是源于这些语言,"如果翻译成英语的话不知道怎么翻译",因为英语中没有对应的术语。我们的表达中所使用的一套术语,美国人听不懂——因为美国没有这样的现象,没有这样的制度——美国实施的是与我们不同的法系。事实上,与中国同属大陆法系、且在法学研究中处于相当地位的德国,他们也一直努力尝试与美国沟通,然而,因为美国截然不同的法律体系,沟通起来并不轻松。在中国与德国的交流中,双方使用中文和德语,英语在这中间基本上没有发挥作用的空间。

然而,即使是同属某一法系的不同国家之间的交流,也是有限的。以前,中国和日本之间的交流较多,随着年轻一代语言能力的提升以及国际交往的扩大,目前中国和德国之间的交流越来越多,按照一个受访者的说法"我们以前是通过日本学习欧洲,现在是我们直接向欧洲学习"。"学习"这个词语点出了中国法学学术研究中国际交流的基本特征,由于德国等国家法学实践历史较长,法学研究积累更为深厚,我们在法学研究和实践中,大多单方面向他们借鉴经验。在具体的交流中,由于中国和德国的法学实践及其研究处在不同的阶段,彼此关心的问题也十分不同(FX-6),"打个比方,我们的法学知识与他们的法学知识在一定程度上来讲对应于不同的发展阶段"。我们或许可以借鉴他们的经验,但他们对我们的研究和实践的关注则要弱得多。正如赵宴群指出的,由于我国社会发展的总体水平落后于西方发达国家,我们所遭遇、研究的社会新问题以及所采用的研究手段,与西方相比大多是比较陈旧的,因此我国社会科学工作者提出的前沿问题在国际学术界并不能代表学术前沿,不能引起国际学术界的共鸣,这导致我国社会科学论文在西方没有太大的市场。[①] 一位受访者指出,在交流中,实质上是对方"带我们玩儿"——对方关心的问题,我们国内还没有达到相应的发展阶段,因而没有相似的实践,也谈不上相应的学术研究,因此我们对对方关注的问题是不了解的。因为彼此对对方的兴趣不大(但我们对对方历史上的经验比较感兴趣),在交流中碰撞火花的可能性就小得多,很多交流可能只是处于较浅层次。毕竟,法律是本土性知识,有共同问题和视域,才有交流、对话的可能性。比如德国本国有全德刑法学者大会,然而,"这个是德国自己人玩儿的多一点,德语区的像奥地利、瑞士也有,像我

① 赵宴群. 对我国人文社会科学工作者在 SSCI、A&HCI 期刊发表论文的分析与思考[J]. 复旦教育论坛,2010(1).

们汉语地区还是不成熟"。因此受访者将这种交流比喻为"人家带着我们玩儿"——对方是主体，出于某种原因顺带着"带上我们"。

对于国际法而言，学术交流的范围更为宽广，即使是不同法系之间也有对话的需求。因此，总体来看，法学院的学术人员中，无论是国际交流还是国际发表，研究国际法的学术人员都要比研究国内法的人员更活跃。事实上，法学院研究国际法的学术人员基本上都具有国际留学经历——国际留学经历被法学院看作是研究国际法的学术人员所必须具备的资质之一。但法学院对研究国内法的学术人员则无同等程度的期待。

社会科学研究中的国际交往，与一个国家的国力也有相当大的关系。受访者举例说，在民法和刑法研究领域，美国的学术实力比不上中国大陆，不如中国台湾地区，更比不上德国——因为美国适用的是完全不同的法律体系，他们在这方面的研究不成体系。另有受访者指出，即使是国际法研究，美国也不比欧洲。然而，由于美国国力强盛，前去求学的人就多，与美国的交流也多。

二、本土法律实践所受到的特别关注

虽然法学知识是本土性知识，法律实践是本土实践，但在全球化时代，经济领域不再局限于一国或某一地区之内，跨国企业在异国市场谋求营利，其经济利益与其他国家和地区的本土法律密切关联。尤其是涉及企业经营和企业营利的相关法律，比如反垄断法、知识产权法等。

研究知识产权法的受访者 FX-2 指出，从实践、市场的角度来看，美国和中国吸引了世界上更多的关注。无论是从市场上经济往来的活跃程度来看，还是从专利的数量来看，中国和美国都是知识产权研究中最重要的两个国家（但不必然意味着相关的研究就是最好的，比如中国）。

作为一个企业，必然关心市场占有和营利。很多在中国拥有专利的美国企业，十分关心中国关于专利的审查标准及执行等。越来越多的中国企业也在美国拥有专利。世界越来越看到中国市场的巨大能力，希望能在中国市场赚钱，因此关心中国的法律。具体到知识产权，他们关心中国的知识产权是如何做的，包括现在比较新兴的领域——反垄断等。

受访者 FX-2 进一步指出，虽然国外非常关注中国市场和法律，但对于中国关于法律的学术研究却并不关心。这种不关心最主要源于与本国学术研究相关性不大。比如美国人研究美国问题，他们不会关心中国人怎么研究美国问题，更不关心中国人怎么研究中国自己的问题。如果美国人需要了解中国、研究中国,他不会去看中国人用英文发表的文章,而是选择看一手的中文文献(就像我们研究国外也会选择直接关注外文一手文献一样),或者选择与懂中文的华裔教授、中国教授、中国留学生等进行合作研究。

第二节　对国际发表和 SSCI（及 A&HCI）发表的看法

一、对国际发表的看法

受访者 FX-2 认为,对于国际发表可以适当进行鼓励,但不能将国际发表作为一个强制性的制度安排,尤其是在这个制度中将英文发表凌驾于中文发表之上。原因如下。首先,法学院很少有老师可以独立写作英文论文,如若找人帮忙翻译修改,则英文发表的意义不大。其次,英文发表不一定就比中文发表更好,不应该有这样的判断。再次,国外关注中国是真,但他们关注更多的是——以知识产权为例——他们更关心的是法院如何判案子,对某一类型的案件、事实会有怎样的观点,而不会去关心中国的学术发展到什么程度。因此,同行之间是有一些交流,通过这种交流相互了解一些东西,这就够了,毕竟不同国家的法律体系不一样。当然,有能力用英文发表论文当然是好的,可以进行鼓励,但不应该将英文发表作为一种强制性的制度,更不应该认为英文发表凌驾于中文发表之上。

受访者 FX-2 进一步指出,由于文科和理工科不同——理工科是全球范围内同时在竞争,同行之间非常有必要相互了解彼此的研究以避免重复性研究或寻求合作机会,进行国际发表也是抢先公布自己的研究成果。但对于文科研究而言,不存在这样的全球竞争,如此频繁而密集的交流或许并不是必须的(但拥有国际视野是十分重要的)。况且,学术交流就应该定位为交流,而非定位在衡量学术水平方面。事实上,学术交流也没有资格成为衡量学术水平的工具。举个例子,研究国外相关问题的学术人员就一定比研究本土问题的学术人员学术水平高吗? 关键问题是学术研究中有无国际视野,而非研究成果是用中文还是英文发表。正如 Kyvik 等人的研究[1]所指出的,在自然科学和工程科学领域,对科学优先权的激烈竞争要求学者们必须在国际期刊上发

---

[1] Kyvik, Svein, and Ingvild M. Larsen. "The Exchange of Knowledge A Small Country in the International Research Community". *Science Communication*. 18.3(1997): 238 - 264.

表,才能确保最早得到国际同行对其科学发现的认可,而在人文社会科学领域,对于科学优先权之间的竞争并不激烈,因此学者们并不一定需要用国际语言（英语）进行发表。

受访者指出,对于研究国内法的学者而言,本身写作英文论文就"费事儿",结果一篇英文论文也只被算作与中文核心一样的"核心论文",而后者所需精力只有前者的"三分之一"。对于国内法圈子的学术人员而言,他们有这样一种印象[1]：中文发表是原创性的,而英文发表大多是将中国的情况介绍给外界,没有太多的原创价值和学术价值,这样的发表也不能贡献他们在国内学术圈子中的声望,因此他们并不特别重视英文发表和国际发表。但这种印象并不同样适用于研究国际法的学术人员,事实上,国际法的情况十分不同,国际法研究中很少谈中国的东西,主要谈国际社会的事件和法律,与国际上的学者有直接的对话和交流（FX-5）。

"很多国外发表都是介绍性或者综述性的论文,谈不上什么学术含量,也谈不上研究",因此,"与理科不同,文科以国外发表考量一个教授的水平是完全不对的"。"我自己也在国外所谓最权威的刊物上发表过文章,好像也是介绍中国情况,看起来好像很了不起,但其实内容对我们中国学术界来说就很一般。"还有一种情况是,国外学者想要了解中国的情况,就会依托某个刊物专门举办一个专题,邀请一些中国学者写论文,比如关于中国死刑问题的研究。这样的论文在国外会有一定的影响。然而,在评定职称时将国外发表论文的数量作为考核指标,"是完全不对的","是一种理工科的思维"。并指出,理工科的国外发表,一般来说要比国内刊物发表的水平要高,因为理工科是通用标准。但对于文科而言,尤其是法律,"我们研究中国法律,肯定比外国人研究中国法律要强,比如对中国刑法的研究,我们是世界一流。"然而,"研究中国法律的文章,拿到国外去发表,人家不会感兴趣"。受访者指出,学习国外的一些方法论、基础理论等超越法律的东西是很有必要的,目前我们与国外在这方面还有很大差距。

受访者指出,各国刊物发表的都是研究本国法律的论文。偶尔,中国刊物会发表外国人研究外国法律的论文,外国刊物会发表一些中国人研究中国法律的论文。但很少,甚至几乎没有外国人在中国刊物上发表研究中国法律的文章,或者中国人在外国刊物上发表研究外国法律的论文。研究本身受到国别的限制,受到不同法律实践的制约,不同国家、法律体系、法制建设阶段,关心的问题不同。尤其对于法律研究而言,受

---

[1] 这种印象是能够得到实证支持的,统计表明：与其他学科相比,法学领域 SSCI 发文中,由中文发表翻译而来的文章的比重十分突出。参见何小清. 建国以来我国人文社会科学学术研究国际化发展学科分析——基于 SSCI、A&HCI（1956~2006）的定量分析[J]. 东岳论丛,2008(3)：24—31.

到国家法制建设的制约。"或许我们法制比较落后，所以我们的研究水平就不可能很高。""只有我们国家的法制发达了，研究水平才会提高。"法学研究要满足法制建设的现实需求，而我们的法制建设还停留在一个比较低的层次或阶段，还没有对研究提出较高的要求，因此我们的理论研究也不可能发展得很好。"国外法制水平比我们进步好几十年，相应的理论研究自然就比我们进步，对我们来讲，这是一个客观的制约。"

二、对 SSCI 发表的看法

受访者 FX-5 分享了他所了解的芬兰学术界的情况：评判论文时由同行专家评审论文本身的质量，至于论文发表在什么期刊上则无关紧要。近年来因为大学排名的需要有一些大学开始看重国际期刊发表，但他们的程度远不如我们，我们有两个很严重的问题，一是非常美国化，二是自我贬低。

受访者 FX-5 进一步指出，SSCI 其实是一种英语国家英文学术产出对非英语国家非英文学术产出的挤压，是一种学术霸权。SSCI 背后也是商业机构在运作，有很强的导向性。我们在评职称、奖励时都以其为标准，相当于将这样的霸权再次强化。把学术完全贬低为一种形式审查，不考虑学术本身的质量，把这些都交给 SSCI 期刊的编辑，而不是自己去认真做一个有价值的学术评判，这样对待学术是十分不严肃的。

三、对金钱奖励的看法

受访者 FX-5 认为，"大家不会冲着奖励的那么点儿钱去发表论文的"。事实上，发表一篇论文的成本远远高于给予的金钱奖励，"购买相关资料、寻求相关人员帮助校对文稿语言……这些成本就超过四五千块钱了"。

受访者 FX-4 认为，只对论文发表进行奖励，会挫伤学术人员从事其他研究、教学工作的积极性。如有的学术人员从事的是实务性的研究，其成果并不一定会形成论文发表；学术人员的研究成果除了论文之外，还有案例汇编、教材编写等；除此之外，还有一些更为基础性的工作。FX-4 进一步指出，在 985 高校，学术人员的论文发表是自我的学术自觉性加上外界的鞭子（职称晋升）；而在地方性一般高校，学术人员就是图个生活滋润——想要赚钱的话就去当律师了。因此，奖励政策的作用十分有限。除此之外 FX-4 还指出了当前的学术评价机制与中国传统道德规范之间的冲突和张力——如在论文发表的署名问题上，因为中国人讲究以谦虚为美德，一般主动将自己的署名靠后，但评定奖励时都要求为第一作者，这样"大家都争着署第一名"。

受访者 FX - 2 则认为，我们不能一味否认奖励制度本身，关键是用好奖励制度，改进其具体操作，使之真正发挥正向作用。他指出，虽然目前实施的奖励制度造就了很多学术垃圾，但不能就此一味否定奖励制度本身，奖励制度本身可以起到很好的作用，比如一定的金钱奖励可以激励学术人员安心做学问而不必关心如何赚外快，比如一定的奖励能够给予学术人员应有的荣誉和肯定，促进学术共同体的良性发展。因此，奖励制度本身没错，关键是改进奖励制度实施的具体细则，让奖励制度发挥好应有的作用。

受访者进一步指出，奖励制度在中国变味儿，与中国历史上遗留的某种"大跃进"式的思想有关——评价只看数量和形式，却不关心实质和内容。比如某些学院的发展，靠的就是"花钱挖人"，奖励他们多发文章——"一篇这样的文章多少钱，一篇那样的文章多少钱""去年的论文发表量还是'零'，今年就变成一百多了"。这种主要激励数量的奖励制度容易制造学术垃圾，忽视学术质量和学术的稳步发展。但不能否认目前也有一些较受好评的奖励，这种奖励除了金钱奖励，还是对学术成果的肯定、给予学术人员荣誉。

"不要轻易否认奖励制度，不能简单将金钱奖励与'低端''物质''不好的东西'之间画等号，这就有点儿神经过敏了。即使是理工科，没钱能行嘛！对于文科学术人员辛苦做出的研究成果予以金钱奖励肯定也无可厚非。"事实上，学术人员有其学术自律性，学术共同体有其内部约束力，爱惜自己学术声誉的学术人员并不会为了奖励就拼命发文章而不顾论文质量。关键是，在中国目前的现实条件下，如何用好这个制度。受访者提供了一个或许可行的解决方案，如由学术人员所在研究单位的学术委员会来开展评价，以最大限度地甄别学术人员的学术研究成果。

就 H 大学国际发表奖励政策而言，受访者认为，对于其本人及其同事"没有影响"。选择学术工作本身就不是为了"赚钱"，还是出于学术兴趣和学术追求。对于目前一些院校实施的变味儿的奖励，"这个我们不能说一个制度运行起来毫无瑕疵，汽车在路上跑还能撞死人的，不能不开车吧，不要太敏感、太神经质"。

四、法学院期刊发表评价政策

由以上受访者的基本态度可以看出，在法学院，主流的观点是：从数量上来看，国际发表无足轻重；从质量上来看，"学术价值又不见得有多高"；从国际发表的需求来看，"没有多大的国际市场"。因此，直至近几年前，法学院都未将国际发表纳入职称评定或奖励的框架之内。除了学校层面的 SSCI、A&HCI 发表奖励政策之外，法学院制定了院内期刊论文发表奖励政策。学院层面的奖励政策与学校层面的奖励政策十分不同，学校层面的奖励政策是为了鼓励更多的国际发表，而学院层面的奖励政策则是将一些国际发表的期刊论文加以承认，将之纳入国内期刊论文发表评价的体系之内而已——国际法研究领域的学术人员由于面临特殊的发表情形，他们比国内法研究领域的学术人员有更多的国际发表，但在之前，他们发表的国际文章并不能在法学院的评价体系内得到认可，原因在于国内法研究领域是法学院的主流研究，而国内法研究领域的学术人员对待国际发表的态度并不积极（如前所述，他们认为国际发表大多是向国外介绍中国的基本情况，学术含量并不高，出于学术发展的考虑，并不将国际发表算作"核心期刊"，加之学术委员会很难评估一些使用小语种发表的论文的质量，国际发表被拒斥在学院基本的评价体系之外，直至最近，国际发表才被纳入基本的评价体系当中，但该体系依旧以国内发表为主），国内核心期刊一直是评价的基本框架，直至最近，国际发表才被纳入学院基本的评价框架之内，但即便如此，国际法研究领域的学术人员依然面临着一系列尴尬的情形。下面FX-1提供了一个很好的案例，表明了社会科学中非主流研究领域是如何被评价体系进一步边缘化的。

第三节　一个非主流研究领域被评价体系边缘化的案例

FX-1认为，他所在的"国际法"研究领域，其内容体系并非本土所产，而是19世纪西方殖民入侵时，随着船坚炮利而来的、与中国自己的国际交往规则完全不同的、起源于16、17世纪欧洲的一套国际秩序观。这套秩序观后来逐渐被普遍化，成为今天所谓的"国际法"。

由于国际法起源于欧洲，因而国际交流不可或缺，研究国际法的学术人员"需要不断地跟欧美学者打交道，汲取一些新思想"。与此不同，就中国法学史、法理等专业而言，就无此迫切的"国际交流"需要。即使是在法学史、法理这种专业内部，不同的学术人员参与国际交流的程度也大不相同。有的学术人员具备国际交流的语言条件，热衷国际交流；另一些学术人员不参与国际交流也能够很好地完成专业研究。

FX-1认为，在其所在专业，合作研究一般是与国外研究机构、大学的教授进行合作，较少有国内合作。开展合作研究的教师，一般具有留学背景，语言条件好，与国外研究机构、大学教授有联系，偏爱合作研究，认为团队合作研究的效率最高。当然，也有部分教师并不喜欢合作研究——虽然他们也有海外留学背景，具备语言条件，拥有海外联系，但是他们更偏向于独立开展研究。受访者进而认为，是否开展合作研究，与教师的"个人性情"有关，与"专业"无关。

然而，国际交流和国际合作并不必然导致国际发表，虽然国际法专业是一个国际交流十分频繁的专业，国际合作也十分活跃，但在国际发表方面，却是相当"低调"。因此，人文社会科学国际发表奖励政策对国际法专业的学术人员"好像没有什么影响"，"没有什么诱惑力"。事实上，H大学国际法专业的学术人员，其研究成果属于"少而精"的类型，即使经常开展国际合作研究，研究成果也多半发表在内部刊物上不对外公开发行。因此，他们的研究成果并不能被纳入H大学人文社会科学国际发表奖励政策的范围之内。

事实上，直到近年来，国际发表才在法学院的评价体系中得到承认，在此之前，国际发表并未被纳入法学院的评价体系当中。即使国际发表被法学院的评估体系所接纳，学术人员的基本行为模式依旧是"该干嘛干嘛，就是想干嘛干嘛"，并未因此就出现比较显著的改变。受访者指出，本来能够在国外发表论文的人就不多，大部分学术人员没有国际发表的意识，因此，"这个制度的出现造成的影响并不大"。

受访者认为，很少有老师"在意这五千块钱"，无论是否有这"五千块钱"，文章依然是"照写照发"。因为一个老师写一篇高质量论文所需时间和精力是一定的，如果为了多发文章而不关心自己的论文质量，这是"对自己的不负责任"。在保证论文质量的前提下，"原先需要花半年写一篇论文的话，现在依然需要花费半年时间——不会因为奖励五千块钱而有所改变"。因此，在FX-1看来，这"五千块钱"是"没有多大意义"的。

FX-1进一步指出，法学院也是迫于外界形势的压力而实施奖励政策的。对于法学院的学术人员而言，做科研是自己的事情，做科研是发自内心的热爱，发表论文是与大家分享思考心得，这些都是"搞科研的本质"。依靠外在的奖惩机制来激励做科研，"这显然是把科研当做谋生的手段了"。

一、 以国内发表为主的法学院期刊发表奖励制度

除了学校层面的人文社会科学国际期刊论文发表奖励政策之外，法学院自身也有期刊论文发表奖励制度。但在法学院本身的期刊发表奖励体系中，国内期刊占绝大多数，国际期刊较少，奖励集中在国内核心期刊"三大""十五大"和"二十一大"①。而由于"国内的核心期刊里面没有一本是属于国际法的专业期刊"，国际法专业的教师很难

---

① 中文的人文社科核心期刊简称CSSCI，其中法学类期刊有21种，里面较重要的有15种，最重要的有3种，被称作"三大""十五大"和"二十一大"。

在"三大""十五大"和"二十一大"上进行论文发表，只得转而进行国际发表。而由于法学院对"国际发表"的承认仅限于 SSCI 收录期刊，即使是欧洲发行的英文期刊，只要未在 SSCI 收录期刊之列，也不会被承认；使用其他语言（如德语、法语、日语、韩语等）发表的国际论文也不被承认（除了特例之外①）。因此，国际法专业的论文发表处在十分尴尬的地位。

H 大学人文社会科学国际期刊发表奖励政策的政策制定人员指出，之所以选择对 SSCI 收录期刊上的论文发表进行奖励，是因为对其他期刊不能判断其质量。但毋庸置疑的是，SSCI 有很大的局限性，主要收录英文出版、甚至美国出版的期刊。事实上，"法国、德国、日本等其他国家也有很多高质量的期刊，包括欧洲一些小国家——如比利时、荷兰等——都是国际法研究的重镇，但是他们的核心期刊即便是英文的也很少被 SSCI 收录"。因此，在 FX-1 看来，用 SSCI 来判断国际发表的质量，显然是不合适的。

对于 FX-1 而言，该奖励政策并不能发挥"引导"其在 SSCI 期刊上发表论文的作用。FX-1 的策略是：满足学院的硬性底限要求——在"十五大""三大""二十一大"期刊上发表一定数量的论文——在此之外，精力放在写出高质量的论文发表在相应的高质量期刊上，至于该期刊是否 SSCI 收录期刊、是不是被学院的评价体制所认可，并不在其关心的范围之内。

为什么 FX-1 对学校、学院的评价体制是这样一种消极的态度？受访者进一步指出了原因——现行评价体制并不能真实地反映学术人员的研究水平。具体而言，有多个方面的因素导致了现行评价体制对国际法研究领域的学术人员而言没有吸引力，这些因素也导致了他们的消极态度。首先，现行评价体制突出国内发表和 SSCI 发表，但对于国际法研究领域的学术人员而言，国内发表和 SSCI 发表都不代表高质量的学术成果。前面分析了 SSCI 发表，这里重点分析国内发表。受访者指出，国内核心期刊存在权力寻租等腐败现象；国内核心期刊无国际法研究领域的专职编辑，无法审阅国际法研究领域的论文，国际法研究领域的论文投向国内核心期刊并不能得到公平公正的评价（如基础理论研究不受重视，编辑只偏爱热点时事研究）。其次，这样的制度把本来已经处在边缘的国际法研究领域更加边缘化了。因为国内核心期刊基本都是国内

---

① 非 SSCI 收录期刊上发表的外语论文，需要法学院学术委员会的临时审查以决定是否被承认。受访者指出，其所在学院学术委员会主任和副主任都"不懂外语"，因此，受访者对审查过程持保留态度。"SSCI 肯定是被认定的，非 SSCI 的外语论文要个别审查——学术委员会临时审查，他说行就行，说不行就不行。我们的学术委员会主任是不懂外语的，什么外语都不懂，副主任也是不懂外语的，所以事实上他们怎么审我是不知道的，因为我自己不是学术委员会的成员。"——FX-1

法的专职编辑，国际法的论文不受重视，导致国际法的发表少，而在以论文发表数量论英雄的制度下，论文少则意味着失去更多的机会——包括发表机会，该研究领域越来越被边缘化，失去话语权。

在法学院，评职称主要参考学术人员在 CSSCI——也即"三大""十五大"和"二十一大"等国内法学类核心期刊上的论文发表。近两年来法学院也将 SSCI 期刊上的论文发表引进评价体系——SSCI 期刊上发表的论文也被算作核心期刊论文，除了 SSCI 期刊上的论文发表，其余外文论文需要经过学术委员会的认定才可算作"核心期刊论文发表"。这样一个评价体系，不仅决定职称的晋升，还为其余各种评价——如绩效工资、年终奖、个人奖等待遇、荣誉——提供参考。也即，在职称评定体系所确立的核心期刊上发表论文，还能够带来各种各样其他的奖励——所谓"赢者通吃"。

二、国际发表与国内发表

国际法研究领域的学术人员研究的问题更具有"国际性"，国际交往和国际发表也更多。他们在国际发表方面有更多的经验，我们来看看他们是如何看待国际发表的。

（一）国际发表是否一定需要迎合国外热点

一些受访者指出，如若外界制度过分压迫学术人员进行国际发表，学术人员为了能够国际发表，则会选择投国际期刊编辑之所好，"追逐国际热点"。当问及 FX-1 相关情况时，FX-1 否认自己及其同事有该倾向。并认为，无论是国际发表还是国内发表，真正具有生命力的研究，不是追赶时髦和潮流，而是更加基础和扎实的研究；不是一天到晚跟着别人走，而是对一个问题进行持久、深入的思考。因此，应该坚持自己的研究方向，扎扎实实做学问。该受访者的观点代表了一部分不为外界制度所胁迫的、专心致志坚守自己学术理想的学术人员的态度。当然，受访者也指出，中国人投稿时，写中国材料和中国问题的稿件确实容易被发表，具有时效性的稿件也能够更快地被发表。问题是，学术人员可以自主选择是追逐热点、追求发表率，或者是与国际学术人员之间就基础理论研究展开公平竞争。

（二）国内发表中的怪现状

与国际发表不同，国内发表则面临着另外一些关于"公正"的困境，呈现出令人拍案惊奇的怪象。受访者指出，国内期刊论文发表中存在一些不公正现象。权力寻租是较为显著的腐败现象之一。当核心期刊论文发表与高校生存密切相关时，核心期刊成为一种重要而稀缺的资源，而这种资源掌握在少数期刊及期刊主编手中，加之评审制度的不完善，腐败应运而生，金钱、"关系"等非学术因素开始介入论文发表，导致本来应纯粹属于学术评价的期刊论文评审变味儿了。而国内关于核心期刊的评审制度又反过来催生了期刊在选择论文发表的过程中偏离学术主轨道，反而追逐发表一些能够贡献期刊排名和期刊评审的论文——而这些论文的质量和学术价值并不一定就高；期刊主编对头衔、重大课题的偏爱，使年轻学术人员在论文发表中受到严重歧视，研究成果得不到应有的尊重和重视。受访者认为，编辑们之所以更看重头衔、声誉等外在标签，归根到底是因为编辑们的专业水准不够，无法辨别学术成果的优劣，只能依靠这些已有标签。而因为年轻学术人员既无头衔，又无学术声誉，虽然他们最接触学术前沿、思维最活跃、受到的学术训练也较好，但他们在论文发表中受到歧视，连论文发表中的字数限制也更为严格——"教授大概能发一万五到两万字的论文，小'青椒'（青年教师的戏称）只能发七千到八千字的论文"。

FX-1认为，总体来说，国外发表中的腐败现象要少得多，但国外发表也有其自身的问题。首先，与国内相像的是，四平八稳的文章更受欢迎——这或许与期刊发表中的同行评审制度有关，正如库恩的范式理论所揭示的，新范式往往会受到旧范式的抵制，新思想的出现并不会在一开始就被广泛接受，因此，大胆创新的文章在同行评审制度中确实需要承受一定的风险。特别创新的文章，一般会被拒绝多次，直到遇到一个有眼光的"伯乐"，才能最终被接收发表。其次，由于国际上对中国的关注，他们往往更欢迎写中国问题、用中国素材的文章，哪怕理论性不强、学术价值不大。再次，国外期刊发表的周期较长，这与评职称对时间的硬性要求之间形成了一定的张力。

FX-1指出，国外发表也具有很多国内发表所不具有的"好处"，评审机制比国内公正得多。首先，给国外期刊投稿的过程是一个与学界沟通、交流的过程，在这个过程中能得到详细反馈意见，这些建议能够帮助自我成长、提高。国外对待稿件十分认真，不管是否录用稿件，均会附上十分详细的审稿意见，审稿人受过良好的学术训练，审稿意见非常专业。这点儿与国内十分不同。国内的基本情况是，"编辑部在三个月内发出录用通知，如不使用，不另行通知"，而"这期间没有任何沟通与交流"。做得比较好的编辑部会提供一些外审意见，但也是很粗略的一点儿意见，"基本上就是告诉你通过不通过而已，给一两句话的理由，与国外的评审意见完全不可同日而语"。这样一个投稿的过程，"让投稿人觉得投稿本身是没有价值的一件事情"，而国外则不同，即使不录用稿件，也会提供十分详尽的意见，对投稿人而言是一个促进和提高的过程，"是与学界的一次交流""让人觉得蛮愉快"。

事实上，就SSCI收录期刊而言，有的期刊是"同行评审"的期刊，但也有并非"同行评审"的期刊。如法学界有名的《哈佛法律评论》，虽然不是同行评审的期刊，编辑是学生，但审稿要求十分严格，连对论文的注释都一一仔细校对。这种"认真负责的审稿态度也是国内期刊所欠缺的"。

除此之外，国内发表还存在这样一个问题：对某些学科领域而言，相应的期刊供应不足，导致学术人员无处发表。期刊供应不足表现在，首先，专业性期刊非常少；其次，大部分综合性期刊在选择论文发表时对某些学科存在歧视。就受访者的观察而言，这种歧视的存在有其理由。首先，期刊也需追求自己的绩效和利益。国际法方面的文章本来读者就少，销量也小，为了获得更高的绩效，期刊势必需要迎合受众更多的学科，发表更多这些学科的文章。其次，或许由于某些学科"势力较小"，在综合性期刊杂志中没有自己学科的专业编辑，导致该学科的文章无人来审稿，为了避免发表的文章受到专家质疑，编辑们干脆不刊发该学科的文章。

（三）小结

FX-1 的案例生动展示了评价体系是如何边缘化一个专业研究领域的，同理，不恰当的评价体系也能边缘化某个学科、某个学科群、甚至整个人文学科、社会科学。更进一步地说，不恰当的评价体系能够边缘化一个国家、民族、文化群落。正如杰罗姆[①]指出的，自然科学、社会科学、人文学科三种文化应相互制衡，避免其中某一种文化在权力结构中居于支配地位——具体表现为"一种文化趋向于支配其他文化，提倡各种远离事实证据的带有意识形态色彩的过火行为"。比如期刊评价文化，本身来源于自然科学，正是三种文化的不平等权力关系，导致自然科学文化（期刊评价文化）过分侵蚀人文学科和社会科学。同理，对 SSCI、A&HCI 的过分强调，也是一种没有事实根据的、带有意识形态的"过火行为"。这种过分强调给予了 SSCI、A&HCI 发表在各种研究成果呈现形式中的最高权力地位，无疑会侵蚀到本土发表和非英语学术发表的权力地位。

---

① ［美］杰罗姆·凯根著，王加丰、宋严萍译. 三种文化——21 世纪的自然科学、社会科学和人文学科［M］. 上海：世纪出版集团，2011.

第六章　商学院：社会科学中重视国际发表的案例

商学院是国际发表数量最为显著的人文社科院系之一，拥有海外留学背景的学术人员比例也令人瞩目。中国本土举办的人文社会科学英文学术期刊中，经济学刊物也是一家独大①。有研究者指出了三个方面的原因②：一是中国经济发展迅速，经济学领域是国际上对中国最为关注的领域之一；二是经济学在研究问题、研究方法和研究队伍等方面是中国与国际接轨最好的学科之一，因此中国学者的研究更易受到国外同行的关注和认可；三是经济学相对而言更容易避开敏感的政治话题，因而话语空间更大。然而，即便如此，商学院内部关于国际发表的争议也相当炽烈。商学院政策制定者是如何看待国际发表的，也就是说商学院国际发表政策的目标是什么？学术人员又是如何看待国际发表的，也即学术人员国际发表的动机是什么？学校层面的人文社会科学国际发表奖励政策与商学院的国际发表政策如何互动？学术人员又是如何理解学校、学院的发表政策的？不同专业方向的学术人员对国际发表的看法呈现出何种不同？国际发表政策该何去何从？商学院呈现了一系列富有冲突的案例。为了更好地呈现案例，研究者将分层次描述案例所呈现的丰富性，以便案例所富有的意义能够被纳入到一定的逻辑框架之中。

首先，第一部分从商学院与国际发表之间的关系说起，描述了商学院对国际发表为何如此重视，追溯了其历史起源、国际惯例。紧接着，着重分析了国际发表对于案例商学院的意义，突出了"国际发表"概念的特指性质——也即国际发表是中国学者、或者说非西方学者所谈论的一个概念，而并非是一个客观、普遍的概念，因为对于美国学者而言并不存在所谓的"国际发表"。对于中国学者而言，国际发表与英文发表对等，与国内发表和中文发表相对。对于案例商学院而言，国际发表具有特定的、具体的功

---

① 李存娜、吕聪聪. 中国英文人文社科期刊的国际化研究［J］. 清华大学学报（哲学社会科学版），2015，30（4）：168—183.
② 李存娜、吕聪聪. 中国英文人文社科期刊的国际化研究［J］. 清华大学学报（哲学社会科学版），2015，30（4）：168—183.

能——也即有助于提升国际排名，提升国际声誉和影响力。第二部分，从对案例商学院职称晋升政策的解读出发，分析了职称晋升政策是如何将国际发表从期刊发表中凸显出来的。职称晋升政策赋予了国际发表比国内发表更高的"价值"，使其处于期刊发表和学术价格体系的最顶端，具有独特的权力意味。另一方面，从学术人员的视角来看，职称晋升政策的驱使只不过是其国际发表动机中的一部分，通过分析学术人员国际发表的动机层次，则更容易凸显政策如何影响学术人员的发表行为。然而，不同学科背景、不同"学术圈"出身都会影响到学术人员的国际发表动机。学术人员国际发表的核心动机不同，导致了职称晋升政策所具有的两面性——一方面，当职称晋升政策的目标与学术人员学术价值目标一致时，该政策起到了积极的肯定、鼓励与引导作用；另一方面，当该政策目标与学术人员学术价值目标不一致时，则造成了对学术人员的压迫。第三部分，着重分析覆盖在案例商学院职称晋升政策之上的国际发表奖励政策。通过分析得知，对学术人员学术行为起决定性影响的还是职称晋升政策而非国际发表奖励政策。就国际发表奖励政策而言，由于学校的奖励尺度远不如学院的奖励尺度大，几乎未能对商学院学术人员造成什么影响。然而，学校的国际发表奖励制度与学院国际发表奖励制度之间却存在着互动关系。第四部分，分析了案例商学院国际发表政策得以实施的现实基础，也即学术人员追求国际发表的各种现实性条件，主要包括学术人员的海外留学背景及其培养的学术惯习、国际学术职业流动以及频繁的国际学术人员交流。第五部分，分析了案例商学院内部学术人员之间关于国际发表的争议。这些争议既涉及国际发表与国内发表之间的关系，也涉及国际发表的具体过程中所存在的歧视，更涉及社会科学研究的社会责任与纯粹的学术追求之间的关系。

第一节　商学院与学术发表

一、学术发表与学科科学化

美国商学院采取的"科学化"策略，在 20 世纪经济知识的组织和实体化转向中扮演了重要角色。在 20 世纪初期，商学院还在为其在大学中的合法性地位苦恼不已。而经过一个世纪的迅速转变，商学教育已然成为由科学性确立其合法性的巨大的、高度组织化的学科领域。商学教育由从业者主导的项目（苦求学术合法性）摇身一变成为经由社会科学学术训练的社会科学家的最大雇主。具体而言，美国商学院在 20 世纪的转向经历了三个历史阶段。第一个阶段始于 19 世纪末沃顿商学院的建立。此时，商学院主要被看作拥有道德维度的职业性机构，工业中的实践性问题占商业教育的绝大部分，课程是实践导向的，并主要由那些并无专业学位的从业者来教授。20世纪50年代，管理科学的兴起使商学院的发展进入了一个全新阶段——努力寻求"科学化"的阶段。而到了20世纪60年代，伴随着芝加哥商学研究院教授课程的转向，商学院进入了第三个历史阶段——聚焦新古典主义经济学的崛起。[①] 由此，经由"科学化"和"学科化"，商学院终于在大学中站稳了脚步。正如受访者所指出的，管理学内部为了学科化、科学化，作出了巨大的努力，包括在学科化过程中努力致力于研究和学术发表，发展到如今，已经达到了"高度科学化""高度实证化"的程度。受访者SX-2进一步指出，这种热烈追求研究和学术发表的氛围，已经妨碍了管理科学的发展——因为过度的追求研究，导致了与实践的严重脱节。

> "管理学经历了钟摆式的变迁。20世纪50年代的时候，管理学有一个重大的变革，那个时候管理学没有什么理论，都是实践之类的东西，大家于是说，我们应该提高学术水平，这50年大家一直向科学的方向发展，发展到今天，已经高度科学化了、高度实证化，和实践特别脱节，在美国也是的，跟实践特别脱节……这个时候大家开始思考、反思商学教育对社会的责任，认为钟摆已经摆到另外一个端头了，应该要往回走一点。要以人为本，要教育我们的学生具有全球的责任感，教育他们成为什么样的人。这是关乎伦理和价值观的反思。"——SX-2

二、 学术发表与职称评定

受访者指出，即使是在"国外"，学术人员也被要求进行期刊发表。期刊发表在整个学术界都是相当重要的。然而，是否将学术发表的数量作为硬性评估指标，以及是否将部分期刊列为优先发表的期刊，却有不同情况的存在。对于学术市场较大、同行评审制度较为成熟的美国而言，并不以学术发表的数量、期刊列表等十分具体的量化指标作为职称晋升的硬性指标。然而，对于那些学术市场较小、专业学术圈子较小，同行评审制度不甚发达的国家和地区而言，更多的是实施类似案例商学院的学术期刊发表评审制度，即明确规定职称晋升所需的期刊发表数量，及学术发表的期

---

① Marion Fourcade & Rakesh Khurana. From social control to financial economics: the linked ecologies of economics and business in twentieth century America [J]. *Theor Soc* (2013)42: 121-159.

刊列表。

　　"由于国内圈子太小，同行评审无法做到匿名评审。因此，处在初级阶段的我
们，以期刊发表的数量为标准。长远来看，最终我们会走到那个地步——我认为
那样更好，因为学科之间差异较大，也不是可以单纯用数量来衡量的，同行评议更
好，前提是大家要公正。相对而言，国外在这上面比较发达一些。……我觉得核
心的价值观都是一样的，就是重视期刊发表，只不过重视的方式不太一样。国外
有一些学校——其他的国家——市场比较小的——或者说还没有发展到那么成
熟的地步的一些地方，也是按照期刊列表，比如中国香港的一些学校——本来圈
子就比较小——也是按照期刊列表，必须发表几个 A 类期刊、几个 B 类期
刊。"——SX - 5

三、学术发表与"问责主义"

　　即便当今世界上大多数国家都十分重视期刊发表，许多国家也在学术评价制度中
倚重期刊发表，但历史上并非如此。受访者指出，战后美国大量退伍军人接受高等教
育，导致高等教育规模急速扩张，研究人员数量随之剧烈增加。在此之前，精英教育培
养的学生，依赖推荐制度即可获得教职。在此之后，对于高等教育培养的大量博士，需
依赖量化评估标准考核其学术实力——也即依赖学术发表制度来度量学术质量。本
质上，这反映了整个高等教育领域的"问责主义"倾向。

　　"这个(要求学术发表的)坏习惯、制度的起源，在一定程度上是美国战后逐渐
兴起的。这个制度不是对学术的考量，也不是一种好的心态，在我看来，这种心态
一定程度上是出于对学术界的一种敌视和仇恨。这个制度的起源：二战后美国
有很多退伍士兵，忽然国家给他一大笔学费，他拿着学费读书，读着读着——好多
人从战场上下来的——读上瘾了，一下读到博士毕业……PHD 在美国热了一段
时间。美国学术界在过去还是推荐制，并没有硬性指标。现在这些人也要进入学
术界的时候怎么办？……现在有些人拿到 PHD 也不一定优秀。过去拿到 PHD
的时候，我们已经经过一层一层筛选了，除非你不相信 PHD 培养的质量。在一定
程度上，这是对学者不好的。我刚才为什么用两个比较强的词汇——敌视、仇恨？
就是这个意思。五十年前，在学术界拿到 PHD 就非常了不起了，大家不会怀疑
你，因为那个时候老师也没有批量生产，老师会认真看你的论文，你不好就一定不

会让你毕业，这样的博士论文本身就是一个精品。现在我们敢说每一个博士论文都是精品吗？"——SX-6

四、国际发表对于商学院的意义

（一）谁在说国际发表？

何谓国际发表

国际发表，是我们中国学术界在讲的一个概念。对于美国学术界而言，并不存在所谓的国际发表，"国际就是他们自己——他们自己发表自己的"。

> "经济学，美国是中心嘛。"——SX-5
>
> "对于美国的学者而言，说什么'国际'呢？在我们这一行，一流的刊物基本都在美国，这个（对于他们而言）不存在'国际'（与国内）的问题。"——SX-6
>
> "说白了，国际期刊，就是（以）英语为主的。"——SX-6
>
> "我们领域里面美国期刊最多。"——SX-1

国际化的"不言而喻"

受访者 SX-5 认为，质疑国际发表是"莫名其妙"的。他认为国际化本不该有争议，发表国际论文自是不言而喻——不追求国际化反而有些不可思议，如果商学院不在乎国际发表，大学不以国际化为导向，反而会伤害学者的学术热情。

> "作为年轻老师，其实这就是一份职业而已，我觉得国际化这种事情，本来不应该有任何争议，我不知道为什么有争议，就是说这个发表国际论文，当然就是发表国际论文，有什么好说的呢，问到这个问题我感觉莫名其妙，我觉得一个学者的工作就是发国际论文，如果说 H 大学不 care（在乎）这个，我们就撤，就是一个职业，没有人一辈子要绑在 H 大学，国际学术市场是流动的。学院怎么发展、学校怎么发展，由领导考虑，我们学者的工作就是做好自己的本职工作，我认为我们的本职工作就是做好研究。如果说我们中国，或者说我们校方对这个东西还有争议的话，我是觉得莫名其妙。"——SX-5
>
> "我认为，除了一些很特殊的学科，学者就是要发论文，或者写书，每个学科不一样，有的学科是写书。（国际化）当然有过程，但是这个过程，有的学者没有受过这个

训练，不能一概要求，但这个价值观应该是确立的，大家至少尊重这个，或者知道这个是将来发展的方向，我认为是没有问题的，但是可能执行的过程当中有一些具体的情况需要具体分析，至少我们经济学在这一点上是毫无疑问的。"——SX-5

（二）国际发表的功能？

国际发表是管理学学科科学化浪潮中的重要一环。国际发表不仅意味着高水准的学术研究能力，也意味着高水平的"国际化"，能够给商学院带来国际影响力。

"XX 商学院是中国最研究密集的商学院。通过分析 XX 商学院的研究产出，SCI，SSCI 以及 FT45，XX 商学院不仅在国内，而且在国际上具有影响力。"——案例商学院对外宣传小册子

在商学院对外宣传的英文版小册子最显眼的位置，呈现的是如下表格[①]：

表 23　商学院 FT45 发表情况 2007—2012

Financial Times 45 Publication 2007—2012	2007	2008	2009	2010	2011	2012	Total
Business School	6	10	16	20	15	6	73

在 SCI/SSCI/FT45 收录期刊上发表的论文被作为"研究产出"来衡量一个商学院的"研究能力"。其中，FT45[②] 作为全球商学院研究排名所用的 45 种重要期刊，在其上发表的论文数量被重点列出，用以凸显商学院的"研究能力"及"影响力"。

为何商学院如此强调"研究能力"和"影响力"？除了商学院刚在大学场域站稳脚跟需要以"科学"和"学科"的面目为其赢得合法性之外，现实的特殊因素也需要加以考虑。众所周知，与其他案例院系不同，商学院的一个独特特征是：提供大量以营利为目的的商业课程，如 MBA、EMBA 课程等。这些课程以"国际化"为卖点之一。[③] 这是商学院突出自己具有"国际化"影响力和国际水平（通过国际发表来表征）的重要动机

---

① 资料来源：商学院对外宣传英文版小册子.

② FT45，指的是 Financial Times 45，也即《金融时报》全球商学院研究排名所用的 45 种重要期刊，主要排名依据 Global MBA and EMBA rankings 调查。FT Top 45 于 2010 年从原来的 FT40 扩展而来。

③ 教育人生网：EBMA 变营利性教育项目能避免"贩卖"文凭[EB/OL]. http://news. edulife. com. cn/201303/041542123040. html，2015-06-07.

之一。打造一个具有国际影响力和具有国际水平的商学院——也即从符号的层面增强商学院的竞争力，有助于商学院在招生市场中占据更加有利的位置。

由此，一个学院/研究机构的研究能力、影响力被简约、化约为在 SCI/SSCI/FT45 上发表的论文的数量。为了提升学院/研究机构的影响力，学院/研究机构将提升其学术人员在 SCI/SSCI/FT45 上发表的论文的数量作为可以评估的政策目标。政策内容的一部分是将在其上发表的论文作为职称晋升/绩效考核的最为关键的考虑因素；政策的另一部分是用金钱奖励激励学术人员在其上发表更多的论文。

第二节　国际发表是如何被凸显出来的

国际发表是如何被凸显出来的呢？也就是说，为什么论文发表被区分为"国际发表"和"国内发表""英文发表"与"中文发表"？这种区分的制度性根源是什么？

"对老师发表的要求是一年比一年高。发表的论文，必须是发表在学院列目上的杂志才算数。这个列目中包含中英文两种。中文、英文列目均被区分为 A、B 两类。就金融系而言，英文列目上有 4 个 A 类期刊，这四个期刊作为 A 类期刊标准在国际上是通用的。而英文的 B 类期刊也有九到十种。中文的列目上，A 类期刊有三到四种，B 类期刊有九到十种。2012 年，为了提升国际排名，学院鼓励教师在 FT45 所含的杂志上进行发表。奖励制度也做了微调，在 FT45 上发表的论文会得到额外 50％的奖励。"——SX - 4

商学院的职称晋升制度规定，教师必须达到职称晋升制度所规定的论文发表要求。而商学院的职称晋升制度又需要与学校的职称晋升制度有所衔接，因此，在学校只要求发表数量的基础上，商学院设定了期刊发表的分类制度，对不同的期刊作了详细的区分，这其中，最为显著的区分即为"国际发表/英文发表"与"国内发表/中文发表"的区分。在区分国际发表与国内发表之外，还将英文期刊与中文期刊再作等级分类处理，将其划分为 A 类、B 类及 A/B 类之外三个类别。另外，为了提升学院的国际排名——国际排名依据 FT45 期刊杂志——而使用"额外 50％的奖励"鼓励教师尽量在 FT45 所含期刊杂志上进行发表。

何谓 FT45？其全称是 Financial Times 45，也即 *Financial Times* 全球商学院研究

排名所用的 45 种重要期刊。① *Financial Times* 尤其关注国际商业与经济新闻，是使用 UK 英语的国际日报，由英国跨国出版和教育公司 Pearson 公司发布。②·③ 作为商学院，且其自身十分看重 FT45 上的期刊发表，因此本研究以 FT45 为例，来分析国际发表是如何在制度中被凸显出来的。

由期刊列表可见，FT45 种期刊皆为非中文期刊。对中国学者而言，使用非母语写作发表的论文往往被称作国际发表，由于绝大多数的非母语写作和发表均使用英语，因而大多数时候国际发表会被简单等同于英文发表。

对于中国商学院和学者而言，目前最为流行的全球商学院研究排名主要依据的是"国际发表"而非"国内发表"，是"英文发表"而非"中文发表"。当商学院追求国际影响力而将政策重点放在鼓励国际发表之上时，实际上便将国际发表和国内发表进行了不同的赋权和分层。国际发表能够直接贡献全球商学院排名，而国内发表却被排斥在此评价体系之外。为了鼓励国际发表以贡献全球排名，国际发表在学术人员的职称晋升评定中具有更高的权重，在发表奖励制度中具有更高的价格。

一位受访者如此理解商学院学术人员职称晋升/绩效考核体系的规定：

"……比如在社会学系，他们不强调国际发表，不区分国际发表与国内发表，只要发表都算发表。但是我们学院的学术考核机制，只考核你的国际发表。我们有一个很严格的列目，上面每个学科有 A 类期刊、B 类期刊，学术人员晋升职称需要在 B 类期刊上发表一定数量的文章，同时也需要在 A 类期刊上发表一定数量的文章。我们学院自己的要求，最早的是两篇 B 类文章的发表可以升副教授，现在要求更高一点。学校则对什么 A 类 B 类没有要求，只要求 6 篇发表（副教授是 6 篇，教授是 12 篇）。（因此）除了这两个英文发表（B 类和 A 类）以外，还会有一些中文发表的凑数，比如有一些老师发《管理世界》——凑数都可以的，但是英文发表是必须有的。在这种考核体制下，到底要铆足劲儿发英文的了。"——SX-2

在该受访者的理解中，职称晋升的硬通货是英文发表，中文发表只算是为了满足学校要求而用来"凑数"的。因此，英文发表具有更高的价值，"到底要卯足劲儿发英文的了"。

---

① http://www. ft. com/intl/cms/s/2/3405a512-5cbb-11e1-8f1f-00144feabdc0. html ♯ axzz3Ml1Wjy8y, 2014/12/24.

② http://en. wikipedia. org/wiki/Financial_Times, 2014/12/24.

③ http://en. wikipedia. org/wiki/Pearson_PLC, 2014/12/24.

我们再来看一下商学院于 2012 年实施的新的论文发表奖励政策。

> "自 2012 年起，对 FT45 种期刊增加 50％奖励。院选一类及 FT45 种期刊 30 种，其他院选一类期刊 22 种；院选二类及 FT45 种期刊 14 种，其他院选二类期刊 113 种。"

在这一简略的描述中，我们可以看到论文发表的层层等级之别。最具有"价值"（金钱奖励也最多）的论文是"院选一类"中与 FT45 重合的 30 种；接着，是其余 22 种"院选一类期刊"；再次，是"院选二类"中与 FT45 重合的 14 种；最后，是 113 种"其他院选二类期刊"。也即，基于 FT45，商学院加入了自己的评价维度——"院选一类"和"院选二类"，两个维度一起，将学术人员的论文发表分割成五个等级——以上四个等级以及第五个等级——没有进入奖励名单的其他期刊。

进入奖励名单的各个等级的期刊发表，分别对应不同数额的金钱奖励。关于国际期刊发表的奖励，一位受访者谈到：

> "（奖励）几万块钱吧，4 万、8 万什么的。但是合作（论文的话）都有一些折扣。发一些 A 类、B 类的，拿得少的有一两万块钱，特别多的，如果说是一个人发表，发表了一个 A 类的，发很好的顶级期刊上的，8 万块钱奖励。"

值得注意的是，案例商学院自 2012 年起对 FT45 种期刊增加 50％的奖励。FT45 种期刊发表的价值被再次提升并在该奖励框架内被进一步突出。

> "中文的杂志也有奖励，但是不影响升职。""但是（与英文期刊发表相比）肯定要钱少一点，难度也差太多了，发英文的难度太大了。"——SX-5

综上所述，从制度上来看，职称晋升制度和发表奖励制度均将英文发表/国际发表凸显出来；两种制度的结合，共同凸显了以英文发表/国际发表为主的所谓"一类期刊"的地位和价值。两种制度对国际发表的强调，一方面与某些学科学术人员的学术价值目标相一致，另一方面又使另外一些学科的学术人员感受到压迫。

国际发表作为政策目标，与一部分学术人员的学术目标相一致。什么样的学术人员追求国际发表？这要从国际发表的动机、学术人员的学科训练背景以及学术人员所处的"学术圈"说起。

一、 国际发表的动机

　　"动力还是分层。助理教授好多人还是（需要）发表文章，因为国内、特别是商学院引进了一个半生不熟的晋升体系，模仿的是美国的学术市场。但是对于教授、副教授，可能想要扩大影响力之类的。我自己感觉到，刚开始是要发表文章，逐渐我就开始想一些问题了，我使用 H 大学的资源，又花我自己的资源和时间做这一件事，我要想一想，这个是否对得起自己，对得起 H 大学的资源去做这篇论文。我更愿意跟国外那些非常有思想的老师交流，而不是同样以发文章为目的的这种老师，学术相对等才行。"——SX - 6

　　国际发表的动机分层次，兼有内在动机与外在动机。内在动机即以学术为志业的内在需求；外在动机指的是职称晋升的制度性要求，以及金钱奖励的激励。对于尚未获得终身教职的学术人员而言，外在动机所占比例更大，尤其是作为"生存需要"的国际发表以满足职称评定的制度性要求，金钱奖励则往往是锦上添花。对于已经获得终身教职的学术人员而言，内在动机所占的比例就更鲜明了，国际发表往往是个人成就动机使然，期望通过国际发表，扩大影响，交流学术。内在动机由于其自发性，因而具有持久性，出于内在动机而追求国际发表是一种自愿和志愿行为，因而该动机往往会保障国际发表的质量，且对学术生态是一种积极的贡献。外在动机由于其外在性，且为人为所设定，因而是否能够转化为内在动机，以及在多大程度上可以转化为内在动机都未可知。若外在动机不能转化为内在动机，或者外在动机呈现出压倒性的力量，则会压迫学术人员为了满足生存需要而采取学术失范行为，进而损伤学术生态文化。

　　"年轻的老师如果不发文章（含国际期刊）就活不下去，敢不发文章（含国际期刊）吗？"——SX - 5

二、 学科训练背景与国际发表

　　几乎每一位受访者都会强调自己的学科训练背景。例如当研究者问及被访者其所在院系国际发表的情况时，他们首先会声明自己所在专业与整个学院以及学院其他专业之间的差异。

　　"（关于国际发表的情况）我讲的只是我们学院（的整体情况），不是我们系（的具体情况）。"——SX-1

　　"虽然我在商学院，但我是学经济学的。"——SX-5

　　"商学院特别大，有八个系。管理科学（运筹什么的）是最靠近科学类的，还有经济系、金融系、会计系、战略系、管理系、营销系、商务统计系，一共是八个系……有一些是特别偏自然科学的，有一些是偏社会科学和人文学科的。比如说统计、管理科学，包括金融、会计，这些都是特别和国外接轨的，而且在他们的领域里面，如果真是想去发国际一流的期刊，必须和国际主流对接。像我们做这个的时候，可以说我们是研究中国，我们可以发很多关于中国的数据的文章，但是他们在同等条件下，会问为什么不用美国的数据，为什么用中国的数据。"——SX-2

　　"我们这三个系，战略系、组织系、营销系，很大一批人是心理学背景出身的，商学院比较接近微观那部分人出身的学者的范式。"——SX-2

学科训练背景的差异，不仅导致学术人员参与国际发表的态度冷热各异，甚至导致学术人员期刊发表的压力强弱不均。

偏自然科学的学科，多实证研究，知识生产方式更倾向于团队合作，论文生产的效率更高；有广泛的国际学术圈，有普遍认可的国际期刊，国际发表是学术训练的背景，也是学术工作的追求，国际发表毋宁说是需要引导和支持，不如说是学术常态和内生动力。打个比方来说，对于这些学科的训练背景而言，国际发表已然具备"初速度"，外在制度性的引导提供了"加速度"（尤其是对于尚未获得终身教职的学术人员而言），能够在单位时间内提高"生产效率"——需要在评定职称所要求的评估周期中满足期刊论文发表的要求，而非自定步调。然而，发表高质量论文同样并非易事，因为高质量的论文和研究需要更多的时间和精力投入，一篇顶级期刊的发表，往往需要数年的时间。因而，在职称评定制度的要求下，大多数年轻学术人员（尚未获得终身教职）感受到较大压力。

　　"我在商学院的主要工作，就是为了发表国际论文。""国际培养的学者，当然既要能发国内期刊，又要能发国际期刊。""反正我们都要发国际论文，当然奖励越多越好——反正我们奖励不奖励都要发表的，发表了以后有奖就更好了。"——SX-5

　　"世界冠军当然难拿——本来就是世界顶级的期刊最难，所有的人都瞄着它呢。""写一篇文章,写的话就得三年、四年,然后再发出来,再来两三年,一篇文章,发顶级期刊,没有五年我认为是很难出来的。"——SX-5

"压力当然大了！我又不是学术明星——有学术明星发得很好、发得很顺利,一般的老师压力当然很大,但是在哪儿工作没有压力。"——SX-5

偏人文学科的研究领域,研究的个性化特征显著,知识生产方式倾向于个体独立完成而非团队合作(导致论文生产的效率低于倾向于团队合作的学科),且研究对象与本土社会文化情境结合紧密,探讨的问题或许并非国际(如主流国家美国等)所关注的热点问题,很难在国际期刊审稿中得到青睐。

"(有的学科)组成三人组,一人写一篇文章,就可以发三篇文章出来。……可是你见过写文学、写小说的有俩作者的吗？"——SX-2

"中国对这个领域的主流学者来说只是参照,或者是(用以)比较的案例,并不是主流案例,所以这些(想要国际发表的)学者必须跟着美国的指挥棒走。"——SX-2

三、"学术圈"出身与国际发表

不同学科专业的"国际性"程度有相当大的差异。偏自然科学的学科,"国际性"更显著,在国际范围内有共同的兴趣关注,有国际通用的学术范式,有相对成熟的"国际学术圈"。偏人文学科的学科专业,更依赖于本土情境,倾向于生产本土性知识,存在着"接地气"的问题,学术圈子往往局限于一国之内。另一方面,本土学术圈培养的学术人员,与海外学术圈培养的学术人员,其学术惯习十分不同,语言能力、思维习惯、学术写作规范等均存在较大差异,对国际发表的适应性完全不同。

"……我们在国外读了书回来的人都能感受到,那些在本土培养起来的博士难道感觉不到吗？肯定感觉得到。我给本土培养出来的博士改文章,我开玩笑说,你每一篇文章写的像入党申请书一样,因为表达习惯不一样。我们在国内大学读研究生时所受的训练是,写文章都要谦虚,写完文章后要说自己研究有不足之处。老外的习惯是,一上台就说自己的几大贡献是什么,这里头文化上有差别,语言上有差别。"——SX-6

四、 政策目标与学术人员学术价值目标一致的情况——SX‑5的案例

对于SX‑5而言，无论是从自己的职业规划来看，还是从自身所受的学科训练来看，国际发表是其追求的基本学术目标。虽然SX‑5也承认国内发表的重要性，但是对于国际流动而言，国际发表显然是国际通用货币，具有硬通货的性质。对于商学院而言，由于国际化程度较高，国际学术劳动力市场更为成熟，学术人员的国际流动更为常见，而商学院的制度目标之一也是促进学术人员的流动。因此，"流动"所依赖的国际发表成为学术人员追求的目标。

> "作为一个经济学学者，发国际论文对我来说非常重要，但是发国内论文对我也很重要，我认为都很重要，发国际论文尤其重要。因为不管是对我自身的科研——这是一个衡量（我的工作）的硬指标，我是国外回来的，我需要生存，我需要再找工作，商学院只是我的一个工作，如果说哪一天，比如商学院不要我了，或者说，现在教授都是流动的，我发表的国际论文对于我在职业市场上，对于我自身，都是非常重要的。""对于一个学者（而非领导）而言，我会觉得我在商学院的主要工作就是为了发表国际论文，这是我自己的观点。"

从SX‑5所接受的学科训练背景来看，SX‑5更倾向于发表国际期刊——因其认为国际发表是学科交流的主要舞台和重要途径，国际发表能够与国际范围内的同行进行交流，也能够与国际顶级的研究者对话。

> "现在是国际培养的学者，当然就是要培养既能发国内又能发国际（论文的学者），这是很自然的事情。""作为学者，即使是（外部评估）不要求，我受到的教育让我认为国际发表是一个我们学科的主要交流舞台，我们大家都在这里互相交流，这就是我们的工作。"

发表国际论文对于SX‑5而言有着多重意义：

生存的意义——在目前工作中，其工作接受评价的标准之一即国际发表。

投资的意义——找寻新工作的筹码，国际发表能够保证其在国际范围内的学术劳动力市场中具有竞争力。

学术工作的意义——作为学者，其主要工作即是发表国际论文。

奖励制度在此情形中的意义

"发一个顶级期刊本来难度就很大，在任何一个学校，发一个顶级期刊基本就可以换工作了。都不是钱的问题，就是整个 life 的问题，我要是发一篇顶级期刊的话，我就可以退了商学院回国外了，我还在乎这么一点钱嘛?!"——SX-5

当问及如何看待中文发表与英文发表两者奖励额度的差异时，受访者 SX-5 谈到："（发表的）难度也差太多了，发英文的难度太大了。""我认为这个差距拉得还不够大，我认为应该拉得更大一点。"

SX-5 的回应有以下几个层面的意思：

首先，SX-5 认同国际期刊发表的奖励制度。认为发表顶级期刊、英文期刊难度要大于中文期刊，因此奖励的额度大是应该的，甚至认为奖励额度可以更大一些。

其次，SX-5 认为自己并不在乎金钱奖励。或者说，SX-5 追求国际发表的根本动力是学术筹码——职业发展，金钱奖励只是锦上添花。即使没有金钱奖励，SX-5 依然会选择追求国际发表。

再次，SX-5 的选择是一种可以将自身利益最大化的选择。既符合自己的学术目标追求，又能够得到额外的金钱奖励，又满足职称晋升的需要。因此，SX-5 会选择在顶级期刊——也就是那些在奖励名单之中名列前茅的期刊上发表文章。

正如另一位受访者 SX-3 所言，从经济学分析对理性人的假设出发，国际发表显然是能够使得行为主体利益最大化的行为，因而受到学者追捧不言自明。

五、 学术人员感受到来自政策目标的压迫

（一）以国际发表衡量学术，其合理性受到质疑

以上 SX-5 的案例中，政策目标与学术人员的学术目标一致，然而，另一些受访者则对过度追捧国际发表表示忧虑，认为国际发表有其自身的限制，过度追求国际发表可能会对中国的学术造成伤害；不能以国际发表论英雄，更不能以发表的数量定高下。

"我在国际期刊上发表了十几篇文章，但是我也有一些看法。学术肯定存在 linguistic boundary（语言障碍），为什么日本以及其他一些地区的学者在英语世界里出现的也不是太多？但是他们做得不一定差——我是指管理学科。人文跟社

会科学是两码事，人文学科一些老师，甲骨文他都能读，你让他去发表英文文章，这是在发展学术还是伤害学术？说白了，国际期刊，就是（以）英语为主的。我自己做学术这么长时间，我肯定也有自己的想法，什么是学术？大陆，一定要去看一下中国香港和新加坡——他们是比我们更早国际发表（的例子）。那么，中国香港和新加坡出了非常伟大的思想吗？似乎也不见得。据我跟他们那边老师的交流，我觉得那边老师满意度也比较低。我们这样做，也算是一种（被）学术殖民，因为你发表在英文刊物上，你肯定要迎合国外关心。比如，美国，我曾经问我一个老师，我说现在什么样的题目好发？——就是环境问题、性别和种族问题，还有恐怖主义。这些是不是中国的问题？一定程度上是中国问题，但是中国也有自己的问题，比如地区化的差别，社会转型期的导向，到底是经济导向还是以整个社会为整体目标？中国发展了几千年，有它自己的东西，不能忽然之间我们过去做的东西都是一块白板——不算了，就从今天开始发表英文文章，我觉得作为中国的一家精英大学，这样去做，可能也是比较伤害。除了中国香港、新加坡以外，看看日本，日本并没有完全跟着美国走——我是指我们这个学科——日本的企业做得坏吗？日本企业做得一套一套的，20世纪美国在那儿学日本呢。所以，学术上千万不要跟风，多听一些教授的意思，毕竟教授是在做研究，千万不要一个行政命令，完全指标化，这是破坏学术。现在确实很难做到，大家都喜欢说'我的教授们发表了多少文章'——问题是我要拉出一个单子问，教授你的思想在哪里？你的思想贡献是什么？好多发表了好的国际论文的老师都不一定算得上。……思想在哪里？——就是跟着老外干了一些事，沦为国际学术打工仔。"——SX-6

当年轻学术人员为了追求国际发表，不顾一切寻求国外合作机会，不惜抛弃不入欧美主流的研究问题——这些问题对于本土情境而言却是十分重要的——在学术上跟风所谓的国际主流，最终只会沦为"国际学术打工仔"，甚至被"学术殖民"，难以对本土学术发展有所贡献。

"我听说，一些系里的老师花大量的时间寻找国外合作者，甚至造成掏钱到国外找合作者（的奇怪现象），对他们来说发国际期刊是非常重要的事情。其他院系看不到这样积极寻找对外合作的。"——SX-2

"这些学科领域都是特别与国外接轨的，即便如此，如果真想发国际一流的期刊，也必须和他们的主流有一个对接。我们研究中国，可以发很多关于中国数据的文章，但是他们在同等条件下会问为什么不用美国的数据、为什么用中国的数据？中国对这个领域的主流学者来说只是参照，或者是'比较案例'，并不是主流案例，所以这些学者必须跟着美国的指挥棒走。"——SX-2

"我们这样做，也算是一种（被）学术殖民，因为你要发表在英文刊物上，你肯定要迎合国外关心。"——SX-6

还有一些受访者指出，不同学科国际发表的难易程度不同（国际期刊在各个学科、专业方向的分布不均匀；不同范式的研究周期不同），不同人员的研究兴趣不一（关注的问题是否与欧美主流的关注一致在一定程度上影响国际发表），按照同一标准要求不同学科的学术人员有失公允。

（二）高强度国际发表的压力

另一方面，学院利用职称晋升制度促使学术人员在较短时间内生产出一定数量的高水平国际发表，使得大多数学术人员感受到较大压力。对于大多数新入职年轻学术人员而言，虽然用英文发表已非难事，但若发表高质量论文，且需要在一定时间段中完成发表，并非轻而易举。我们可以看到，即便是在过去的数年间，学院职称评定制度中关于国际发表的要求也经历了"水涨船高"的过程，部分受访者表达了受到职称晋升制度高压的不满，认为高压虽然能够鞭策学术人员在短时间内生产出更多论文，却损坏了学术人员的内在动机，也伤害了学术人员的自尊心，破坏了学术组织的人本性，损伤了学术发展的自主性——从长远来看，并不利于学术发展。

"事实上，国际发表难度相当大。投10篇论文有一篇发表，便是不错的结果。一篇论文从投稿到最后刊印，一般会经过2～4年的时间。有的论文可能会经历更长的时间，达5～6年。以学院现在的晋升制度来看，一位新教师要想从讲师晋升为副教授，需要在A类期刊上发表1篇论文，在B类期刊上发表2篇论文（之前的要求是两篇B类期刊的论文，这个要求是过去这些年来'水涨船高'的结果）。一位老师需在6年当中在国际期刊上发表3篇论文，考虑到论文发表的一般周期（2～4年），这个压力是非常大的。"——SX-4

"一篇文章，写的话就得三四年，发出来，再来两三年。发顶级期刊的一篇文章，没有五年我认为是很难出来的。"——SX-5

"不管是我们学院还是其他学院的老师，生存压力都特别大。以前作为学者是很自由的职业，应该有自由的思考、自由的讨论，应该给他足够的时间，让他的思想慢慢成熟，让他思考一些重大问题。现在这个体制是学术GDP主义——学术和 GDP 一样只看数字，不管质量。只看速度，大家只比速度，比排名，排名好领导就能升官，学校也是，但是这个 GDP 后面反映了什么东西，大家根本不知道。……我觉得咱们是走了条邪路，根本不是走了正路。"——SX-2

"我们现在大概有 74% 左右的教师具有海外教育背景，对他们来说，用英语去发表一个 B 类的期刊都不是问题，现在就是（学院）要压着大家发 A 类的。"——SX-2

"不可能 6 个月之内，书要教好，社会工作要做好，还有各种各样的杂事，还要生产出高质量的论文，还能流芳百世，不可能的事情。大家都是十年磨一剑。凡是容忍一个人十年不出一篇东西的大学，反而是能出大东西、能出好东西的大学。"——SX-2

"用（晋升制度的）高压确实能够压出来你做出东西，但是我认为一个学术组织不是一个生产机器，而是一个'人'的组织，应该以人的发展、人的幸福为前提。如果一个培养人的学术机构，都不把自己的教员当作最值得保护、最值得给予呵护的一群人，而只是把他们当作论文制造机器，怎么指望冲世界一流？即使成了所谓的世界一流又怎么样？"——SX-2

"这个晋升制度是造成我们战略系过去五年没有一个能生存（指学术聘任上的生存）下来（的原因），全走了，走了三个了。"——SX-2

"美国之所以敢实行这样一个制度，是因为美国全国形成了这样一个市场。比如现在我毕业几年了，我在博士期间的同学，换工作的很普遍，但是他们很高兴，因为换一次工作，会涨一次工资，然后再换到另外一个地方，挺高兴的。现在中国模仿美国这一套，可能给年轻的助理教授一些不必要的压力，这种情况确实不适合去培养一些有真正学术、有思想的老师。"——SX-6

第三节　人文社会科学国际发表奖励政策

一、学院层面国际发表奖励制度对学术人员的影响

（一）如何看待国际发表数量增多

解读

受访者 SX-1 指出，在过去 10 年间，学院中包括国际发表在内的各类发表都呈现

出快速增长之势，尤其是发表质量也得到了提高。

> "我们学院的国际发表很多，在学校社会科学领域中非常突出。过去十年左右的时间，增长速度很快，发表的刊物也很好。学院有对不同杂志进行分级，比如说有国际 A、国际 B，一般的 SSCI，还有非 SSCI，增长的速度很快，发表的数量很多。"——SX-1

那么，SX-1 如何理解背后的原因？SX-1 认为，学院国际发表数量和质量呈现出逐渐提升的趋势，与学院的人才引进密切相关。认为学院不断引进海外留学人员（"海归老师现在占的比例应该是百分之七八十"）是国际发表数量与质量都在提升的重要原因。

> "首先就是人才引进。从 1999 年、2000 年开始，学院就开始不留本校毕业的学生，都要对外招聘，对外招聘的标准就比较高，虽然没有说只招海外的海归博士，但是事实上来的基本都是海归博士。从国内其他院校来的非海归的老师很少，但都是非常突出的，都是在本领域、本学科已经树立了研究地位的老师。所以，这个要去看看学院现在的老师的构成的话，110 位左右老师当中，海归老师现在占的比例应该是百分之七八十。……一些本土的老师退休了，现在每年都有四五位新老师进来，因此可能比例还在持续提高。"

一位年轻教师 SX-2 也指出，英文发表对于大多数新近招聘的教师（他们大多具有海外学历背景）而言"并不是问题"，他们能够用英语发表 B 类期刊，学院则激励他们尽量发表 A 类期刊。

SX-1 进一步指出，在人才引进的基础上，职称晋升政策的驱动和引导作用使得国际发表数量增多。认为年轻教师为了能够续约合同、评定职称而需要确保自己有一定数量的国际发表。

> "跟其他学科相比，我们这个学科是有很多国际期刊……老师可以往这些期刊投稿，但是这些老师也会给国内期刊投稿。我觉得这些老师有国际发表的想法、有国际发表的动力，主要是因为政策——学院政策鼓励大家这样做。比如评职称的时候，要求至少要有国际发表的几个 A、几个 B，有及格线，老师首先要确保自己在国际上有发表，（发表）数量能够符合学院的政策要求，否则没有办法续

合同而被迫走人，这是政策的引导。学院政策是这样规定的：国际发表要有一个
A 两个 B(晋升副教授)，或者两个 A 四个 B(晋升教授)，但要晋升副教授、正教
授，光有一个 A 两个 B、两个 A 四个 B 是不够的，总的发表要达到 8 篇或者 10 篇，
有的老师都发国际(期刊)，有的老师不愿意都发国际(期刊)，或者有一定的困难，
就发中文的。发表是老师晋升职称的时候要看的，之所以有国际发表，而且有比
较好的国际发表，我认为是这个政策的驱动，政策是这么引导、这样要求的，如果
老师只写中文文章，没有办法升副教授、没有办法升正教授。(这是)生存的要
求。"——SX-1

受访者 SX-5 也谈到，有限的聘期迫使自己必须重视国际发表并在规定时间内完
成职称评定所要求的一定数量的国际发表。

"我的聘期是有限的。合同都是每几年要续一次，学院也有可能会不续。考
核的一系列标准中，最核心的就是国际论文的发表。所以，为了能够让学院跟我
续约，或者(如果学院)不跟我续约，我到别的地方有更好的合同，我必须重视国际
发表。"——SX-5

受访者 SX-4 指出，学院在过去一段时间，"对老师发表的要求是一年比一年高"，
为了提升国际排名，学院鼓励教师在 FT45 所含杂志上进行发表，奖励制度也进行了
调整——在 FT45 上发表的论文会得到额外 50% 的奖励。这也在一定程度上解释了
为何学院国际发表的数量和质量在过去一段时间内均有提升。

受访者 SX-3 也认为，晋升制度加上金钱奖励，起到了相当的激励作用。教师们
将更多精力投入到制度所规定的国际发表之中——因其具有低投入与高回报的性质
("投入一分力气可能得十分")。另一方面，由于教师将更多精力投入到研究和发表当
中，则不免降低对授课的重视程度("大家都不爱去上课了")。

"我觉得我们学院能有这么多发表，首先是激励制度。大家都不太爱去上课
了，因为如果你发表的话，投入一分力气可能得十分，因为竞争制度在，你没有发
表就不能晋升，有了发表就可以晋升，是很好的奖励制度，而且还真给钱。"——
SX-3

受访者 SX-5 指出，与国际发表相比，少量处于奖励列表的中文期刊，既不能对职

称评定做出贡献,奖励金额又少于国际期刊发表。因此,追求国际发表能够利益最大化。

　　"有一些少量的中文期刊也会有奖励。但不影响升职。""(与英文期刊发表相比)肯定要钱少一点,难度也差太多了,发英文的难度太大了。"——SX-5

受访者SX-6也指出,国际发表的动力是分层的,对于尚未晋升到终身教职的年轻教师而言,国际发表关乎生存;对于已经晋升到终身教职的学术人员而言,国际发表则源于其想要扩大影响力的学术追求。另一方面,国际发表也有其深植于学术职业的内在动力("我的工作就是要发表国际论文")。

忧虑

如果说以上分析从正面解读了国际期刊发表增多的原因,受访者SX-3则不无担忧地表达了对国际期刊发表增多及其背后机制、环境与导向的忧虑。

受访者SX-3指出,目前的政策环境和制度架构——包括职称晋升对国际发表的硬性要求以及学院对国际发表的"高额奖励"——已经扭曲了部分国际发表的学术初衷,部分学者/学生沦为制造论文的机器,大量低质量的论文充斥SCI和SSCI,导致SCI被美国学者嘲讽为"Stupid Chinese Idea",SSCI被嘲讽为"Super Stupid Chinese Idea"。

　　"我内心觉得有点不太对劲,我觉得这个不正常——一个学校的60%、50%、30%(的国际期刊发表)是一个学院发的。我上学时候受的教育是——我们一个老师告诉我,他发了一篇文章是他30年的心血。但是现在我们的一个博士生,他说'那个程序就在我的电脑里,我只要代入不同的数据,像现在这样的文章,我一个星期制造一篇',我个人觉得这两个例子都有点极端,但是毕竟说明了一个现象,就是现在的研究太浮躁了——这(根本)不叫研究,一个星期内出一篇文章能是好东西吗? 不是! ……职称(要求)、高额奖励——制度本身让你去追求(连续写文章)。……别的领域不是太清楚,但是某些领域,我们的学生为什么说一个星期可以制造一篇? 其实是八股文,是一个范式,就是提出一个想法,不管这个是什么想法,就去找数据,把数据放在机器里一跑,得出一个结果就是一篇文章,就是典型的八股。制造一篇文章是相对容易的,因为八股嘛,摸好了路子就行了。这个导致了什么结果呢,不知道你有没有听说过,我们一个老教授说过,现在的SCI,已经被美国人叫做Stupid Chinese Idea,S就是stupid,C,Chinese,I,idea;

SSCI 是什么呢，前面加一个 Super。……大家不择手段，花所有心思在这个方面，进而导致了这么一个结果：不管那个想法是不是 stupid 都去弄。……不是说有一个好的想法去研究，而是只要能发表（就行），至于发表的是什么已经不关心了。"——SX - 3

另一位受访者 SX - 2 也指出，为了国际发表，很多老师花费大量时间和精力寻求国外合作者，甚至有"掏钱到国外找合作者"的例子。

"我听说，会计（系）、金融（系）老师花大量时间找国外合作者，甚至掏钱到国外找合作者，对他们来说发一篇期刊论文是非常重要的事情。其他院系看不到这样积极找对外合作的。"——SX - 2

（二）金钱奖励的意义

锦上添花，多多益善

SX - 1、SX - 3 和 SX - 5 均认为，职称晋升的要求比所谓的金钱奖励对国际发表的刺激更重要、更根本——这是根本性的、生存性的需求。

除此之外，学者的天职也是刺激国际发表的根本动力（SX - 5）。除了多位受访者坦言自己追求国际发表出于学术动机之外，这点也可以从那些已经获得终身教职的学术人员的国际发表行为上窥见一斑——对于他们而言已经不存在职称晋升的压力了，他们的国际发表行为又如何？受访者 SX - 5 认为，"还是会继续做研究和国际发表"，但除此之外，还会做其他一些事情（如扮演公共知识分子的角色）。获得终身教职前后最大的区别是：是否将所有时间和精力聚焦在研究和国际发表之上。

"每个学者——在美国也是一样——获得终身教职以后，不用为生存发愁，选择会比较多元一点，还是会继续做研究、国际发表，但是可以有一些闲暇做别的事情……获得终身教职之前可能非常的 focus（聚焦），获得了终身教职之后，每个人的选择会不一样，每个人的选择都是多元的。任何一个得到终身教职的人，不可能一辈子除了发文章什么事都不干。"——SX - 5

对于金钱奖励，则是"锦上添花"（"发表了以后有奖就更好了（SX - 5）"），是额外的奖励（"而且是真给钱（SX-3）"）。

"现在钱都是小事了，我觉得……职称这些东西是更重要的。钱不钱的谁也不靠那个活着，平时有工资，生活都是能继续的，钱不钱的，真的不是那么看重。"——SX-5

"反正我们都要发国际论文，当然奖励越多越好，反正我们奖励不奖励都要发表。发表了以后有奖就更好了，我觉得不会对我的行为有什么影响，我肯定要发表论文（不管有没有奖励）。"——SX-5

对于金钱奖励，虽然 SX-5 认为"钱是小事"，但当提到奖励的额度时，SX-5 认为，与中文发表相比，英文发表难度显然要大得多，奖励额度理应大于中文发表，且认为目前的奖励额度差距还应再拉大些。

另一位受访者 SX-4 表示，"虽然学院较早启动了科研发表的奖励制度，但奖金的额度与有些商学院相比却少很多"。——SX-4

由此可见，国际发表的根本动力在于学术人员自身的兴趣和内在动力，职称晋升的要求只是提升了学术人员国际发表的速度和数量，国际发表奖励制度并没有起到实质性的作用，可能只是"锦上添花"的点缀。

信号作用

金钱奖励，同时也能够释放一种信号、制造一种导向，起到引导作用。

受访者 SX-4 指出，学院的国际发表奖励制度有其特定的积极意义。认为，作为商学院，建立期刊论文发表的奖励制度，是为了鼓励教师更多地参与科研工作。事实上，许多教师是"以学术为志业"，献身于学术，不会计较太多金钱的因素。许多教授并无职称评定的压力，但是还是不断发表高质量的论文，是因为他们的确享受其中。如果追求金钱，则可以选择直接到业界工作（如国际上大的投行）。学院的制度是一切以科研、教学为重，这样的制度安排有利于老师安心做科研和教学。

当然，正如科学界部分学术人员为了争夺优先权而不惜学术造假一样，金钱奖励的信号作用叠加在职称晋升的硬性要求之上，也会造成一部分学术人员的学术行为不端，这种不端行为在一定程度上影响了学术风气，甚至导致学术风气的改变。

受访者 SX-3 指出，"（晋升制度加上对国际发表的高额奖励政策）导致了大家不择手段，花所有心思在这个方面，进而导致了这样的结果：不管那个想法是不是 stupid 都去弄。……不是说有一个好的想法去研究，而是只要能发表（就行），至于发表的是

什么已经不关心了。"——SX-3

（三）小结

学院层面对国际发表的奖励，无论是从规模（除了 SSCI，还奖励 SCI 和 FT45 以及部分中文期刊）还是金额（数以万元计，远远超过学校的金额）上来看，都要比学校层面的人文社会科学国际发表奖励政策更有吸引力。学术人员既然并不认为商学院的国际发表奖励制度"影响"到了自己国际发表的动机，他们又是如何看待学校层面的人文社会科学国际发表奖励政策的呢？

二、 学校层面人文社会科学国际发表奖励政策对学术人员的影响

当在访谈中问及被访谈者是否知道学校层面的"人文社会科学国际发表奖励政策"时，SX-5 答道："我不知道学校有这个奖励。"当研究者向 SX-5 进一步解释学校层面"人文社会科学国际发表奖励政策"的相关规定时，SX-5 说："我们是按照自己（学院）的标准，SSCI（作为标准）可能还不够。"

　　"我们自己有一个期刊列表，这个列表肯定比 SSCI 要难很多，发到那上面才有奖励，学校的 SSCI 奖励我不太清楚，发一次 SSCI 对商学院来说用途不是很大，那个标准太低了。对别的学科可能不一样，我们可能有自己的一些要求。"——SX-5

三、 学校层面的政策如何与学院层面的制度互动

社会科学部的工作人员指出，学校层面的奖励政策对院系层面的政策起到了信号引导的作用，触动了一些院系出台相应的奖励政策。然而，并非所有院系都对此政策有所响应。商学院是响应此政策的典型院系之一。然而，事实上商学院早在学校出台奖励政策之前便拥有较强的国际发表动机，也已将国际发表纳入职称晋升考核之中。此次 H 大学出台奖励政策后，商学院更是受到鼓舞，在职称晋升政策之外，又出台了金钱奖励政策，且金钱奖励的额度在过去几年间有大幅提升。

　　"（学校层面）这个奖励对院系还是有一些触动的。刚开始（在学校奖励政策

出台之前)，有些院系(如商学院)从晋升职称的角度对学术期刊做了一些分类，定了一些水平不一样的标准；我们这个(奖励政策)出台了以后，(商学院政策制定人员认为)从科研角度，(除了职称晋升标准的划定)确实还应该同时(进行金钱)奖励。后来像经济学，'就跟着学校(奖励政策)来吧，学校奖励多少我们(就)奖励多少'。应该是有不少院系，看到学校对国际文章的奖励后就制定(了)相应的奖励政策。比如商学院对国际文章进行奖励的这个政策，就是受到我们(学校层面奖励政策)的影响。"——A-1

第四节　学术人员国际发表的现实基础

商学院之所以在各个案例院系的国际发表中有突出表现，有其独特的现实基础——也正是这些现实性的、基础性的条件，使得商学院的职称晋升制度得以实施，也从根本上保障了国际发表数量的增长和质量的提升。

这个现实基础即，商学院中拥有海外教育背景的教师，其比例超过三分之二。而海外教育背景至少从以下三个方面提供了国际发表的现实条件。

一、海外教育背景培养的国际发表惯习

"作为学者，即使是(外部评估)不要求，我受到的教育让我认为国际发表是我们学科的一个主要交流舞台，我们大家都在这里互相交流，这就是我们的工作。"——SX-5

受访者认为，作为"国际培养"的学者，发表国际论文不言而喻。也即，国际发表是其所习得的一种国际学术场域的惯习。拥有海外教育背景的学术人员，不仅具有国际发表的能力，更是拥有国际发表的意识。因此，学院将国际发表作为政策重点，正是"顺水推舟"之举，也是一种重视国际化之姿态的体现，因而能够受到部分学术人员的肯定，也能够吸引更多的具有国际学术场域惯习的学术人员。

除此之外，商学院也在自身学术场域中维系并培养学术人员国际发表的惯习——不仅通过职称晋升制度和金钱奖励鼓励学术人员进行国际发表，而且在学生培养中注重国际交流，并试图将学生培养成为能够在国际学术场域中自由流动的学术人员。

　　"学生也出国交流——对于学术水平的提高也有帮助。不仅教他们的老师是国外回来的博士，他们在读期间还能到国外的大学里面跟人家的博士生一块儿听课、做研究。我们这样培养出来的学生，他们已经在欧洲、美国、澳洲找到了教职，这跟过去相比是很大的进步。过去培养的学生是送到国内其他大学工作，现在不一样了，我们培养出来的学生也在往国外出口——我觉得这既是国际化交流的一个手段，也是一个成果。"——SX-1

二、 学术职业的国际流动性

　　美国加州大学伯克利分校的 Marion Fourcade[①] 基于对 20 世纪世界范围内经济学建制化过程的分析，指出在经济学研究领域中，专业发展的逻辑越来越由全球的维度来界定。在不同的专业细分领域或群体中，本土人员通过与基于美国标准的研究及专业实践的联系来确认其在科学、合作或政治领域中的权威性。基于这样一个专业重构的进程，一种复杂的跨国机制不仅促使了经济学的转向，而且最终反哺经济学专业自身的身份认同与权威性——无论是在"核心"还是"边缘"。经济学的"跨国化"、国际研究领域的兴起、经济学研究职业中的"共同市场"，以及经济学研究领域的"全球职业"……这些概念和现象勾勒出经济学所具有的独特性——不同于其他社会科学，经济学即使是在本土研究中，也实施了一种国际化的维度——更确切地说是美国化（美国标准、美国实践）。经济学职业领域的全球共同市场，以及经济学研究的国际化，都使得经济学研究具有很强的国际流动性。

　　商学院国际学术流动相对较为频繁。之所以如此，与该学术领域内相对较为成熟的国际学术劳动力市场高度相关。与"单位制"不同，商学院所实施的一系列人事制度，使"一劳永逸"不再可能，学术人员认识到工作的不稳定性，必须面对工作的流动性。流动既体现在人才引进上，也体现在竞争淘汰机制上。学院需要学术高产的学者，有能力的学者依赖高质量国际发表实现进一步的流动。在商学院的学术工作更像是一个"驿站"，学术人员利用商学院的各种资源生产高质量国际论文，商学院依赖高质量国际发表的数量获得其国际声誉。一旦学术人员完成高质量的国际期刊发表，他便有更多的选择权——是继续留在商学院，还是去国际声誉更高、学术待遇更好的地方。相应的，商学院也能够收获国际影响力。若学术人员无法完成制度所规定的发表

---

① Marion Fourcade. The Construction of a Global Profession：The Transnationalization of Economics [J]. *American Journal of Sociology*，vol. 112，No. 1（July 2006），pp. 145 - 194.

要求,则面临被淘汰的境地,被迫流向声誉、待遇不如商学院的地方。对于年轻学术人员而言,为了更好的学术职业发展,他们往往会卯足了劲儿去发表一流国际期刊,以获得更多的主动性和机会。

　　"最近两年学院很强调招一些在国外——比如哈佛——已经当到副教授了(的学者),然后把他们招回来,包括我们学院现在的院长,也是在美国工作了五六年回来的。我认为这是非常重要的国际化交流的一个指征。为什么说是交流呢?因为他们来了以后不一定会在这里一直工作下去,可能还会走,做得好的可能回北美了,或者去新加坡了,过去16年走了十几位老师,比如回来了以后去新加坡的,去中欧商学院的、清华的、南开的、对外经贸大学的,有进有出,所以说是'交流'。而且这种交流还体现在我们不光招中国出身的老师,还招一些外国人,真的外国人,与他们签短期合同,比如帮我们负责这门课,同时帮我们带一些研究生。这里面比较复杂,有的是只带研究生,有的是不仅带研究生还上课,有的是只来上课。……我觉得这个比例比以前提高了,从2000年到现在这个特征很明显,有的工作几年就走了,去新加坡、澳大利亚,有的工作几年去中外合资的大学。"——SX-1

(一) 国际学术职业与国际发表

商学院追求国际发表的现实基础还依赖商科学术职业所具有的流动性特征。

首先,商学院学术职业流动具有"国际性",也即流动的范围是国际范围。对于学术人员而言,追求的流动方向是向上的流动——也即流向国际声誉更高、待遇更好的地方。而对于商学院而言,国际声誉更好、待遇更好的地方在"国外",而国际期刊发表是能够得到"国外"承认的。因而,国际发表与国际学术流动相连。

　　"在任何一个学校,发一个顶级期刊基本就可以换工作了。我要是发一篇顶级期刊的话,我就可以退了商学院回国外了。"——SX-5

其次,商科的学术人员具有国际流动的现实条件。对于商科而言,国际上已形成了比较成熟的学术劳动力市场。商科国际学术劳动力市场中,衡量学术劳动力生产力的指标也相当明晰——由第三方机构通过评估而列出的一系列"国际顶级期刊"——这些顶级国际期刊在国际范围内都能够得到承认。

三、学术人员国际交流与合作

商学院学术人员之所以拥有较为频繁的国际交流,一方面与商学院的政策导向有关,另一方面,更与中国经济的发展密切关联。凭借着过去一段时间的优异表现,中国的经济和商业管理受到主流学术界的瞩目,为了更多、更好地了解中国经济发展,国外学术人员积极开展与中国学术人员之间的交流、合作研究。

> "对中国商业(管理)感兴趣的人增多,因为中国经济快速发展,好多外国人也很难理解,在他们看来中国是一个很落后的社会,刚开始转型,怎么经济会发展这么快? 有些人接触一些中国企业以后,(觉得中国企业)做得可能不比美国好的企业差,他们想要理解(为什么),这种理解肯定要通过中国这边教师的帮助,正好通过(我们)这个学科可以了解。据我所知,在国内其他商学院,清华、人大,国际交流都是比较多的。"——SX-6

学术人员国际交流主要体现在三个方面。一方面是所谓的"人才引进"(全职工作),另一方面是国际知名学者的短期访问,再一方面是商学院的教师利用学术休假赴国外进行短期访问研究。

前面对第一种情况已有论述,也即人才引进提供了国际发表的人员基础和现实条件。对于第二种情况,国际知名学者的短期访问是如何影响商学院学术人员国际发表的呢? 一位受访者谈到,国际知名学者能够在如下方面提供一定的帮助:指点年轻学术人员、帮助学术人员寻找国外合作者、直接参与课题及文章撰写、帮忙与国外相关研究机构和研究人员建立联系、将一流研究型大学的研究氛围带到商学院等。也即,此类情形创造了国际合作发表的机遇和条件、提升了国际发表的机会。除此之外,学者的海外背景本身也在一定程度上起到了促进与国外学者合作研究、发表的机会——"刚从国外回来(的年轻学者),跟原来的(国外)导师或者同事有很多合作研究(SX-3)"。

> "……这个对于商学院的学术发表是非常有帮助的。拿一个例子来说,有一位教授,是美籍华人,在国外这个研究领域做得很好,也很想帮国内的学校,我们就把他请来……他上课很少,年岁比较长了,60多岁,过去的十年每年会待一两个月,来的时候会跟年轻的老师谈一谈,看你做的这个研究的状况,需要找国外合

作者的话会帮你交流，有的时候会直接参与这个课题以及相关文章的写作，这个在我们学院国际发表当中起了很积极的作用，现在这个老师还是在用这样的方式在帮学。而且这种比较知名的学者交往面很广，对这个领域很熟悉，知道哪些国外的老师做得好，他来了以后不仅自己发挥作用，还会把这个学科里面有影响力的学者请到商学院。而国外有影响力的学者，一看这个老师很有名，这个老师在这儿他也就愿意来，这是间接的作用。（他们）来这里哪怕是做一个讲座，每年待半个月、一个月，或作为访问教授，我们学院就让年轻老师跟国外各领域的很多已经非常有名的学者建立了合作研究的联系。

"学院用各种各样的方法，引进国外在这个领域做研究做得好的（学者），（让学院的年轻教师）跟他们合作。（通过与本研究领域颇有成就的国际学者的合作），商学院的年轻老师做研究的氛围、条件以及合作者的水平，跟美国的研究型大学比较接近……由于学术研究的环境和美国研究型大学比较接近，这样就使得他的发表也会跟国外研究型大学比较接近，这样就使得我们这个学院在学术发表方面，跟过去比、跟自己的历史比，有非常好的发展和成长，跟同行、跟其他的院校比，会显得比较突出。

"除了人才引进、人才的交流以及合作研究之外，还有很多其他的研究交流。比如现在的研究生要求上博士期间，至少有一年要到国外去，这样能够在国外大学与人家的研究生、博士生一起学习。"——SX-1

其他人文院系的国际学者也坦言：

"我的贡献是跟国外的联系比较多，创造一些机会跟国外合作，包括老师和学生，原来没有人做这种工作。很多老外不知道中国，看到一个老外在那儿，就联系一下。"——LS-8

（一）合作研究

与国际学术人员合作更有利于国际发表

年轻学术人员正处于学术职业生涯的起步阶段，却面临着与所有学术人员同台竞争的压力。而合作研究——尤其是与国外同行的合作，能够大大提升其学术发表的能力与机会。一方面，语言和地理上的障碍，给中国学术人员的国际发表带来不小的挑战，而与国外同行合作，能够吸收、利用其在语言上和所处学术圈子的优势，从而提升自己的研究能力和水平，与"国际"接轨。另一方面，与国外合作者合写文章，文章被国际期刊接受的可能性也会大大增加。

> "国际合作应该是年轻老师居多，因为年轻老师合作是写文章、写论文——在国内本土发到国外对大多数人来讲是比较困难的。国际学术合作研究，担任评委方面，我估计大多数老师都给国际刊物审过稿，我隔一段时间就会收到邮件，这个我都会去做，但是说担任编辑之类的，屈指可数，非常少，特别是非常好的杂志。我的感觉，对于回国的老师，国际交流做得还是比较多，当然也有一些障碍，地理上的障碍，还有语言上的障碍。哪怕是留过学的人都不得不承认，回国以后语言障碍等，这些都是学术交流不可忽视的因素。总体来讲，商学院这个学科国外感兴趣的人比较多，国际交流比较多。"——SX-6

> "'大牛'挂上名的话，第一轮投稿，审查过程中，生存概率高一些。要不然的话，有一些……尤其是中国，还有……对中国不熟悉的话，只要一看这两个中国名字，……不管（作者）以前，也看不见（作者的）教育背景，不知道是不是在美国受的训练，还是在中国某所大学受的训练，还是在欧洲的野鸡大学受的训练，根本不管，就感觉你（中国作者）这个……（文章质量）比较低，我认为有这种偏见存在，（我们）跟别人就不是在一个竞争平台上的，所以一定要拉一个'大牛'，（编辑）就不敢随便歧视我们的研究。"——SX-2

团队合作提高论文发表效率

受访者指出，团队合作是当今学术研究的重大特征之一，尤其是在那些偏自然科学的学科中，团队合作更是成为学术研究的常态。团队合作规模有大有小，合作者可达数十人之众，亦可二人组队。与"单干"相比，团队合作的生产效率更高——尤其是期刊发表的效率——因为期刊发表允许多作者署名，参与研究者分享署名权便能轻松提升个体的发表成绩。

> "任何一个学科都要依靠合作，但与物理、化学等学科相比，金融学的合作规模一般不会太大。合作的常见形式包括（但不限于）以下几种：一是申请重大项目，合作者可以达到十人之众，发表的国际论文达十篇以上。二是研讨会交流中，大家发现共同感兴趣的问题，进行合作研究。三是午餐会中的交流，彼此交换信息，发现可以合作研究的问题。四是与特聘教授的合作研究。学院的一些特聘教授每年会来学校待半个月、一个月或两个月，他们的重点是做研究，而非上课，当

然，会安排一些学术讲座。就目前而言，'单干'的越来越少，知识的复杂性和多样性，要求知识互补的研究者们组成研究团队。"——SX-4

"这种制度是要比'谁产出的东西多'。对于某些学科来说，组成三人组，一人一篇文章，（就可以）发三篇文章出来；对另外一些学科来说，问题就大一点。……所以他们经常是四五个人左右——一群洋人带一个中国人。"——SX-2

"……尤其是，要在国内同样学院、同样的平台下与其他系老师进行竞争的话，必须考虑合作的问题。"——SX-2

（二）商学院学术休假制度

商学院实施学术休假制度，六年一次带薪学术休假，教师自愿访问国外高校或研究机构一年（也可以选择三年休半年）。虽然这种学术休假是"自愿"性质的，但也有一定的制度性约束，比如需要提交研究申请、汇报研究结果等。特别是年轻教师，由于存在评定职称的压力，会积极参与此类国外访问活动。在一年的学术休假中，大多数老师选择到国外大学找一个合作者与之合作一年，共同开展研究、合作发表等。

"商学院六年有一个学术休假，整个一年的带薪休假，如果老师选择这一年带薪休假的话可以干很多事情，大多数的老师（会选择）……我们有的老师决定这一年到美国去找一个合作者，直接待在那个大学，跟他合作一年……把自己的孩子老婆都带过去，在那里生活一年。"——SX-2

"六年一次的学术休假，教师自愿访问国外高校或研究机构一年（或选择三年休半年），虽然是自愿，但是有一定的制度性制约，比如需要提交研究申请、汇报访问结果等。特别是年轻人有职称评定的压力，会积极参与国外访问。"——SX-4

第五节　关于国际发表的争议

"我觉得国际化这种事情，本来不应该有任何争议，我不知道为什么有争议。就是说这个发表国际论文——当然就是要发表国际论文，有什么好说的呢，被问到这个问题我感觉莫名其妙，我觉得一个学者的工作就是发国际论文，如果说H大学不关心这个，我们就撤。如果说我们中国，或者说我们校方对这个东西还有争议的话，我是觉得莫名其妙。"——SX-5

> "社科领域我还是强调不要去强调国际发表，除非这个'国际'包括了中文的期刊，那可以。"——SX-6

人文社会科学领域的教师关于国际发表奖励制度的看法，根本上由他们对所在学科学术国际发表的态度所决定。事实上，即使是在同一学院，不同专业领域的学术人员看法就颇为不同；甚至来自同一专业领域的学术人员，因不同的学科训练背景，也会对国际发表持不同态度。就商学院数位受访者而言，他们对于国际发表存在的争议主要存在以下几个方面。

一、 国际发表与国内发表的关系

（一）国际发表的影响力 VS 国内发表的本土情怀

人文社会科学教师如何看待国际发表/英文发表与国内发表/中文发表？国际发表/英文发表与国内发表/中文发表相比，是否质量一定高？国内发表/中文发表的难度是否一定比国际发表/英文发表低？国际发表/英文发表与国内发表/中文发表是何关系？

首先，受访者认为国际发表与国内发表确实是对立的概念。一般情况下，国际发表意味着更广泛的受众、更高的学术标准、更严格的评审机制、更一流的文章、更大更广泛的影响力。当然，并非所有英文期刊都可以称作国际期刊，国际期刊往往指那些具有国际声誉的英文期刊，具有较高的学术水平。本土期刊里面也有质量相当高的期刊，中文期刊发表的论文质量整体上也在不断提升，在中文顶级期刊上发表文章的难度并不低。但由于国内期刊使用的文字是中文因而在全球范围内的影响力不如同级别的英文期刊。然而，对于与本土情境相关的研究而言，发表在中文顶级期刊或许是更为合适的选择。一是由于国际期刊对基于中国本土情境的研究未必感兴趣，二则因为基于本土情境的研究对本土理论与实践的发展贡献更大。在这里，"影响力"体现的是纯粹知识的迁移性——如基础理论的启发性等；"本土情境"体现的则是对本土社会实践的关注和对本土社会需求的回应。对于研究而言，两者同等重要。

> "对于这个问题，我认为是仁者见仁、智者见智。首先，我认为国内的中文期刊，在过去这些年——尤其是过去十几年的时间里，进步很大，质量提高了很多。我认为原因在于，经济管理这个学科在过去这些年引进了很多人才，因此研究的

范式、学术的质量提高了很多。因为他们的文章有的在海外发表，有的投到国内，起到很好的示范作用——比如其他的老师、其他学校的老师，都会以更高的标准来要求自己的文章。从期刊的角度来讲，选择面更大了（好文章更多），就可以挑选更好的文章。我认为这个是没什么可质疑的，国内期刊这些年发展很好、提高很快，现在老师感觉在国内发一个文章也不容易。以前，文章在国外转一圈了，被人家杂志拒绝一圈了，实在找不到（可以发表的期刊）了，才改成中文的（文章），投到国内（期刊）。现在老师发现在国内发表也不容易。客观来讲，不能简单的说国内期刊和国外期刊哪一个更好，因为国外期刊也有很多，也有咱们所说的 A、B，一般的 SCI，也有连 SCI 都进不去的，国内也有比较好的、比较差的。

　　"如果让我去比较我们这个领域国内最好的期刊与国外最好的期刊的话，我觉得国外期刊的学术水平更高一些。国际期刊发表了很多这个领域里面有影响力的理论——理论的研究意义会更强一些——发表了以后，就会有全世界的学者去运用这个，就像分析框架、分析范式一样，看世界、看管理事件、看问题，依据这个研究框架的指引去写文章，因此，要从学术影响来说，肯定是国际上最好期刊的影响力更大，对这个学科知识的积累，贡献更大，因此在我看来，这是一个贡献更大的选择。

　　"回过头来再看中国最好的期刊，也发表了很多不错的文章。从国际学术影响力的角度来看这些文章肯定没有国外最好的期刊发表的文章影响力那么大。可是换个角度，要说跟本地实际的结合、对本地的管理事件和管理现象的关注，国内的期刊应该是做得更好一些。比如说从中国的管理特色的角度来看，本地最好的期刊可以说是最好的，因为国外的期刊，看问题的视角跟我们不一样，他们看中国特色问题的时候，认为是国际化的问题，认为是国际问题，拿美国的期刊来说——这是最典型的，因为我们领域里面美国期刊最多——他们看我们写中国问题的时候，就跟我们中国人看越南人写越南问题的时候一样，比如越南的学者写越南经济改革，从理论的角度讲，可能这个也非常严谨，可是在我们看来，我们不关心啊，因为这个对我们来说没有意义。因此，当你讲中国特色的问题的时候，文章可能发表在国内最好的期刊上（更合适），（国内期刊发表的文章）好不好？都好，因为是针对中国管理特点；可是你说学术影响力能有多大？因为发表在中国国内最好的期刊上，影响的是中文世界，影响不到日本、韩国、澳大利亚、美国。因此，从全球学术影响力的角度来看，国外最好的期刊还是比国内最好的期刊影响力大，我不排除中国国内的期刊在中国特色的管理理论的发展、总结研究方面做得会比国际期刊更好。"——SX-1

中文和汉语在国际上的影响力不比英语，在学术界，英语更是一头独大。中文学术圈也被认为不如英语学术圈成熟、广泛。因而，在影响力上，国内发表不如国际发表。然而，是否学者们因此都应该放弃中文发表，优先选择国际发表呢？

对于一部分学术人员而言，这个问题显得多余。然而，对于另一些学术人员而言，却对两者之间的关系忧心忡忡。进行国际发表意味着进入更为广泛的国际学术圈（但实质上国际学术圈几乎等同于西方学术圈），而这个圈子的规则是主流国家（西方国家）制定的，这个圈子关心的问题、推崇的方法以主流国家的兴趣而定，但这个圈子并不关心中国本土学术圈的特殊关怀。尤其是社会科学，深深根植于本土情境，无法做到完全脱离具体情境空谈理论和方法。因此，一味追求国际发表，势必需要迎合西方主流的趣味和导向，而对西方的亦步亦趋会导致我们丧失学术自主性，中国学术人员成为国际学术打工仔，中国亦会沦为西方的学术殖民地。

（二）国际发表如何影响国内发表的质量

一些受访者认为，追求国际发表促使学术人员优先选择将高质量文章发表在国际期刊上，间接导致本土期刊/中文期刊由于缺乏高质量稿源而质量下降，从而伤害本土学术圈的生态。另一些受访者则认为，鼓励国际发表会提升学术人员的研究与发表质量，当他们再用中文发表时，会连带提升中文期刊的发表质量。还有一些受访者认为，倚重国际发表会伤害中文发表的积极性，设若对国际发表与中文发表一视同仁，大多数学术人员则会由于 linguistic boundary（语言障碍）的缘故优先选择中文发表，在充分竞争的作用下，中文期刊的质量会得到极大改善。还有一些学术人员则指出，自己工作的主要目标与内容即为国际发表，并认为自己所处的专业领域及所受的学术训练要求其选择国际发表，无论是否奖励国际发表，自己都会优先选择国际发表。

连带促进

有一种声音认为学者优先选择将高质量文章投稿给国际期刊时会导致国内期刊质量下降，然而商学院一位受访者对此有不同看法。

"对我们学科来说不是这样的。鼓励国内的老师投稿给国际期刊、争取国际发表，国内期刊是受益的。原因在于，当国内的老师去给海外（期刊）投稿的时候——之所以能够给海外（期刊）投稿，说明这种研究范式是和国际接轨的——能够跟国际最好的同行讨论这些研究问题，因此当这些老师在写国内文章时，质量也比以前提高了。因此，我觉得更多的是一种连带的积极效果，这主要跟我刚才讲的第一点（人才引进）有关，国内高校吸引了很多海归，把整个国内——像我们

这个领域——的研究水平提高了，然后有很多很好的文章被海外接受。"——SX-1

该受访者认为，鼓励学术人员国际发表，能够约束学术人员按照与国际接轨的研究范式进行研究和写作，进而有利于提高学术人员的研究水平和发表质量，连带着，当学术人员进行中文发表时，质量也会有所提升。另一方面，随着"人才引进"吸引越来越多的海归到商学院，他们在国际发表之外贡献给中文发表的质量也是较高的。该受访者认为，与国际接轨是提升国内研究质量和发表质量的重要途径。但与此同时，国际发表仍是"海归"追求的首要目标，"很好的文章"的最好归宿被认为是"被海外（期刊）接受"。

竞争打压

部分受访者认为，对国际发表的过分倚重和强调，会使其与中文发表之间构成竞争关系，由于两者地位不对等，中文发表处于危险境地。因国际发表拥有更好的收益，学术人员会优先选择国际发表而放弃中文发表，进而导致中文学术圈子萎缩，中文期刊的发表质量进一步下降，甚至生存艰难。事实上，此种观点已有实例证明，如韩国对SSCI发表的过度推崇导致了韩语本土发表的"贬值"和韩国本土社会科学的萎缩。[①] 中国的科技类期刊也是现成的例子（参见第七章第三节第四部分）。

"如果把考核体制改一下，现实可能就完全不一样了。比如……将中文期刊和英文期刊同等重要地对待，形势就和现在完全不一样。假如发中文期刊和英文期刊一样，大家一想，英文写得还是别扭，我为什么不写中文呢，大家都争着发中文期刊，可以产生各种各样好的效果：大牛都来发了，大家互相竞争，中文期刊的质量就上去了。咱们总说国内的期刊质量差，（因为）没有做任何工作，学者们没有倾注自己的力量去帮助提高，都是跟着发英文的——怎么提高？只能慢慢的堕落下去，如果大家都在上面发文章，我想过不了五到十年，中文期刊的水平也会非常高，现在已经有一些经济学的期刊水平相当高，有一些不思进取的就不行了。如果那样的话，我想中文的高质量期刊可能更多。"——SX-2

①　Shin，Kwang-Yeon. 2007. "Globalization and the National Social Science in the Discourse on the SSCI in South Korea". *Korean Social Science Journa*l 1(1)：93-116.

二、 国际期刊发表过程中是否存在歧视

(一) 国际期刊评审中存在的歧视

部分受访者在访谈过程中痛陈他们在国际发表过程中所受到的不公正待遇。SX-2指出,与国外合作者刚开始合作时,他的研究能力受到质疑,他没有得到应有的尊重和信任,直至后来他证明了自己的能力后,国外合作者才对他另眼相看。这里面SX-2遭受的是主流国家对中国学者的刻板印象的困扰——主流国家对中国学者的学术能力不甚信任。SX-6也讲述了自己的投稿在同行评审中受到质疑,在他据理力争的情况下,主编才答应重新评审文章,后来文章才得以发表的遭遇。

"我觉得在找国外合作者的时候,尤其是要'抱大腿'、找'大牛'的时候,我不知道我是不是一个特例,我总是感觉洋人对中国人的能力不是特别信任,很多情况下(都是如此)。比如有一次我跟一个洋人合作,我们还没有开始写论文,只是把基本的结果汇报了一下,这个时候他就开始跳出来了,给我指导,这个问题是怎么弄的,那个问题怎么弄的,技术细节(是什么)……我想我比你高级得多,他就特别的不信(任),甚至在一开始时连我的名字都写错了……没有把你的名字拼对就是对你没有足够的关注。后来,我用了很短的时间——写的时候是 5 天,真正的,前面还要做一些其他工作——5 天把论文砸过去以后,他一看,多好多好,一下子……愿意跟你视频通话,跟你聊天,聊这个事。这个意思就是说一旦证明你的能力,就是比他们强,用另外一种语言写作,还能把人家说服的话,人家一下子佩服你,觉得你是可以合作的人。在有的时候,合作的过程中,真的是要把这些洋人的嚣张气焰打下去,要不然就是被他们牵着鼻子走。还有一个特点,跟其他的学科比话语权是非常重要的,其实研究界研究的方法不重要,方法对谁重要? 对统计系的人重要、对(自然)科学重要。"——SX-2

"我给你举一个例子,我自己发表的一篇文章,2009 年写的,前几天刚印出来。这个中间波折是怎么回事呢? 第一,老外觉得中国数据不可靠。这样我要给他解释,这个数据是做得非常好了,给他写一大堆东西解释。第二,他不相信一个中国学者能把数据做得这么漂亮。因为我用了一种新的统计方法,他忽然怀疑,你在那里改数据。我用的这个新方法世界上还没有人用过,我赶快把新方法给他解释。在这种情况下,我遇到了什么呢? 第一,对我的数据不信任,第二,对我的

能力不信任。主编一看，评审员对我的数据不信任，马上拒掉我的文章。我怎么做的呢？我给主编写信，告诉他我（之所以）进入学术界（是因为），第一，我认为学术界是公平的世界；第二，我在智力上有所贡献。我说'你们做出的决定让我对第一条假定感到非常怀疑'。主编觉得问题比较严重，就看了一下我的东西，一个月以后又找评审员，下面的评审就比较顺利，就接收了，接收了一年半左右，前几天刚印出来。"——SX-6

SX-6经此风波后认为，国际期刊的审稿并不是公平的，并分析了国外所谓的期刊评审中的"双盲"在很大程度上并非真正"双盲"：文章在投稿之前已经在学术圈里经过多次宣读，主编往往在接到投稿时即知道文章的作者及来源。另外，随着"国际化"在全球范围内的甚嚣尘上，国际发表成为许多国家与地区争相鼓励的行为，导致全球范围内涌向英文期刊的文章迅猛增长（受访者SX-6：现在的稿件是以前的三倍）。以前，这些期刊主要是由美国学术圈的人员在供应稿件，现在却面临着来自全球的大量投稿，加之期刊的数量并未相应增加，导致供过于求，必然会出现卖方市场所具有的弊端，可能会出现期刊随意处置稿件、以稿件作者背景判定文章质量等轻率之举。

"鼓励国际期刊发表有一个致命的假定——国外的期刊双盲评审是客观公正的。但就我自己跟国外教授的交流得知，不是（这样）的。包括最优秀的那些期刊，好多时候，文章哪儿来的这个主编都知道。比如哈佛一个老师寄给一个最好的管理学期刊的文章，等评审的人拿到手的时候，几乎可以猜出来是谁写的。为什么？因为这些评审也是美国的好学校在评审，而在美国好学校的老师寄出去文章之前已经给他们宣读了一圈，你说这个时候是双盲吗？没有（双盲）。在宣读这一圈儿里，已经收到了很多意见。中国人一听是双盲，以为是公平的，我觉得对学者是一个伤害。

"还有一个致命的假定——（国际期刊的）供应是充分的——只要有高质量的东西就可以在国际期刊上发表出来。问题是，你看看现在——过去三年写文章，有很多杂志告诉我，寄给他们的稿件比原来翻了三番——忽然之间亚洲的稿件多了、欧洲的稿件多了，但是杂志的数量、篇幅没有变。说白了，以前这个游戏就是美国人在玩。稿件多了以后怎么办，必然会有随意处置稿件这样的事。一看亚洲来的，没有美国的推荐，先扔一边儿；一看英语不地道，扔一边儿。"——SX-6

（二）目前所谓的歧视不足为虑

当被问及中国学者在国际发表过程中是否会遭受到国际期刊评审的歧视时，一位受访者认为并不存在歧视，或者说"这些都不重要"，文章难以发表是因为"全球都在竞争"，"录用率都很低"，"本来就是世界顶级的期刊最难，所有的人都瞄着它呢"。

> "对我们经济学而言——其他的学科我不清楚——整个评审都非常严格。录用率都很低，全球在竞争，跟国内竞争相比，当然全球竞争更难，你说全国冠军和世界冠军哪个更难，这个还用说嘛，我认为没有必要解释。……本来就是世界顶级的期刊最难，所有的人都瞄着它呢。……一篇文章，发顶级期刊，没有五年我认为是很难出来的。""……我认为这些都有可能，我没有研究过这个问题，不好说……但是我觉得这个不重要，任何一个地方（都有）这些偏见——如果存在（这些偏见）的话，跟一个体育比赛到国际上比（一样），这个问题都是一样的。其他老师回答的这些答案，拿到一个体育项目，一样可以这样说，说人家有偏见，咱们以前发展得不好。我认为任何一个项目都可以这样说，这些都不重要。"——SX-5

还有一些受访者认为，受到主编歧视在所难免，主编具有倾向性乃人之常情。国内期刊的主编同样存在偏见——他们在审稿过程中也会被投稿人的背景和声誉所干扰。随着中国经济影响力的扩大、中国国际地位的上升，中国学术也势必会在国际上得到越来越多的认可，歧视也会随之慢慢消退。

> "在国际期刊论文发表的过程中，受到主编的歧视在所难免。主编具有倾向性也是人之常情。举个例子，国内期刊的主编在审稿过程中同样会被投稿人的背景（所在机构，声誉等）所干扰。事实上，随着学校、甚至整个国家在国际上地位的上升，中国学者在国际上也越来越被认可。除此之外，中国经济的影响力扩大，也有助于增加中国学术研究在国际上的影响力。"——SX-4

三、 具体情境对于理论研究是否重要

> "金融学研究中的问题来自实际市场，通过研究，得到一定的理论结果，再回到实际市场，对实际市场进行指导。具体的问题有国内国外之分，但金融学的研

究方法、理论基础和研究框架是一致的。"——SX-4

部分受访者指出，或许研究中的具体问题有国内国外之区分，但研究方法、理论基础和研究框架则是一致的。比如在金融学研究中，问题来自实际市场，通过研究得出一定的理论结果，再回到实际市场对其进行指导。学术研究探究的问题来源于具体情境，但探究问题的途径则具有普遍性。

另一位受访者举中国经济的例子，说明了学术研究与具体社会情境中的问题之间的关系。根据该受访者，研究的具体情境如何并不重要，重要的是研究的问题是否有价值、有意义。就中国经济研究而言，不仅对中国学者是重要的，国外学者也非常感兴趣——因为中国经济的奇迹具有学术研究上的重要意义。对于研究理论的学者来说，不管身处何种社会情境，都是在研究一般性的问题，做实证研究的学者才会涉及研究所处的具体社会情境。对于理论研究者，并不限定于具体某个社会情境，"哪里有数据，就研究哪儿"。

"过去三十年中国经济发生了翻天覆地的变化，任何一个经济学家都会关心，不仅是中国人研究中国的经济问题，外国人也在研究中国的经济问题，研究中国经济问题是很重要的，我在美国也会研究中国的经济问题。我觉得研究哪个国家的问题并不重要，重要的是研究的东西有没有意义、有没有价值。有一些人做理论的，就在哪儿都研究一般性的问题，不涉及具体的国家。研究实证的人才会涉及研究哪个国家的问题。我们研究的问题，其实不限定于哪个国家，哪里有数据就研究哪儿，中国我能拿到比较多的数据，如果拿给我美国的数据，日本的数据，欧洲的数据，我也可以研究。但是我们没有关系，也拿不到那个数据，中国我可以拿到数据。换句话来说中国的问题确实很重要，中国在过去发生了这么多事情，为经济学家提供了很好的研究问题的土壤，所有的人都很关心，不只是中国人，不只是中国学者。我们学科和其他的学科不一样，别的始终是这样没有什么变化，经济过去发生了太大的变化，很值得我们研究。在哪儿都这样的，不是说在中国就研究中国的问题，在美国也研究中国的问题。"——SX-5

然而，另一些受访者却认为，学术研究与社会情境是密不可分的，学术研究应具有指导社会实践的功能。而不同的社会情境则会生发出完全不同的理论来。

四、追求国际发表导致本土学术研究与实践相脱节

　　一些受访者认为，过度强调国际发表，导致国内学者倾向于关注一般性的理论研究、跟风研究国际热点（更容易国际发表），而忽视了对本土情境与特殊问题的研究，从而导致国内学术研究无法指导本土社会实践。正如 Diana Hicks 等人的研究所指出的那样，在 Web of Science 中被引率很高的西班牙社会学家，是那些研究抽象模型或者研究美国数据的社会学家。① 中国台湾学者陈光兴曾在一次研讨会上举过这样一个例子：尽管台湾有很多经济学者在研究中国台湾问题，但他们都用美国经济学的问题意识。美国人现在最关心的就是效率问题。在台湾学界，同样把效率奉为国家宗教一样不能撼动。而效率是静态的，即资源一定的情况下如何进行分配可以实现利益最大化。他们不强调动态和成长，这显然是针对美国这种相对的经济结构成熟、稳定的社会的。然而落后国家和地区最重要的却是如何成长。所以我们需要强调的是速度、强调追赶，而不应该是静态的效益分配。台湾经济学界所有关于中国台湾的所谓实证研究都是指向效率的。② 党生翠指出，这种状况在大陆学术界也不鲜见，并引用一次研讨会上的专家发言：目前中美关系研究中就存在"大问题研究多，专门化问题研究少，而且套用美国材料和观点多，做第一手研究少"的问题③，并进一步指出，在关系到国家安全的领域也未能幸免，可见这种研究趋势多么盛行。④

　　"这种评估体制造成的后果，就是我们的研究是和实践脱节的。总是跟着国外的话语，而不研究中国的实际情况——不研究中国的管理问题，或者不重视中国的管理问题——作为一个学科怎么指导实践？从长久的发展来看，最后只能说建成了一个所谓的国际化商学院，但是这个商学院没有任何特色，就是一个'国际化'，那么，这个商学院对于它所依赖的这个社会，对于支持它的整个体系，有没有责任感呢？没有。比如说我们有一些老师，发的文章是关于美国的税制——美国人怎么收税，怎么提高效率——从学术方面来讲，学术无国界，发这样的文章也

① Diana Hicks, Paul Wouters, Ludo Waltman, Sarah de Rijcke & Ismael Rafols. The Leiden Manifesto for research metrics. *Nature*. 23 April 2015. Vol. 520. pp. 420-431.

② 参见陈光兴、钱永祥："新自由主义全球化之下的学术生产"，反思台湾的（人文及社会）高教学术评鉴研讨会论文，1993 年 9 月 25、26 日。

③ 王辑思："回顾历史面向未来——中华美国学会、美国所举行纪念《上海公报》发表 30 周年研讨会"发言稿，2002 年 2 月 21 日。

④ 党生翠. 美国标准能成为中国人文社科成果的最高评价标准吗？［J］. 学术评论，2005(4).

OK；但是从实践角度来讲，对中国有什么意义？另外一个老师发的一篇文章是关于中国的某一个问题，虽然发表的期刊可能不好，但是提出了非常好的意见和见解。这两个例子…如果只看文章发表的期刊，判断是前者好后者不好；如果看哪个研究对中国更有帮助的话——这不是显而易见的嘛。"——SX-2

五、追求国际发表中轻视自我学术传统

另一些受访者指出，一味追求国际发表，意味着需要更深层次地融入西方主流的学术传统和学术范式，意味着接受主流的理论假设，运用主流的研究范式。一方面，这样一来，我们只不过沦为主流国家的学术打工仔，甚至会遭遇学术被殖民的危险。另一方面，我们的不自信使得我们放弃了我们自身的学术传统而竭力向西方学术传统靠拢。事实上，我们有自己优秀的学术传统、独特的学术传统，是西方主流学术界也需要重视的独特经验和一种存在的可能性，更何况我们自己，何必妄自菲薄。

"知道中国这几年在加快推进这个（国际发表）数量，从我个人来讲是非常忧虑的，我怕伤害中国的学术传统。中国不是没有学术传统，有。不见得完全不好，有非常好的。H大学的文史哲，全世界都应该向H大学的老师学习，而不是H大学反过来要求自己的教授用英文发表才能拿到什么。从管理学来讲，尽管没有像文史哲那么极端，可能也存在这样的问题。因为你要用英语写文章，你必须要同意他们的经济假定，写经济学文章，理性人那些假定你要认可。但是那些假定，比如理性人的假定放在佛教国家是很可笑的。西方人把这个当作真理，好多人因此获诺贝尔经济学奖，但是你到佛教国家去看……我记得一个美国人去了泰国以后，可能是经济学家，他为这个假定感到非常羞耻，为什么呢？在一个佛教国家，大家假定众生平等，假定与人为善的时候——而不是理性人——这个社会也可能变得非常好。"——SX-6

第七章 国际发表奖励政策分析

第一节 H大学人文社会科学国际发表奖励政策

H大学关于人文社会科学国际发表的奖励政策出台于2005年,于2009年进一步修改形成《H大学人文社科国际学术论文奖励暂行办法》[①],并延续至今。该政策的目的是"鼓励我校人文社科教师在国际上发表学术论文,宣传我校人文社科科研成果,扩大我校人文社科在国际学术界的影响力"[②]。该政策规定了"国际学术论文"的性质:"发表在SSCI、A&HCI或SCI引文数据库,并能为'THOMSOM REUTERS'公司提供的'ISI Web of Knowledge'检索系统检索到。""书籍章节及会议论文集不予奖励。"[③]也即,所谓的"国际学术论文",必须是发表在SSCI、A&HCI或SCI引文数据库的论文,这就意味着"国际发表"基本上就是英文发表。

H大学人文社会科学国际学术论文发表奖励政策的出台背景是什么? 政策制定者是如何考虑该政策及其影响的? 围绕H大学人文社会科学国际发表奖励政策的相关问题,研究者访谈了H大学社会科学部的一位负责人A-1。

一、H大学人文社会科学国际发表奖励政策出台背景及政策目标

陈向明等人指出,访谈者需注意被访者对问题的定义和思维方式,遵循他们的思路,用他们的语言表述来讨论问题。[④] 由于A-1对研究者的提问做了很详细的回应,

---

① 该文件的具体内容详见附录1。
② 此处引用《H大学人文社科国际学术论文奖励暂行办法》中的表述。
③ 此处引用《H大学人文社科国际学术论文奖励暂行办法》中的表述。
④ 陈向明.旅居者和"外国人"——留美中国学生跨文化人际交往研究[M].长沙:湖南教育出版社,1998:
43.

且回应方式——包括回答问题的切入点、回应问题的视角、对问题的引申等——反映了政策制定者的视角，因此研究者在这里直接呈现被访者原汁原味的回答，而不试图去重新组织语言，以免破坏被访者的逻辑和视角。[①]

访谈者：能否请您介绍一下 H 大学人文社科国际学术论文发表奖励政策出台的背景及过程？

被访者：我们当时做国际文章发表的奖励，是（中国）高校总的态势。2000 年以后，各个大学都在讲自己的学校发了多少 SCI、SSCI，因为是文科嘛，主要是发表在 SSCI 和 A&HCI 上。我们就觉得，既然理科都在做奖励嘛，那文科也应该稍微奖励一下吧，因为本身奖励的力度不是很高。当时理科是 4700 元（人民币）一篇文章，具体这个数额是怎么定出来的，我也不是很清楚，但是我们就跟着这个标准吧，后来也做了一些调整。因为理科只奖励第一作者，文科的话，情况稍微有所放松，第一作者按照全额奖励，全额从 4700 元改到 6000 元，因为我们还有一些别的经费可以支持。第二作者按（全额的）80％（来奖励），（也就是）4800 元，第三作者（按照全额的）60％（来奖励），（也就是）3600 元，第四作者及以后（排名其后的其他作者）不再作奖励。（因为）人文社科的教师发表（国际）文章相对理工科的教师而言要难一些吧。一个是研究的问题本身受限制，不像理工科那样大家（国际上）相对比较一致。

访谈者：这个奖励政策是否促进了人文社科教师的国际学术论文发表？

被访者：有一些促进作用吧，特别是刚开始。有一些老师本身就有英文发表的想法，有了这个政策以后，后来发表的数量也确实有所提升。因为这个力度，对老师来说刺激不够大，可能对个别院系的个别老师而言，又能发表国外文章，又能够有一些奖励，对于有一些有这样想法的老师而言，是顺理成章的，但是有些老师对于发表英文论文，不是特别有想法、不是特别紧迫，对于这些人而言，这种刺激还是不够的。它（奖励金额）不像有些高校，力度会很大，甚至他们定了一些标准。但是，学校层面的标准不太好定，杂志跟杂志、学科跟学科之间，没法用一个标准去衡量。但是在很多院系，特别是国际化程度较高的院系，像管理学科，他们会分A 类、B 类、C 类的杂志，（每一类给予）不同的奖励，不同的（类别的文章）作为将来晋升的标准，那是院系根据自己的国际化需要的程度（来制定的政策），作为学

校层面来讲,(这个奖励的程度只能)算作一点鼓励吧! 不作为一个主要的工作的发展、推动态势啊什么用。我们也不追求在这方面要表现地特别优越,或者以这个为突破点来实现学校的一些学科的突破。(这个奖励政策)还没有到这个层次,只是鼓励大家在有可能的基础上写一些英文文章。

访谈者: 高校对 SSCI、A&HCI 论文的奖励普遍吗? 这个奖励政策的制定有没有参照什么标准?

被访者: 对,总体趋势都是这样的,鼓励国际化,扩大国际影响。

我们是参照理工科的,因为一个学校嘛! 不能差别太大。他们是 4700,我不知道怎么定出来的,可能也是根据当年的一些经费,听说当年好像有 800 万,每年 800 万用于这方面的奖励,他们测算了一下,大概定出来 4000 元多一些。第一次就按照 4700 元一篇来了。多退少补。因为(从)后面来讲(看),学校发国际文章,总量变化不大了,后来他们都重在提升引用率、质量方面。我们人就这么多,理工科也必须要实现国际化,他们只能发英文文章,发国内文章没人看,他们那个是比较稳定的,定这个标准也比较可靠吧。我们也就按照这个标准。但是肯定不算是高的,某些高校,在这方面(奖励金额)刺激很大。就近几年,我看兄弟高校,人文社科这方面,比如说 SSCI 文章,跟我们的差距越来越小了,原来我们是挺明显的领先的。现在好像越来越接近了,浙大、清华、北师大(在这方面)也都发展挺快的。

访谈者: 您认为他们发展这么快是跟这个奖励制度有关系的?

被访者: 肯定有关系。肯定有这个导向(的作用)。我觉得啊! 我没有具体去了解,当然啦,学校层面的不一定会怎么样,他们可能跟我们差不多,那就是说这个刺激不一定很强,可能就是说,有的是落实到院系,特别是浙大,他们都新建了一些文科院系,刚开始起点就要求比较高的国际化,包括清华好像也是,他们现在在引进文科人才的时候,更偏重于引进海归,他们从各个方面去刺激,产出国际化的成果。各种原因。按道理来想他们也是这种奖励(方式):晋升、(以及)奖励国际文章发表的方式。

由此可以看出,H 大学人文社会科学国际发表奖励政策的出台主要参照了"兄弟院校"("总体趋势")以及 H 大学"理工科"国际发表奖励政策。就政策出台背景而言,该奖励政策仿照 H 大学"理工科"对国际发表的奖励,但政策制定者坦言理工科教师的论文发表主要是国际发表,"他们只能发英文文章,发国内文章没人看",因而对于理工科而言,国际发表奖励并不具有"引导"教师进行国际发表的作用,国际发表奖励对于理工科教师而言更多的是起到一种科研"补贴"的作用——也即理工科教师普遍能够受惠。但对于人文社科教师而言,这个奖励政策就具有了独特的"区分"意味——该奖励政策将国际发表与国内发表区分开来,并对国际发表进行单独奖励(也就意味着对国内发表进行惩罚)。虽然政策制定者意识到了人文社科与理工科不同,认为人文社科由于研究对象的特殊性因而国际发表的难度更大,但该政策并未依照此逻辑分析人文社科领域学术研究及国际发表的特殊性,以及奖励人文社科领域的国际发表会给人文社科领域带来什么样的影响,而是进一步提高了人文社科领域国际发表的奖励金额。

该政策的显性目标是通过金钱奖励促进人文社科领域教师的国际发表。但就政策制定者的反馈而言,该奖励政策所规定的奖励额度"刺激不够大",且 H 大学本身并不把该政策作为"主要的工作"和"重点推进的工作态势",只是鼓励本身有国际发表想法的教师、有可能进行国际发表的教师"写一些英文文章"。关于政策实施的效果,政策制定者认为在初期起到了一定的促进作用,但这种促进释放的是"存量"(本身有国际发表想法的教师),并不能从根本上刺激"增量"(促使大量教师进行国际发表)。与此形成对比的是,其他高校的部分院系从晋升体制、人才引进、国际发表奖励政策等各个方面"刺激"教师产出国际化的成果(其实 H 大学的商学院亦是如此),因而这些高校的国际发表数量(如 SSCI 论文)大幅增加。

由此,该政策具有的暧昧性凸显了出来。一方面,它想要促进人文社科教师国际发表的数量(事实上国际发表数量并未因此大幅增加);另一方面,它又不想给人文社科教师造成困扰("不作为主要的工作及推进态势")。但该政策一旦实施,其具有的"导向"性(导向国际发表)便开始发挥作用。这种导向性在一些院系中得到进一步加强(如案例商学院),在另一些院系遭到了忽略(抵制),在更多的院系中,这种导向性使学术工作产生了逐渐的、但清晰的变化。

二、 H 大学人文社会科学国际发表的奖励对象与过程

(一) 奖励对象

《H 大学人文社科国际学术论文奖励暂行办法》明确指出,人文社科国际发表的奖励对象是"发表在 SSCI、A&HCI 或 SCI 引文数据库,并能为'THOMSOM REUTERS'公司提供的'ISI Web of Knowledge'检索系统检索到"的论文且"作者署名单位必须有'H University'",同时"书籍章节及会议论文集不予奖励"。

也即,该奖励政策将国际发表等同于 SSCI、A&HCI 或 SCI 索引期刊上的论文发表。此规定将国际发表又区分为两类：SSCI、A&HCI 或 SCI 索引期刊上的论文发表和其余未被 SSCI、A&HCI 或 SCI 索引的期刊上的论文发表。该奖励政策对前者的奖励实质上也对后者造成了贬抑。对于政策制定者而言,选择对前者进行奖励主要是因为"方便"对国际发表的质量进行控制,因为"其他期刊的质量无法把握"。换个角度来看,该奖励政策完全信任 SSCI、A&HCI 或 SCI 期刊,认为这些"国际期刊"发表的论文是高质量的国际论文。也就是说,作为学科共同体外部实施的国际发表奖励政策,因为缺乏对学科共同体的了解,不得不完全依赖美国一家商业公司所做出的学术判断。另一方面,也正是因为缺乏对学术共同体的了解,该奖励政策直接放弃了对其他国际发表和中文高质量发表的奖励。但这种"放弃"仍然表达着某种意义、传达着某种信号(这或许并非政策制定者的初衷)——其他国际发表和中文发表的价值低于 SSCI(及 A&HCI、SCI)发表的价值。而关于什么样的发表更有价值的判断应属于学术共同体的责任,学术共同体外部无法也不应作出这样的学术判断。

> "我们做的是 SSCI(以及 SCI、A&HCI)的奖励。主要原因是其他期刊我们把握不好,质量怎么样也不容易核实。有的老师说(他的文章)发表在欧洲一个刊物上,但是我们查不到,作为统计(信息)可以,但是作为奖励我们必须要有确实的信息。"

> "对于国内顶级的期刊,学校层面没有标准去奖励,一个原因是确实涉及各个学科不一样,定这个标准挺难的,(各个)院系都有指定,(但)我们学校整体上没有对中文期刊(奖励政策)的一个制定。""……至于为什么不给中文的期刊奖励,一个是,刚好理科有这个(国际论文发表奖励)制度,刚好可以接上;至于中文期刊,一下子没有想好奖励哪些期刊,当时好像也有想法,文科当中到底哪些期刊(应该奖励),在学校层面做起来会比较有争议。院系可以有自己的一些标准,毕竟是一个学科,学术共同体会有比较一致的意见。因此当时就没有这么去做。"

其次,该奖励政策的奖励对象是"文科"教师(也即人文社科教师)。虽然其他非文科教师也会在 SSCI 期刊上发表论文(如医学部、心理学科等,且其发表数量多于文科教师),但该奖励政策仅仅奖励文科教师的 SSCI(及 A&HCI、SCI)发表。原因是文科教师"收入不比理工科""挺不容易"。这个奖励政策被当做是给文科教师的一种补偿性的"福利"。虽然政策制定者的初衷如此,但事实上绝大多数文科教师是无法享受到这种"福利"的,因为在许多文科院系能够"国际发表"的教师凤毛麟角(如案例中文系、历史系、哲学系、法学院)。

　　"SSCI(论文发表)不止有文科老师,比如医学部、心理学也有发表 SSCI 的。文科老师还不到这里面的一半。但是我们奖励的是文科老师。"

　　"我们当时想,给文科老师一些奖励、福利吧。因为文科老师拿项目不是很多,其他收入不像理工科——拿很多项目、有很多经费支持。"

再次,该奖励政策的奖励对象是能够贡献 H 大学国际排名的论文。这不仅是因为该政策要求论文作者署名单位为 H 大学,更为关键的是大学国际排名依据的正是 SSCI 及 A&HCI、SCI 上的论文发表。

(二) 奖励过程

　　"(社会科学部的工作人员在)汤森路透社的网站上,根据一定的关键字进行检索。……我们的一位科研部的同事发明出来的检索字段,检索到的比较准确。……我们(把我们检索到的文章)按照我们认为的文章的来源院系,分配给各个院系,请(各个院系)核对一下,'这些文章是不是你们老师发表的?或者有没有你老师发表的(文章),我们没有检索到的'。(通过)这样的方式,把过去一年当中 H 大学文科老师发表的情况进行统计、奖励。……(每年我们奖励的期刊列表)根据 SSCI 库里的变化。它有滚动变化。我们也检索当年或前一年。有的老师好像当年可以检索到,过一年又被踢出去了,所以我们当年就要检索,有这样一条信息,要及时记录下来。"

由奖励过程可知,奖励政策实施中的主要操作是在学校层面完成的,学校层面的工作人员每年都及时搜集 H 大学文科所有的"国际发表"记录,对其进行统计、分院系核实并实施奖励。由于 SSCI、A&HCI 等数据库收录的期刊每年会有一些变化,因此可能发生的情况是:一位老师发表的文章去年还在奖励名单之中,今年就不再算作是"国际发表"了。政策制定者也知晓这种情形,但政策制定者关心的是及时记录下每一年 H 大学的 SSCI(等)论文发表信息。至于某位教师的论文发表质量并不在其真正关心的范围之内——如果 SSCI(等)论文发表意味着高质量的发表(也即其余期刊发表是低质量的发表),那去年的"高质量"论文今年怎么就突然变成"低质量"论文了?换句话说,该奖励政策奖励的是论文的"身份"——SSCI 身份、以及能够贡献大学国际排名的身份,而非论文的真正质量。

三、H大学人文社会科学国际发表奖励政策对院系层面政策的影响

H大学的人文社会科学国际发表奖励政策是学校层面制定的政策，但对教师产生直接影响的往往是院系层面的政策。正如布迪厄的理论所揭示的那样，不同学科场域可以在其自主度范围之内对外部政策的影响进行"折射"。外部政策的影响也须得经过学科场域的过滤才能进入学科场域的权力关系当中。那么，H大学的人文社科国际发表奖励政策有无对院系的学科场域产生影响？不同院系又如何折射该政策的影响？

在政策制定者看来，H大学的奖励政策对院系产生了一定的影响。

> "这个奖励对院系还是有一些触动的。有些院系也（在此基础上）做了一些分类……像商学院刚开始更多地是从晋升职称的角度，定了一些水平不一样的标准，我们这个（奖励政策）出台了以后，（他们就觉得）从科研角度，确实还应该同时奖励，后来像经济学，'就跟着学校来吧，学校奖励多少我们奖励多少'。应该是有不少院系，看到学校对国际文章的奖励后就制定相应的奖励政策。像商学院，在奖励这方面都是受我们的影响。"

但事实上不同院系对学校层面奖励政策的"折射"程度不一样。在商学院，"国际化"是重要发展目标之一，其中学院的"海归"比例超过四分之三，学院的领导层也在其中。商学院对国际发表持积极态度，在国际发表方面表现突出。早在学校实施国际发表奖励政策之前，已将国际发表纳入职称评定的框架之内，并对国际发表进行了详细的区分和分层。学校出台奖励政策之后，商学院将学校的奖励政策纳入到学院的制度框架当中，然而，与学校实施的国际发表奖励政策不同，商学院改造了奖励的对象期刊——把SSCI、A&HCI期刊改成了全球商学院排名所依据的FT45种期刊，认为奖励SSCI发表"门槛太低"。除此之外，商学院还将奖励额度进行了大幅提升，并在H大学实施国际发表奖励政策的初衷（增加发表数量，扩大国际影响力）之上附加了新的意图：增加科研工作的金钱报酬，使得学术人员能够安于学术。也即，H大学的国际发表奖励政策对商学院产生了启发，但商学院并未直接采用该政策，而是对该政策进行了进一步改造，以符合其学科关于"国际发表"的特殊需求。

对于法学院而言，虽然学校早在2005年就出台了国际发表奖励政策，但直至近年来，法学院才开始承认"国际发表"，并将其纳入学院的评价体系当中。SSCI期刊论文，或其他语言发表的非SSCI期刊论文，通过学术委员会的审核后，方可作为与中文

核心期刊同等地位的学术成果。法学院对国际发表的态度,与法学院学术场域中的以下特征有关。首先,学术场域中占主导地位的是国内法研究领域的学术人员,包括学术委员会成员,也大多出身于国内法研究,国际法研究领域的学术人员处于从属地位(国际法研究领域的学术人员有更多的国际发表)。其次,国内法研究领域由于学术研究的本土性特征而并不将国际发表作为学术目标;加之该领域的大多数国际发表属于介绍性质的综述性文章,被国内学术圈认为不具有学术价值和学术贡献,因此国际发表在法学院中的地位比不上中文核心期刊上的论文发表。即使学校层面对 SSCI 等英文发表实施奖励,法学院仍认为国际发表的学术价值比不上中文发表,因此需先对 SSCI 论文(主要是英文论文)和其他语种发表的论文进行审核,然后才承认其与中文核心发表的同等地位。也即,从结果上看,H 大学的国际发表奖励政策对法学院的学术评价产生了一定的"压力",迫使法学院最终将国际发表纳入学院奖励期刊的范围,但仍未从根本上改变法学院内部学术评价标准——国际期刊发表仍需经过学术委员会的审核方可被承认。事实上,该奖励政策所产生的"压力"也需与法学院学术共同体内部成员的需求(国际法研究领域的教师有较多高质量的国际发表)结合起来方能产生改变的动力。

在人文院系,国际论文发表凤毛麟角。加之大多数学科研究领域的本土取向("接地气"),以及人文学科教师对以 SSCI、A&HCI 发表代国际发表和以国际论文发表代国际化、以学术国际化代人文交流的批判,"国际发表"在人文院系的思想基础和现实基础都十分薄弱。事实上,人文学科教师对以期刊发表评价学术成果的制度本身即多有不满,认为人文学科的学术成果须得是"十年磨一剑",不是期刊发表这种来自西方的"学术快餐文化"能够评价的。在人文院系,期刊发表被当作"交作业"一样的任务来完成,学术人员更愿意沉下心来钻研真正的学术。在这样的情形下,人文学科对学校的国际发表奖励政策基本上没有特别的反应,更多的是觉得这样的奖励"与己无关",也不认可、追求这样的"国际发表"。而院系层面只是将偶尔出现的外文发表(而非特定的 SSCI、A&HCI 发表)与中文发表一视同仁。也即,H 大学的国际发表奖励政策对人文院系没有产生直接的影响。

四、 如何看待该奖励政策——政策制定者的视角

(一) 鸡肋?

政策制定者在受访中指出,该政策"有一些促进作用,特别是刚开始","有了这个

政策以后，后来发表的数量也确实有所提升"。但受访者同时认识到，国际发表对于文科有些院系来说并不是"必需"的，该政策只是恰好迎合了那些本身就有英文发表想法的教师，对于那些"不是特别有英文发表想法"的教师而言，"这种刺激还是不够"。

> "这个东西，特别是对文科有些院系，人文（院系、学科），它不是必需的，它像一种额外的东西，可以有，但不是没有这个东西就没法做学术了。"

在政策制定者看来，这个奖励政策在目前是一个像"鸡肋"一样颇为尴尬的存在。一方面，这个政策在实施之后，经过人文社科院系教师的反馈，政策制定者自身意识到这个政策是不完的、存在较多漏洞。另一方面，该政策所暗含的"国际发表导向"和"SSCI（等）发表至上"等意味，受到了许多人文社科教师的批评。而如果取消该政策，又面临"政策缺乏连续性"的质疑。

当问及该政策的未来走向时，政策制定者认为，该奖励政策有"利"的方面，又"坏处不是很大"，既然该政策"对老师们的刺激也不是特别大"，又因为该政策"一贯有之"——如果取消，"一些老师会觉得我们的政策没有连续性"；加之"本身奖励力度也不大"，因此政策会继续存在①。但允许院系层面根据自身学科特点自主调整相关政策，"加强或者削弱"。与此同时，政策制定者采取了一些相关措施来控制该奖励政策的影响力度，如官方话语中不再过分强调国际发表及其奖励，也不再提高国际发表的奖励额度，开始强调本土学术研究的主体性和自主性等。

> "后来我们觉得，国际文章的奖励也不需要再特别去强调，或者去提高奖励力度。后来一直就没有再涨奖励的经费。后来我们也觉得，在不同的场合也在讲——发表文章，应该是国内的期刊很重要，要把中国的问题说清楚，才是针对中国的实践和理论问题，而不是拿一些东西给西方人参照，后来我们就没有特别重视国际发表。"

（二）"奖励"去哪儿了

人文社科领域中，绝大多数的"国际发表"发生在商学院，因此学校层面对国际发

---

① 该访谈完成于2014年上半年，研究者于2019年8月回访了H大学社科部，其工作人员称，该奖励政策即将被取消。

表的奖励经费绝大部分都流入了商学院。但对于商学院而言，"其实他们并不需要特别大的奖励"。首先，商学院的职称晋升制度已经涉及对国际发表的要求。其次，院系层面对国际发表的奖励力度要比学校层面的奖励力度大得多。因此，虽然学校层面的大部分经费都到了商学院，但对商学院的教师而言，这种程度的金钱奖励无关紧要。也即，政策制定者所设想的政策目标之一——通过国际发表奖励实现对文科教师的补贴——也未能实现。

> "……各个院系非常不平衡，我们奖励的，可能大部分的经费，流入到了像商学院（这样的院系）。其实他们不需要特别大的奖励，他们本身现在奖励很大。"

（三）政策的意义

政策制定者认为，政策的存在有一个重大的意义——也即配合国家、大学的国际化发展战略，促进文科的国际化。虽然文科教师国际发表数量很少，但毕竟存在；奖励额度虽然不大，但是对有国际发表的教师而言是一种肯定。同时受访者也指出，该政策不宜大张旗鼓铺张开来，力度太大的话，就会从一般性的"鼓励"性质，变成一种很强的"导向"性质，这种导向会指引大家朝着这个方向去竞争。如此一来，反倒"会把我们的学术根基给毁了"。事实上，H大学之外的一些大学，对 SSCI 发表（及 A&HCI 等国际发表）的奖励力度"很大"，已经从"鼓励"变成"导向"了。

> "我们这个（政策），有一点儿为文科教师争点资源（的意思）。可能文科——比如文史哲——（国际）发表少，但也有个别发表的，反正也算是一种奖励，也算是为学者做了一点国际化（方面的帮助），这个也是国家给我们大学，或者我们大学自己需要去设定的目标之一—— 国际化、国际影响。所以……钱也不多，算是一个（对国际化的）推动吧，也算是一个（推动国际化的）点儿。但是我觉得没有必要铺开。铺开以后可能（就）弊大于利了。（铺开以后）这个导向作用太强了，反而会把学术的根基给毁了。……有的学校力度很大，力度很大的话确实导向性会非常强，不是一般的鼓励了，就变成导向了，一种竞争的指引。"

由此看来，H大学的该政策被政策制定者定位为安慰性、鼓励性的政策，并不作为全力推进的工作态势。这样说来，政策的实施效果在很大程度上确实实现了它的初衷。对于大部分人文社科教师而言，目前实施的奖励政策确实"无可厚非"，但无法接受将国际发表作为硬性评价指标。

五、政策实施的效果与影响

（一）政策目标是否达成

H 大学人文社会科学国际发表奖励政策的出台有其现实背景。一是国家层面对哲学社会科学"走出去"的大力推动，二是大学国际化对学科国际化的要求，三是中国高校整体上对国际发表的追逐，四是理工科国际化的示范效应。但从 H 大学的例子来看，国际发表奖励政策出台时对其现实背景的考虑是仓促的因而也是片面的（如未能全面评估政策可能产生的影响），缺乏深思熟虑因而缺失了对情境和细节的考量（如人文社科与理工科的差异）。

即使在政策制定者自己看来，人文社科国际发表奖励政策实施后很快变成了"鸡肋"一样的存在。一方面，政策目标的合法性受到质疑，也即国际发表不应成为人文社科学术发展追求的目标；再一方面，因该政策所蕴含的"导向"——鼓励国际发表（因而就是贬抑国内发表）、SSCI（以及 A&HCI 等）发表至上（因而就是提倡为美国学术圈打工）——会破坏人文社科学术发展的根基而遭到激烈批评。另一方面，该政策实施后未能达成其预期目的。首先，该政策未能促进国际发表数量显著提升。如果撇开总体统计数字，分别来看各个案例院系国际发表的数量变化，我们发现除了案例商学院，其余四个院系国际发表的增长趋势是十分微弱的，几乎难以辨认出这种增长趋势。而对于商学院而言，国际发表数量的增长，与其说是该政策的刺激，毋宁说是"人才引进"与"职称晋升制度"的强力规训。其次，由于国际发表奖励经费大部分流入商学院，该政策欲"补贴"文科教师的想法亦未能实现。再一方面，该政策的"信号"作用导致其进退维谷——取消该政策，则会导致"大家认为学校不再重视国际化了"，而这显然不是政策制定者愿意看到的情形。而为了弥补政策所造成的的负面影响，政策制定者不得不小心翼翼处理该奖励政策——包括在官方话语中减少对该政策的提及、在各种场合强调人文社科学术研究为本土服务的重要性、弱化对国际发表的强调、将国际发表的奖励金额固定在小额度等。

（二）政策对学术场域的影响

虽然该政策未能达到其显性目标，但这并不意味着该政策对学术人员毫无影响。事实上，它的"信号"与"导向"作用还在，这种信号和导向作用所产生的影响，并不比它所设定的显性目标所产生的影响小。这种影响首先在于：人为将国际发表（英语发表）与本土发表（中文发表）、SSCI（及 A&HCI）发表与非 SSCI（及 A&HCI）发表区分开来，从学术共同体外部指定期刊发表（也即学术成果）的等级序列，这首先是行政权力对学术共同体权力的霸凌。如何确定何种学术成果更有学术价值，这本应属于学术共同体自主权的范畴，却被外部行政权力所干预。其次，学术共同体外部也没有能力对学术共同体内部学术人员的学术成果作出判定。行政权力凌驾于学术共同体权力之上，势必会导致外行统治内行。H 大学虽然并未发生这样的情形，但在那些行政权力过强、学术共同体权力较弱的院校，这样的事情正在发生。如网络上热议的中南大学社会学系特聘 90 后教授的事例①，该刘姓教授凭借数十篇 SSCI 论文获聘中南大学社会学系"特聘教授"，但这位"全国最年轻的社会学教授""没有在（中外）社会学类期刊上发表过一篇论文"。在这之前还有著名的南京大学"404 教授"事件②，正是只看数量、不看质量以及不看学术贡献、只认 SSCI 的"外行思维"才导致出现这样的闹剧。

其次，在这样的期刊发表等级系统中，国际发表（尤指 SSCI 和 A&HCI 发表）的地位高于本土发表，SSCI 和 A&HCI 发表优于非 SSCI 和 A&HCI 发表——包括其他英文期刊和采用其他语言的期刊论文发表（如德语、日语期刊上的论文发表等）。概而言之，符合美国主流学术规范的英语论文发表在此等级系统中地位最高——因为 SSCI、A&HCI 说到底就是美国商业机构建立的以英语为主的期刊论文数据库③，它们对符合美国学术规范的期刊和英文期刊有明显的偏向④。在这样的期刊发表等级体系下，首要的影响是，有能力进行国际发表的学术人员在这个等级框架中处于优势地位，而有能力进行国际发表的往往是海归人员，本土培养的学术人员在此等级框架中受到排斥和挤压。同理，研究中国本土问题（因而不符合美国主流学术界兴趣）的学术成果也受到贬抑。而人文社科领域的研究成果尽管不是全部但在很大程度上应服务于本土社会。推崇国际发表对于人文社科领域的学术发展来说更像是缘木求鱼、南辕北辙。更进一步的影响是，拥有美国主流学术界学术惯习的学术人员更易国际发表，其余国家的留学人员，其学术成果的价值与中文发表一样受到贬抑，美国主流学术界的规范

---

① "90 后"特聘教授引发的思考——重视年轻人才，但也不能盲目[EB/OL]. https://www.toutiao.com/i6756150580579664398/2019－11－22.

② 很不正常！南京大学 39 岁女教授百篇论文"404"，她这样回应……[EB/OL]. https://www.jfdaily.com/news/detail？id=112261/2019－11－22.

③ 党生翠.美国标准能成为中国人文社科成果的最高评价标准吗？[J].学术评论,2005(4).

④ 师昌绪、田中卓、黄孝瑛、钱浩庆."科学引文索引（SCI）"——国际上评定科研成果的一种方法[A].胡显章、杜祖贻、曾国屏主编.国家创新系统与学术评价——学术的国际化与自主性[C].济南：山东教育出版社,2000：184—196.

成为中国学术界的黄金标准,这已经远远超过学术借鉴的范畴,已然接近于学术殖民了。事实上,"SSCI崇拜"已然在中国兴起(就像中国香港地区、中国台湾地区以及韩国一样),前述"90后"特聘教授的事迹即为一例。

当高校将国际发表作为国际化的指标,又将国际发表简单等同于SSCI、A&HCI发表时,国际化的内涵发生了质的改变。正如本研究中的受访者所指出的,这样的国际化实质是"欧美化",甚至"美国化"。我们追求这样的国际化,实质就是"主动配合西方的学术殖民"。越来越多的学者指出,若我们将西方标准当作国际标准,在西方设定的以西方中心主义和西方霸权主义为特征的评价体系中自甘堕落为被评判者和盲从者,对于整个国家、民族的学术来讲都是巨大的灾难。中国香港的前车之鉴警钟长鸣,学术界对学术自主性的认识和主体意识逐渐明晰,学术发展须得以确立主体性为前提,"舍本逐末"的"国际化"弊大于利,甚至会毁掉我们的学术根基。

第二节　H大学人文社科教师如何看待国际发表奖励政策

对于H大学实施的人文社会科学国际发表奖励政策,几乎所有的受访者都指出"对我/我们没有什么影响"。但事实上"无影响"也是一种影响,不同教师所谓的"无影响"也不是一样程度的"无影响"。

一、无影响: 意涵丰富

对于一些人文社科教师而言,该政策将国际发表简单等同于SSCI、A&HCI期刊上的论文发表,这与他们观念中的国际化和国际发表相去甚远。他们质疑这种"虚假的国际化"实质上是"欧美化"甚至"美国化",认为这是一种损害中国学术根基的做法,因而他们"坚决反对"这样的"国际化"。对于这些教师而言,"无影响"的实质内涵是对该政策的批判和抵制。还有一些教师则认为,国际发表在他们所在的学科领域并不代表高水平的研究成果,因而他们依旧将本土发表作为学术奖励的核心。也即,在这些教师的观念中,"无影响"的实质内涵是对该政策的不认可因而选择对其进行忽略。

对于另一些教师而言,即便学校层面实施了人文社会科学国际发表奖励政策以鼓励更多的国际发表,而他们自己也认为国际发表有其重要性、学校实施这样的奖励政策"无可厚非",但他们依然不会主动选择国际发表。他们的选择既与他们国际发表的惯习有关,更与他们的研究领域、研究取向有关(例如研究中国文学的教师,他们会首选本土发表和中文发表。只是在受到国际同行的邀请时,才同意将其中文发表翻译成英文、日文等外国文字发表在国外期刊上)。对于这些教师而言,"无影响"更多的是表达一种"事不关己"的距离感。

还有一些教师,他们国际发表比较活跃,也将国际发表作为自己学术工作的重要部分,但他们坦言,H大学的人文社科国际发表奖励政策对他们"没有影响"。他们指出,学者的工作以学术事业发展为出发点,而非赢取物质奖励,无论有否此奖励政策,他们的学术工作都不会因此发生改变。另一方面,写作一篇高质量论文所需时间和精力是一定的,以学术为志业的学术人员不会因为金钱奖励就加快写作速度而不顾论文质量。另外,这些教师国际发表时的第一标准依旧是选择该领域内的著名期刊,而不会考虑该期刊是不是SSCI或A&HCI期刊——事实上,很多研究领域的顶尖期刊并未被收录进SSCI和A&HCI。对于这些教师而言,"无影响"指的是该政策并不能影响他们国际发表的动机和效率以及国际发表时选择SSCI或A&HCI期刊。

二、底线：可鼓励不可强制

由于H大学实施的人文社科国际发表奖励政策仅仅以少量的金钱奖励作为对国际发表的鼓励,这与支持本土发表的学术人员之间暂时没有利益上的对峙,因而该奖励政策在总体上得到了学术人员的宽容与理解。许多学术人员指出,只要不把国际发表作为强制性的制度安排,仅对国际发表进行(目前数额的)金钱奖励的话"无可厚非"。支持国际发表以及国际发表较多的学术人员则十分欢迎该奖励政策,认为"反正都要国际发表,奖励越多越好"。

三、质疑：促生学术腐败

案例商学院在学校国际发表奖励政策之外也配套了院系层面的国际发表奖励政策,且院系层面的奖励额度远大于学校层面的奖励额度。在这样高额奖励的制度背景下,商学院一些教师十分担忧高额奖励以及"唯发表论英雄"的学术评价制度,认为这些制度很容易造成学风浮躁,促生学术腐败;认为这些制度是产生学术泡沫和学术垃圾的罪魁祸首;并认为学术评价不应仅仅停留在对量的追求上,而应从制度上保证教师能够安心做出高质量的学术研究。事实上,这种担忧并非杞人忧天,十多年前即有

"郑岳青现象"①"SCI 百万富翁"②引发热议，正是"唯 SCI 发表论英雄"和"重赏之下必有勇夫"的逻辑漏洞产生了这些令学术界不齿的学术泡沫和学术丑闻，败坏了学术界"十年磨一剑"、淡薄名利的优良学风。与此同时，也有教师指出，奖励制度本身没有错，设计良好的制度可以起到积极作用，我们该反思如何改进奖励政策，使之能够更多地发挥正面影响而非催生负面效应。

四、人文社会科学国际发表奖励政策——助纣为虐？

一些受访者指出，我们在制度上强调国际发表，实质上是在助长欧美中心主义的肆虐。SSCI、A&HCI 实质上是使用英语作为学术语言的国家对使用其他语种作为学术语言的国家和民族的霸权和压迫。以 SSCI、A&HCI 发表为核心的"国际化"，实际上是主动参考欧美划定的学术规范和学术框架，将使我们永远落入被评判和跟从者的地位。我们争相追求 SSCI、A&HCI 发表，相当于将学术评判的权力交由欧美学术界，一方面必然导致本土学术被欧美学术"拣选"，在欧美兴趣的筛选下我们将丧失本土问题意识，进而失去学术自主性；另一方面，在欧美制定的"游戏规则"下，我们很难取得主动性，大多数情况下只能被牵着鼻子走。事实上，在 SSCI、A&HCI 期刊上发表论文如此，中国自己举办英文学术期刊亦如此。举办英文学术期刊是中国学术国际化的另一种尝试，这种尝试的遭遇也恰好例证：依附于欧美所制定的"国际化"规则，这种学术国际化注定是"为他人作嫁衣裳"。

第三节　为他人作嫁衣裳：学术国际化的另一案例

莫作钦在《从论文统计分析看我国社会科学研究的现状与走向》③一文中指出"我国人文与社会科学主要论文在国际上的被引用率与较发达的国家相比，尚存在明显的差距，中国社会科学研究成果走向世界，亟需学术界共同努力"，并给出"增加英文社科

---

① SCI 科研论文带来学术明星，还是学术泡沫？［EB/OL］. http://news. sina. com. cn/o/2005-06-10/19316138906s. shtml. 2019－11－23.

② 方舟子. 教授发论文报酬丰可改叫 SCI 百万富翁［EB/OL］. https://edu. qq. com/a/20100104/000094. htm. 2019－11－23.

③ 莫作钦. 从论文统计分析看我国社会科学研究的现状与走向［A］. 胡显章、杜祖贻、曾国屏主编. 国家创新系统与学术评价——学术的国际化与自主性［C］. 济南：山东教育出版社，2000：207－241.

期刊的编辑与出版。克服语言交流上的障碍，力争改变我国社科论文在国际排名中偏后的现状"等建议。赵宴群也认为，我国要适当增加英文版学术期刊，其编辑和出版都要符合国际通行的学术规范，并使其走出国门，与 SSCI、A&HCI 期刊一样成为国际学术交流的平台。① 那么，中国本土举办英文学术期刊究竟可否"改变我国社科论文在国际排名中偏后的现状"？中国本土举办英文学术期刊对中国的学术界意味着什么？

据 2014 年的一项不完全统计②，中国大陆现有 42 种英文社科期刊（2018 年中国的人文社科英文学术期刊达到 68 种③），其中有 34 种创立于 2000 年以后；经济学或以经济学为主的刊物最多，有 11 种（占比超过四分之一）；有 3 种被 SSCI 收录（绝大多数中国的英文社科刊物对 SSCI 趋之若鹜，甚至有的创刊伊始就将加入 SSCI 作为目标）；被 SSCI 收录的 3 种刊物采用的均是"中国提供舞台、海外唱主角"的模式，即刊发大量海外稿件、"不强调发言权的中国主导性"。由此可见，中国举办的最为成功的英文学术期刊，还是以刊发海外稿件为主，并不能"改变我国社科论文在国际排名中偏后的现状"。

除此之外，因限于国际市场的销售掣肘，国内人文社科英文期刊大多选择与国际出版社合作，但"这些期刊销售的收入均不能抵偿办刊投入，很多都有较大的亏损，期刊运营主要依靠主办方的投入和政府项目的支持"。④ 利用国际出版集团的平台对外推广也导致了诸如版权流失、"两次收费"（花大钱补贴中国刊物进行内容生产，然后再花大钱把这些内容买回来）等现象⑤。中国举办英文学术期刊，花大价钱到头来却只是为他人作嫁衣裳。

一、案例 1：法学杂志

法学研究中，国际法是最"国际化"的研究领域之一，无论是从国际法研究的内容

① 赵宴群. 对我国人文社会科学工作者在 SSCI、A&HCI 期刊发表论文的分析与思考[J]. 复旦教育论坛，2010(1).
② 李存娜，吕聪聪. 中国英文人文社科期刊的国际化研究[J]. 清华大学学报（哲学社会科学版），2015，30(4)：168—183.
③ 中国社会科学网. 2018 年中国人文社会科学期刊英文期刊评价结果[EB/OL]. http://dy. 163. com/v2/article/detail/E12JBIL0051495OJ. html，2019 - 10 - 18.
④ 徐阳. 中国人文社会科学英文学术期刊发展现状、问题及建议[J]. 世界教育信息，2014，27(19)：54—57.
⑤ 李存娜，吕聪聪. 中国英文人文社科期刊的国际化研究[J]. 清华大学学报（哲学社会科学版），2015，30(4)：168—183.

来看,或者仅从国际法研究领域学术人员国际交流的活跃程度和国际发表的数量来看,国际法研究领域最容易"与国际接轨"。事实上,在国际法研究领域,确实有中国学者尝试举办英文杂志。或许中国人举办英文杂志的初衷是通过这些英文杂志向世界发声,或者实际一点儿来说,是为了增加中国学者的国际发表,使中国的人文社会科学研究在国际上享有更高的地位和声誉。无论出于以上何种缘由,中国学者举办英文杂志的尝试都是失败的。结果是"多数中国出版的英文学术期刊既失去了国内市场又没有开辟出国外市场"①。

在国外留学十余年的国际法研究领域的学者 W,在国外拥有很多人脉,他成功使牛津大学出版社出版他所举办的英文杂志,看起来是很高的起点,令人期待。然而,该杂志运行的结果却是:中国人投稿率/稿件采用率很低,杂志刊载的大多是欧美人的文章(90%)。这样的结果或许并不难预料——中国学者能够在学术写作中熟练使用英文的本来就不多;W 等主编留学多年,在审稿趣味上偏向欧美人的文章,认为他们的文章水平更高,文风更具有国际范儿。这样一来,我们不仅未能向世界发出我们自己的声音,反而"搞成了向中国人传达世界人民的声音(FX-1)"。加之 W 等人举办的英文杂志本来在国际上就没有名气,一流的学者也不愿意将自己的文章"明珠暗投",W 能够请来发表文章的多是二流、三流的国外学者,该杂志前途暗淡。中国本土举办英文期刊也被认为是"劳民伤财"的缺乏明智之举。

除了以上例子,中国许多高校和研究机构也纷纷开始尝试举办英文杂志。这种尝试的结果又如何呢? 受访者 FX-2 分析了中国举办英文杂志所面临的实际情形。就我们中国而言,我们希望能够约到一流学者的稿件,以提升杂志的知名度;但一流学者面对我们的邀约却颇多顾虑。首先,他们不希望自己的英文稿件被翻译成中文——经过翻译的文章容易失却意味,而且会大大减少受众的数量。其次,他们希望自己的文章一经发表便能得到学界的关注和讨论——而将文章投稿到中国主办的期刊,便不会得到本国学者和学术共同体的关注。

另外,也确实没有必要对国际发表或者英文发表盲目崇拜。受访者 FX-2 认为,我们目前的学术生态导致学术人员试图通过在国外发文来赚取学术声誉,但在国外发文实质上起不到国际交流的作用——本土学术圈也不会去关注这些发表在国外期刊上的文章。

　　"中国对外国多少有点崇洋媚外,或者沾了外国就多好似的,中国学者在国外

---

① 赵文义、张积玉. 国家利益视域下学术期刊的国际化出版[J]. 思想战线,2011,37(4):93—95.

发文会自己宣传,很多人不明就里,觉得这个人不错,其实真正怎么样,不知道的,没有人会去看。真有人看了,也不会去说'这个人吹牛'、'其实写得很差'——没有必要,犯不着这样跟同行(过不去)。中国人会这样自我宣扬,是因为觉得这个圈子里会因为这个而肯定他,他能因此而获得一些学术声誉,甚至获得一些实际的利益。但是有谁会真去看吗? 没有的。那些中国学者在国外发了文章,之所以这样宣传,可能更多的是引起别人对他的学术声誉的评价,可能他也知道不可能进行真正的学术交流,如果真的要进行学术的交流、交锋,甚至是激烈的讨论,只要用中文就好了,就把中文版给我们看一下,我们互相评判一下。(英文)谁去读呢——没有人去读的。……所以美国也好,中国也好,是两个学术生态的两个状态导致的,美国他们没有这样的欲望。"——FX-2

二、案例2：史学杂志

无独有偶,在人文学科中,中国台湾地区也曾尝试过举办英文杂志。H大学历史系研究世界史的一位学术人员LS-1分享了中国台湾地区某大学举办英文史学杂志的案例。

"中国台湾地区某个大学曾举办一个史学方面的杂志,有一段时间请我做评委,我给他们提了一个建议,他们后来接受了。他们以前的世界史都是用英文写的——用英文写,是给谁看的呢? 结果是外国人也不看,中国人也不看。给外国人看吧,这个不代表国外学术界的先进水准;给中国人看吧,干嘛要写成英文的。"——LS-1

为什么在人文社科领域举办英文期刊的尝试并未获得预期成功呢? 甚至被学术人员认为是"劳民伤财"的无益之举呢? 或许可以从两个方面来思考。第一个方面,人文社科领域知识的"本土性"特点和学术研究的本土取向决定了人文社会科学知识的生产和消费主体局限在某一国家、地区、文化、语言、区域之内;第二个方面,英语期刊的大行其道,并被冠以"国际期刊"的称号,其实是以英语作为学术语言的国家对使用其他语言的国家、民族、地区等的霸权主义的体现。这两个方面从内、外两个视角揭示了非英语国家举办英语期刊的困境的根由。

三、 人文社会科学知识与研究的特点

人文社会科学是"特殊性科学"或"民族性科学"①。在人文社会科学领域，知识的生产主体和消费主体都具有本土性。也即，在知识生产中，学术人员必然着眼于某个地域、文化、社会的特殊需求，因此，处在不同地域、文化和社会中的学术研究，与本土情境密切关联。这样一种密切的联系造成了在知识生产中，与本土情境最为亲近的本土学术人员成为知识生产的主体，从知识生产的规模、深度、传统来看，都具有不可比拟的优势，这样的优势造就了该研究领域的研究成果必然是优秀的——至少也不必在国际同行面前妄自菲薄。

与理工科知识的无国界性不同，人文社会科学领域的知识消费对象主要在本土——本土学术圈或本土社会。在国际上，除非个别研究人员的特别兴趣，关注某本土知识的外国学术人员是非常少的，为了迁就这些数量极少的国际研究者而花费大量的金钱、时间和精力进行国际发表，不仅"劳民伤财"，更是得不偿失。

在人文社会科学领域，语言的主体性更加突出。不同于理科研究所使用的逻辑符号语言，人文社会科学研究使用的是基于某个文化族群的自然语言。福柯在其《词与物》前言中提到，与自然科学知识不同，人文学科是一种"非形式知识（non-formal knowledge）"。不似逻辑符号语言的去文化性，自然语言的特点即在于与文化的相互依赖性和互动。离开了语言、历史去谈人文社会科学研究是不可能的。所谓的国际发表（英语发表），没有充分看到语言在人文社会科学研究中的主体性和重要性。如果某一研究不再使用本土语言，它将失去与本土的核心关联——它的视角由内在反省变成了外在审视，在跨文化交际中也丧失了深刻性，而失却了深刻性的学术，其学术价值便大打折扣。

四、 英语国家对英语期刊市场的把控

中文学术圈举办英文刊物的案例表明，学术期刊的举办，不仅仅是学术问题，还有"市场"的问题。已有的"国际顶级期刊""国际知名期刊"已然占有了国际交流的主要市场份额，"横空出世"的非英语国家举办的英语杂志，其国际公信力、声誉，与已然存在的英语国家的主流期刊不可同日而语。非英语国家举办的英语刊物本来就居于国

---

① 覃红霞、张瑞菁. SSCI 与高校人文社会科学学术评价之反思[J]. 高等教育研究，2008(3)：6—12.

际学术版图的边缘,更何况缺乏最根本的发展动力(本土学术人员对用英语发表研究成果热情不大,更不愿意将成果发表在既无国际同行关注也无国内同行关注的刊物之上使之明珠暗投),在竞争中不可能取胜。非英语国家举办英文刊物,大投入可能仅仅换来昙花一现的"自我膨胀感",对于本土学术的发展无益。

关于这点,已有自然科学领域的"前车之鉴"。中国科学杂志社出版的《中国科学》《科学通报》是中国自然科学领域的"权威期刊",代表该领域最高学术水平。早在2005年3月,中国科学杂志社即与施普林格出版社签订了合作出版协议,努力进军"SCI"。如今,两刊的多个专辑都是英文版,也成功跻身"SCI",而且多被列为约占SCI总数三分之一的核心期刊。按说两刊已经是本土期刊"国际化"的典范了,然而,两刊如今却处于进退维谷的尴尬境地,苦不堪言。"近年来,中国的科研评价体系产生了偏颇,片面强调影响因子的作用,对在国外发表的论文给予较高的认可度及高额奖励,导致国内许多高水平论文外流……和我国大多数科学期刊一样,两刊的发展陷入了低谷。"虽然两刊已成功跻身SCI,但仅仅因为两刊是中国期刊,照样不被中国自己的学者看重,大量优秀文章都投向国外SCI期刊,曾经的权威期刊如今也闹起了"优质稿源荒",一般的大学学报亦多数沦为本校硕、博士生"练笔的园地",中国的科技学术期刊在"国际化"进程中遭受了"灭顶之灾"。[①]

五、小结

中国人文社会科学举办英文学术期刊这条路子走不通,是不是就说明我们中国的人文社会科学无法产生国际影响力呢?答案当然是否定的。

首先,国际影响力不等于英语学术期刊的影响力。英语国家确实是国际上难以忽视的重要组成部分,但除此之外还有其他民族与国家。在英语国家的影响力不等同于在日本、韩国等国家的影响力。中国成功加入SCI、SSCI的英文学术期刊与国外SCI、SSCI期刊相比,在我们自己国家的影响力都"矮人一筹",这在根本上反映的是我们民族自信心的不足。事实上,我国一些非SCI、SSCI期刊具有的国际影响力已经超过SCI、SSCI收录的众多国际期刊;中文期刊的国际影响力已平均高于大部分日文、俄文、法文等非英语WOS期刊。[②]所谓"越是民族的、越是世界的",国际本包括中国,中

① 朱剑.学术评价、学术期刊与学术国际化——对人文社会科学国际化热潮的冷思考[J].清华大学学报(哲学社会科学版),2009,24(5):126—137+160.
② 吕景胜.论人文社科研究本土化与国际化的契合[J].科学决策,2014(9):54—65.

国也是国际的一部分①，中国发表在一定意义上就是国际发表。比如在中国古代文学研究领域，欧美、日韩等国家的研究者都是十分看重中国期刊发表的。考古领域的《文物》《考古》《考古学报》《考古与文物》虽为中文期刊，但仍成为中国最具国际影响力的学术期刊②。"任何研究只要做得好，自然可算接轨。你不主动去接，别人迟早也会接过来。"③我们需要做的是完善本土期刊的评价方式，大力发展本土期刊，推动本土期刊的国际影响力。

其次，人文社会科学的影响力有赖于国家经济实力和综合国力的发展。纵观美国人文社会科学崛起的过程，正是伴随着美国在世界上地位不断上升的过程。强大的国力吸引了全世界的注意，大家纷纷开始学习美国、留学美国，甚至移民美国，全球智力资源向美国聚集，才造就了美国学术的强大。中国人文社会科学不必妄自菲薄，随着国家实力的增强，势必会引起更多的国际关注、产生更大的国际影响力。事实上，随着中国经济的快速发展，中国的经济学研究已经引起了广泛的国际关注。

正如二十多年前林毅夫在庆祝《经济研究》创刊 40 周年时道出的那样④："当我国的经济在下个世纪成为全世界最大、最强的经济时，世界经济学的研究中心也很有可能转移到我国来。""当我国的经济学研究在国际上的地位提高时，《经济研究》作为我国经济学界的龙头刊物在国际经济学杂志界的地位也将随之上升，《经济研究》和我国的经济学者也就能相辅相成一齐走向国际化。"

---

① 罗志田. 史学前沿臆说[J]. 四川大学学报（哲学社会科学版），2008(4)：32.

② 2019 中国最具国际影响力学术期刊（人文社会科学）. 中国学术期刊国际引证年报，2019.

③ 罗志田. 史学前沿臆说[J]. 四川大学学报（哲学社会科学版），2008(4)：32.

④ 林毅夫. 本土化、规范化、国际化——庆祝《经济研究》创刊 40 周年[J]. 经济研究，1995(10)：13—17.

第八章　结论与讨论

第一节　对"三个假设"的回应

正如研究一开始所指出的那样,国际发表奖励政策实质上暗含三个假设:第一,外部环境(奖励政策)可以直接影响学科文化(学科内部学术评价标准);第二,不同学科可以使用同一学术评价标准(国际发表);第三,国际化等同于在 SSCI、A&HCI 期刊上进行论文发表。下面将逐一回应这三个假设。

首先,H 大学实施的国际发表奖励政策是否影响了案例院系的学术评价标准,并进一步影响了案例院系的国际发表数量?通过对案例院系 2005—2017 年间国际发表的观察,在奖励政策实施后的这 13 年间,国际发表的数量在大部分院系仅呈现出十分微弱的增长趋势。而且,这种增长趋势与其说是奖励政策的"刺激",倒不如说是案例院系教师国际化的"副产品"。关于这点有三个证据:第一是过去一段时间以来五个案例院系中拥有"中国港澳台地区、海外博士学位"的教师比例都增加了(表 9、表 10);其次是第三章第二节中的分析表明海外博士学位与国际发表之间呈现正相关关系;最后是第七章中对国际发表奖励政策的分析表明政策本身的"刺激是不够的"。

该政策未能显著提升国际发表数量,有两个方面的原因。首先,论文发表所需的时间、精力和周期是一定的,除此之外,教师进行英文发表的能力也不会在短时间内发生改变,国际发表奖励政策并不能改变这些客观条件。因此,实施国际发表奖励政策之后,国际发表的数量没有发生太大变化,在一定程度上也与国际发表所需的这些条件没有发生改变有关。第二个方面的原因,也是最重要的原因:该政策尚未从根本上影响到学科内部的学术评价标准,该政策在院系层面被"折射"——由院系进行了符合学科需要的改造。这个结论可以通过第七章第一节第三部分的分析得出来。

虽然该政策未能使国际发表的数量发生显著变化、未能直接改变学术共同体内部对学术人员学术成果的主导评价方式,但它对学术共同体内部的学术评价还是产生了一定的影响——影响了各个院系学术评价标准中对于国际发表的考虑。这种影响的程度并不均衡，而是被各个院系独特的学科文化折射后，产生了特定的形态：商学院积极响应，并借此"东风"将国际发表推向了更高的"神坛"；法学院最终选择了接纳国际发表；但文史哲院系仍我行我素、消极抵抗。更进一步地，该奖励政策能否影响到学科内部关于国际发表的相关评价制度，根本在于该学科之学科文化关于国际化与国际发表的观念和态度，与其说是国际发表奖励政策影响了一个学科的学术评价标准（在这里特指将 SSCI、A&HCI 论文发表作为学术评价标准），不如说是某一学科的学科文化（亚文化）选择了这样的国际发表奖励政策。

其次，不同学科是否可以采用同一学术评价标准，也即不同的学科是否都应以国际发表（SSCI 和 A&HCI 发表）作为学术成果优劣的评价标准。这个问题与第一个问题相连，正如第一个问题所显示的那样，不同学科有不同的学科文化甚至不同的专业亚文化，学科文化根本上由学科知识决定，由学科知识特征所造成的学科文化之间的差异决定了学术评价标准的不同。就国际发表作为学术评价标准而言，商学院推崇国际发表、法学院不信任国际发表、文史哲质疑国际发表，对国际发表态度的差异根本上是由这些学科的知识特征决定的：管理学科高度国际化、法学院的重要研究对象是中国本土的法律、文史哲院系的知识从根本上说是一种本土性知识。正如本研究中的案例所表明的那样，虽然学校层面统一实施了人文社科国际发表奖励政策，但到了院系层面，国际发表奖励政策被"改造"成了适应于不同学科文化的另一种事物。也即，不同学科不能采用同一学术评价标准——事实上，学术评价本身即学科文化的重要组成部分，根本上由学科知识的特征决定。

最后，国际化与 SSCI、A&HCI 论文发表之间的关系。虽然"世界大学排名"将 SSCI、A&HCI 论文发表与国际化联系在一起，但来自不同学科的学术人员对此有着完全不同的看法。但一致的意见是：国际化不等同于 SSCI、A&HCI 论文发表。更进一步地，国际化并非大部分人文社科领域追求的目标。对于商学院而言，SSCI 发表"门槛太低"，学科领域内顶级期刊上的论文发表才是商学院国际化发展的目标之一。对于法学院而言，国际发表很多情况下扮演的是"本土信息提供者"的角色，不具备很高的学术价值，这种"国际发表"对于学术发展没有特别大的意义；但与此同时法学院十分重视国际交流——如聘请大量的外籍教师开设课程、指导研究生等。对于文史哲院系而言，人文交流不等于人文学术交流，人文学术交流不等于国际发表。也即，国际化、国际交流与国际发表之间的关系需要澄清；国际发表与 SSCI、A&HCI 论文发表之间的关系需要澄清。

无论对于何种学术，交流都至关重要。开阔的视野、及时的信息流动，对于学术发展必不可少。"取长补短"也是学术发展的天性之一——取众家之长为我所用是学术发展的重要途径。即使是对于最具本土性的学术研究,学术人员也没有否认国际交流的重要性。但在国际交流中,不同学科研究领域的学术人员在交流形式(包括非正式的交流、国际会议、访问讲学、合作研究、国际发表、翻译重要著作等)、交流频率(有的学科知识更新速度快,交流频率高;有的学科知识更新速度慢,交流的频率则要低得多)的选择上有不同的偏向。

自然科学领域一日千里的突破式知识发展,学术人员对科学发现优先权的激烈争夺,导致自然科学研究领域的学术发展呈现出一种国际范围内激烈竞争的情形,使用国际上最为通用的语言更有利于自己的研究成果在第一时间占领学术界的某个位置,直达世界上每一个角落的同行那里,宣示自己所拥有的科学发现优先权。与此不同,人文社会科学领域的国际交流呈现出一种十分不同的样态——在人文社会科学领域,不同国家的同行之间不存在这样的竞争关系,他们之间更多的是"好奇、了解、欣赏和借鉴"。而除了论文发表,许多其他的国际交流形式都可以满足这些目的。另外,人文社会科学研究领域中,不同国家的同行之间,其交流的力度、频率都要小得多。首先,由于人文社会科学研究的本土性,不同国家的同行研究的对象不同(主要研究本土社会文化现象)、研究的视角各异(内省视角 VS 他者视角)、学术传统也不同(西方分析性思维 VS 东方综合性思维),国际上同行之间交流的范围和深度受到限制;其次,人文社会科学研究中知识生产的速度是相对缓慢的,交流的紧迫性也不比自然科学领域。综上可知,国际学术交流并不必然导致国际发表。如若以国际发表来评鉴一个学科发展的"开放程度"和"国际化程度",无疑是片面的。

由于学科传统和学术中心不同,人文社会科学中许多专业领域的国际期刊并不总是像经济学和管理学一样分布在美国——西方哲学研究的传统重镇在欧洲,佛学研究则在亚洲。事实上,有的专业领域是否存在所谓的国际期刊还是存疑的事情——比如国内法研究领域,更多的是本土学术圈针对本土法律问题的研究和讨论。正因为此,人文社会科学领域的国际发表是一个十分模糊的概念,甚或有时还是一个"伪命题"。而以 H 大学实施的国际发表奖励政策为代表的国际发表奖励政策,为了实施中的便利,将美国商业机构开发的供学术人员参考用的数据库作为评鉴学术水平的标准,并冠以"国际发表"的名义,无论是从观念层面来看,还是技术层面来看,都是站不住脚的。从技术层面来看,SSCI、A&HCI 并不具备评鉴论文质量的能力,事实上,从 SCI 扩展到 SSCI、A&HCI,技术上存在较多漏洞,受到学界的诸多质疑。从观念层面来看,SSCI、A&HCI 并不能代表人文社会科学领域的顶级期刊或国际期刊。对于许多学科专业来说,与其说 SSCI、A&HCI 是国际期刊,不如说是"美国期刊"或"英语国家期刊"。更有学者直接指出，SSCI、A&HCI是以英语作为学术语言的英语国家对以非英语作为学术语言的非英语国家的挤压，是英美霸权主义的体现。从根本上来看，这涉及谁来制定国际学术场域规则的问题——什么样的语言可以称为国际学术语言？什么样的研究规范可以称为国际通用的研究规范？什么样的研究问题可以被称为国际热点？什么样的研究更具有价值？……我们使用SSCI、A&HCI作为中国本土学术人员学术成果评价的标准，无疑是主动将中国本土学术圈纳入美国规划的国际学术场域规则框架之中，也就等于放弃了参与制定国际学术场域规则的权力，而服从美国制定的所谓的国际学术规范并将其作为本土学术研究的黄金标准，将本土学术评价的权力交由"美国国际"，这是对美国霸权主义的主动迎合。

第二节　对学科场域的分析

一、不同学科场域相对于其他权力场域所在的位置

根据布迪厄所提出的场域分析的方法和基本步骤，第一步应是分析科学场域相对于其他权力场域的位置。布迪厄指出，在各种场域中，其特殊的内部规则是与外部规则共存的，"这些外部规则是有关纯粹的、社会化了的统治和等级划分"。[①] 因而，考虑科学场域的权力结构时，也需要考虑其所面临的关键"外部规则"。科学场域受到宗教、政治、经济、传媒、国家行政体制等外部强大势力的影响。但对于科学场域而言，最为基本的权力影响来源于三个方面：国家、市场、学术权威——也即伯顿·克拉克所提出的"三角模型"所涉及的三个方面。[②]

科学场域作为一种"次级场域"，首先受到"元场域"——国家权力场域的影响。国家权力场域通过行政命令、政策法规等形式对科学场域产生影响。在本研究中，国家提出的"世界一流大学建设""哲学社会科学走出去"目标及在其指引下在大学组织层面形成的政策：国际期刊论文发表奖励政策，即国家权力在科学场域的延伸和表现。在整体上，中国的科学场域受国家权力的影响最大，这也是此类政策能够在整个中国高等教育系统中蔓延开来的充分条件之一。

---

① [法]皮埃尔. 布尔迪厄著, 刘成富、张艳译. 科学的社会用途——写给科学场的临床社会学[M]. 南京：南京大学出版社, 2005：46.
② [美]伯顿·R·克拉克著, 王承绪、徐辉等译. 高等教育系统——学术组织的跨国研究[M]. 杭州：杭州大学出版社, 1994：159.

其次,新自由主义思想在高等教育系统中的表现之一即高等教育市场化,也即,高等教育系统中越来越体现出市场的逻辑,在高等教育系统中形成了多重市场。[①] 研究者们区分出高等教育系统中存在如下各类市场:教学市场、研究市场、学术职业的劳动力市场、国内院校市场、培训市场、国际教育市场、教育服务市场……等不一而足。虽然整体上中国的科学场域与市场的距离要比其与国家权力的距离远得多,但在具体的学科场域中,市场所产生的影响有较大差异。如在商学院中,国际教育市场、学术职业的国际劳动力市场都对其学术人员选择国际期刊论文发表产生了较大影响:前者直接形塑了学术人员国际发表的惯习;后者则提供了学术人员凭借国际发表自由流动的国际劳动力市场。作为对比,研究中国法律的国际教育市场以及学术职业的国际劳动力市场非常狭小,其影响也微乎其微。

再次,科学场域内学术权威所拥有的权力也是科学场域中最为基本的权力形式之一。学术权威依靠其所拥有的学术资本,以声誉的形式发挥影响,对所在场域施加权力。值得注意的是,在不同国家的科学场域、同一国家不同院校的科学场域、同一院校不同系科的科学场域中,学术权威的影响力大为不同。如意大利的科学场域受学术权威的影响最大,其影响力超过了国家权力和市场对科学场域的影响;但对于美国而言,市场所产生的影响远超国家权力和学术权威所产生的影响[②]。又如老牌的综合型大学与新兴的理工科院校相比,其人文社会科学领域中学术权威的影响力大于后者。学院内部不同专业领域的学术权威对整个学院科学场域的影响也是不同的,占据主导地位的专业领域的学术权威能够对整个学院的科学场域产生关键性的影响。

对于 H 大学不同案例学科所在院系而言,它们相对于以上场域的位置各不相同。但总体而言,呈现出两种类型,第一种类型是学术权威主导型,第二种类型是市场主导型。在 H 大学中,国家权力的影响经过院系一级学术组织的“折射”,被分解为学术权力、市场权力两个矢量,与院系自身权力系统中的学术权力、市场权力相互作用,院系的学术权力、市场权力或被削弱,或被加强。下面分别阐述这两种类型的学科场域权力结构。

(一)学术权威主导型学科场域权力结构

在学术权威主导型学科场域权力结构中,学术权威所拥有的权力是该学术场域中

① 韩亚菲、蒋凯. 理解高等教育市场:理论综述与比较[J]. 清华大学教育研究,2013(5):88—97.

② [美]伯顿·R. 克拉克著,王承绪、徐辉等译. 高等教育系统——学术组织的跨国研究[M]. 杭州:杭州大学出版社,1994:159.

的主导因子,他们决定着该场域内拥有不同学术资本的学术人员所处的位置,并规定不同类型学术资本之间的转换比率。他们所代表的研究范式,他们所从事的研究领域是学术场域中的主导范式和研究领域,他们制定的学术晋升规则有利于他们自己所从事的领域和他们自己所使用的研究范式。在本研究中,法学院即是一个"学术权威主导型学科场域"的典型例子。国内法研究是这个学术场域中的主流,国内法研究领域的学术规范是主流(如学术成果的本土发表被认为更有价值),根据国内法研究领域学术人员的利益,中文本土发表被赋予更高的学术价值,在学术评价中占有更为重要的地位(职称评定、奖励时所依据的期刊发表列表中,中文本土期刊占据大部分)。处于从属地位的研究领域,其策略往往是：满足主流学术规范所规定的最低学术评价要求,在此基础之上,根据自己研究领域的需求,追求自己的学术目标。

(二) 市场权力主导型学科场域权力结构

在市场权力主导型学科场域权力结构中,市场的权力成为该学术场域的主导因子,因学术权威由市场权力的影响筛选而来,学术权威往往与市场权力导向一致的方向。在这种类型的学术场域中,市场以及基于市场精神的评价制度,占据非常重要的位置。本研究中,商学院即是这样一个例子。商学院将自身置于全球商学院竞争的框架之内,采用全球商学院排名所依据的评价制度为自身发展的框架,学院内部学术人员的学术行为受到全球商学院竞争所采用的指标的指挥(如 FT45 发表)。在这样的学术场域中,本土的学术权威不再是主导因子,学术人员根据市场准则选择自己的学术行为：学术人员致力于国际发表,不再仅仅是为了满足学院的评价要求,而是自我积累学术资本的策略——国际发表所带来的学术资本能够在国际学术劳动力市场内流通,有利于在高度流动的商学院人事制度中为进一步的向更高层次的国际流动做准备。

(三) 两种权力结构之比较

两种不同的学术场域权力结构,不能说孰优孰劣,而是各有利弊。学术权威主导的学术权力结构,容易压制非主流研究领域的发展；市场权力主导的学术权力结构,也容易受市场所需之导引,非主流的研究也会受到忽视。在两种权力结构中,非主流的学术范式都受到不同程度的压迫。在法学院,国际法的国际发表起初得不到承认；在商学院,不进行国际发表便很难生存。在 H 大学国际发表奖励政策的推动下,前者后来将国际发表列入学术承认的框架之内,后者则将国际发表推向一个更高的层次。也即,在法学院,国家权力的影响削弱了学术权威的影响；在商学院,国家权力的影响强化了市场的影响。因而,从权力平衡的角度来看,学术权威主导型的权力结构更有利于各种外部权力影响之间的平衡。

二、 学科场域中各个位置之间关系的客观结构

对科学场域中各个位置之间关系的客观结构的分析包含以下几个部分:首先是分析场域中不同位置的占据者,其次是分析他们之间的关系,进而勾勒出场域的结构。布迪厄认为,一般而言,科学场域的结构取决于科学资本在一定时期的资本分配状况。也就是说,"以资本量为特点的个人或机构,根据他们的分量决定着场域的结构",当然,他们的分量也同时取决于场域内其他人的分量,取决于整个场域内资本的分配。另一方面,每一个个人或机构又都处在场域结构的限制之中。一个个体在场域中的身份越低,这种限制就越显得粗暴。需要注意的是,这种"限制"并非一定是直接的限制——因为直接的限制在相互作用的时候(命令、"影响"等)才能出现。

新进入学术场域的年轻学术人员,他们的科学资本相较那些较早进入学术场域、已经经过长时间学术资本积累的较年长的学术人员而言要少地多,他们往往处在场域中较低的地位,拥有的影响力也十分有限,受到的限制也最多、最粗暴。而那些已经获得较多学术资本、在学术场域中占据较高地位——甚至主导地位的学术人员,他们则拥有极强的影响力,他们可以改造场域成为他们所期待的样子。由于他们已经使场域的利益与自己的利益一致,因而他们在场域中受到的限制就要少得多。更进一步地,他们还能根据自己的利益需求,作用于整个场域以及场域内其他学术人员——这种作用力往往并不以显著、直接的形式出现,而是以一种不易察觉的、象征性(符号性)权力的形式出现。如在科学研究领域中,研究员或起主导作用的研究,确定了一个时期内的所有重要东西(案例法学院国内法研究领域主导将中文本土发表作为学术评价的标准即为一例)。[1] 一位受访者指出,"改革向来只动增量不动存量",制度变革的压力大多落在新进入学术场域的年轻学术人员身上,他们承受着改革所带来的直接压力。

构成科学场域的作用力关系的结构是由在该场域中起作用的两个种类的资本的分配结构所定义的。这两个种类的资本分别是:科学本身的权威性资本和施加于科学世界的权力资本。后者可以通过科学界的体制、机构等非纯粹科学途径来积累,是施加于科学场域的现世权力的官僚根源的体现,如部长、大学校长、科学行政管理人员

---

[1] [法]皮埃尔·布尔迪厄著,刘成富、张艳译. 科学的社会用途——写给科学场的临床社会学[M]. 南京:南京大学出版社,2005:32.

等岗位设置。科学本身的权威性资本是国际性的,而科学世界的权力资本则与国际体制相关联——尤其是与负责学者团体的组织和活动的那些国家体制休戚相关,是国家的。[①] 也就是说,虽然"科学无国界",但科学的"国际"依托于某一国家所主导的规则。具体到国际期刊论文发表,是欧美英语国家主导的规则界定了所谓的"国际期刊",因而所谓的"国际期刊"本质上是欧美英语国家的"本土期刊"。虽然学术人员通过在"国际期刊"上发表论文可以获得一定的认可(权威性资本),但非欧美英语国家的学术人员在科学的国际权力结构中处于较低的地位、拥有的影响力十分有限、受到的限制最多也最粗暴。欧美英语国家的学术界及其学术权威在该权力结构中占据主导地位,拥有强大的影响力,并可以通过不断改造该国际学术场域使其利益与自己的利益一致,使其在该国际学术场域中的限制愈来愈少且不断从中受益。更进一步地,他们将自己的利益诉求强加于整个国际学术场域以及其中的学术人员——如把他们的研究兴趣确定为该国际学术场域内最有价值的研究,并根据他们自身的兴趣筛选"有学术价值"的研究成果进行发表。对于非欧美英语国家的学术人员,由于他们在科学世界的权力结构中处于劣势地位,他们须得遵从占据该权力结构中主导地位的欧美英语国家学术界所制定的规则、服从他们的研究旨趣。另一方面,该权力结构保证了欧美英语国家学术界永远占据优势地位,即使其他国家的学术人员在该国际学术场域中能够获得足够的权威性资本(这是他们在该国际学术场域中获得权力资本、提高自身在其中的权力地位的前提),但他们的研究旨趣已经变得与欧美英语国家学术界一致了(这是他们获得权威性资本的前提),即使他们进而获得了该国际学术场域中的权力资本并在该权力结构中获得了优势地位,但他们实质上已经是欧美学术界的代言人了,他们服务的仍是欧美英语国家学术界的利益。这也即受访者所说的"沦为'国际'(实质是欧美英语国家)学术打工仔""成为欧美的学术殖民地"。

更进一步地,虽然布迪厄认为科学本身的权威性资本是国际性的,但本研究认为,在国际范围内也存在不同国家、民族与文化的学术场域之间的竞争,尤其是在人文社会科学领域。由于人文社会科学使用自然语言而非国际通用的符号语言,因而对一国之语言符号系统的依赖比自然科学大得多。人文社会科学领域内使用何种语言进行学术生产、何种语言承载的学术成果应被称作"国际性"成果并得到国际范围内不同国家学术场域的认可,也是场域权力斗争的一部分。就本研究中的例子而言,美国学术场域并不认可中文发表的学术成果,在由其主导的 SSCI、A&HCI 数据库中也多是收

---

① [法]皮埃尔·布尔迪厄著,陈圣生、涂释文、梁亚红等译. 科学之科学与反观性——法兰西学院专题讲座(2000—2001 学年)[M]. 桂林:广西师范大学出版社,2006:95.

录美国本土期刊,对世界范围内其他国家、民族以及非英语语言出版的学术成果的承认十分有限。而芬兰在大学排名的冲击下,依然保持将学术成果评鉴的权力付与本土学术场域的同行。在中国,英语期刊在学术评价制度中大行其道,学术成果的评鉴被移交给 SSCI、A&HCI 期刊编辑(欧美英语学术界),这无疑是放弃了本土学术场域对本土学术生产和学术成果的评鉴权力,更是放弃了国际学术场域中的权力争夺资格。

在学术场域中,一个人员使场域的力量符合自己的意愿的机会和能力,与他对场域的控制力——也即与他的科学声誉资本,或者更确切地说,与他在资本分配结构中的位置是成比例的。[①] 除此之外,在自主度较低的场域,纯粹的学术资本之外,世俗的权力资本在场域中也能够产生影响力。这种分析同样适用于国际范围内的人文社会科学学术场域。在国际范围内,一国之学术界试图将自己拥有的学术资本赋予更高的流通价值。美国由于其强大的国力,文化实力也受到追捧,美国学术界在国际学术场域中处于主导性的位置,作为主导因子,它试图维护其在国际学术场域的中优势地位,并维持保证其优势地位延续的国际学术场域的游戏规则,如使用英语发表、关注特定的议题、依赖特定的方法论等。中国在美国学术界制定的"国际学术规则"下很难占据科学声誉资本分配结构中的优势地位,因而对国际学术场域的控制力很弱,很难使国际学术场域的力量符合自己的意愿。这也是为什么我们使用"国际规则"(实质是欧美英语国家规则)进行"国际出版"(用英语出版)遭遇失败的原因。另一方面,与自然科学不同,人文社会科学领域的自主度较低——也即除了纯粹的学术资本,外部的其他因素也能够对其施加较大影响。首先,一个国家的政治、经济、社会、文化发展是人文社会科学研究的对象和背景,不同国家的政治、经济、社会、文化都会产生不同的人文社会科学研究;其次,一个国家强大的政治、经济实力能够为其本土人文社会科学研究"背书",促进其在国际学术场域中的影响力,因此才会有受访者所说的"国家强大了,文化影响力自然就上升了"的现象。

三、惯习、资本与入场费

(一) 学术人员的学术惯习

布迪厄指出,行动者的惯习与学科种类有关,与不同的国度有关,与不同的社会渊

① 〔法〕皮埃尔·布尔迪厄著,刘成富、张艳译. 科学的社会用途——写给科学场的临床社会学[M]. 南京:南京大学出版社,32.

源有关——因为它们产生出不同的实践——而这一切都是通过学校的教育来实现的。也即，学校教育是产生科学场惯习的重要场所，在国内接受教育与在国外接受教育，产生的惯习是不同的。分析一个学术人员的教育背景是了解其学术惯习的重要途径。

年轻的学术人员，当他们从毕业院校的学生身份转换为就职大学的教师身份，他们身上带着毕业院校所给予他们的惯习——研究兴趣与思维方式、对特定研究主题的关注、潜在的合作者、学术工作所使用的语言文字等。在国外接受学术训练的学术人员，当他们回国开启他们新的学术生涯时，他们往往还与国外毕业院校和相关人员之间保持一定的联系——他们依旧共享研究兴趣，拥有共同的思维方式，关注该学术场域的热点话题，继续合作研究项目，联合发表期刊论文、撰写书目章节。也即，与本土院校毕业的学术人员相比，国外院校毕业的学术人员更倾向于与国外同行合作，使用所谓的国际语言（英语）进行学术工作，他们的研究兴趣与国外同行更为接近，他们选择的研究主题也来自国外接受学术训练时的关注——更进一步说，他们比前者更习惯于进行国际合作、英语论文写作和国际期刊论文发表，他们也有比前者更强大的使用外语写作学术论文的能力。

在一个学术场域中，占据着重要位置的学术人员，往往会把他们的惯习奉为场域中其余学术人员也应该遵从的行为准则，他们也会在制定场域"入场费"时强调他们所持有的惯习，因此与他们持有相同惯习的新进者得到场域的青睐，这些新进者又进一步帮助维持场域中占主导地位的惯习。以本研究中的商学院为例，学院海归比例高达四分之三，学院重要的学术职位也由海归担任，他们在制定相关政策时，就会将"海归"所具有的惯习奉为基本的学术准则，在招收新学术人员时也会考虑那些具有"海归"惯习的人。商学院招收新学术人员的准则之一即是要求具有海外留学背景（或国内学科带头人）。

（二）期刊论文发表作为一种科学资本

根据第一章第四节第二部分的分析，期刊发表制度与科学优先权密切关联。在期刊上发表论文，是为了公开自己的研究发现，以期在同行中获得承认——尤其是对优先权的承认。学术人员获得的承认进而转换为科学资本。被认可的程度越高，所获得的科学资本就越多。"一个学者的象征性分量，随着他的同行竞争者对他所作出的贡献的突出价值，以及他的明白无误的投资的独创性加以承认的程度的变化而变化。"[①]但需

[①] ［法］皮埃尔·布尔迪厄著，陈圣生、涂释文、梁亚红等译. 科学之科学与反观性——法兰西学院专题讲座（2000—2001 学年）[M]. 桂林：广西师范大学出版社，2006：93.

要说明的是,这种认可的程度并不等同于期刊论文发表的数量或论文发表其上的期刊的声誉和地位。但事实是学术评价逐渐由期刊论文发表的数量和期刊的声誉和地位来代替——论文发表在由同行一致认为是学科顶级的期刊上,则学术人员因而获得的科学资本分量最多。除了论文发表的地点(期刊),论文中注释的质量、注释的数量,都表征着科学资本的分量。

"同行"在科学资本的分配中起着基本的协调作用,他们决定哪些期刊对应何种分量的科学资本。对于自然科学而言,同行广泛分布在国际范围内;而对于那些对一国之特定问题(如中国古代史)进行研究的学术人员而言,他们的同行则主要分布在一国之内。同行之间的交流依赖于通用的语言文字,对于同行广泛分布在国际范围内的学科而言,其学术语言要求使用国际语言——往往是英语;对于同行主要分布在一国之内的学科而言,则使用一国之本土语言文字。对于绝大部分的人文社会科学(研究具有本土性)而言,其"同行"主要分布在本土学术场域而非"国际上",其同行交流亦主要使用本土语言文字(因而多是本土发表)。更进一步地,何种期刊应具有何种价值(国际期刊 VS 本土期刊)、对各种期刊的声誉和地位的估量(对应何种分量的科学资本),都应该由本土学术场域的"同行"而非"国际同行"来决定。在本研究的情境中,什么样的人文社会科学研究成果更有价值应由本土同行决定,而非交由 SSCI、A&HCI 期刊编辑(很大程度上是美国同行)决定。

其他一些形式的象征性资本也会对期刊论文发表这种科学资本产生影响,如学术人员所在的大学/研究所的声誉、学术人员的毕业院校声誉、导师声誉、曾经参与过的项目、以前的发表、头衔、职称等。科学资本也同样遵从"马太效应"的原则,即学术人员所拥有的资本越多,则越容易获得更多的资本。"科学场域把信誉给予已经有信誉的人;最有声望的人最多地享用表面上在署名者之间平均分配的象征性利益。"[①]拥有这些资本中的某一些种类,则有助于获得其余资本。我们经常说的"名校出身"和"师从名师",即是此番道理——学术人员在学术职业生涯开始之前、进入科学场域竞争之前,即已经具有一定的象征性和科学资本,这些象征性资本和科学资本能够保证他们在科学场域的竞争中获得更多的科学资本、占有更有利的位置,甚至进一步改变科学场域的结构。在本研究的情境中,拥有海外学习经历的学术人员,其毕业院校的国际声誉、导师的国际声誉、曾经参与的国际项目、以前的国际发表等都是其再次进行国际发表的资本。但对于本土培养的学术人员而言,其进行国际发表的资本是十分匮乏的。

---

① [法]皮埃尔·布尔迪厄著,陈圣生、涂释文、梁亚红等译.科学之科学与反观性——法兰西学院专题讲座(2000—2001 学年)[M].桂林:广西师范大学出版社,2006:94.

（三）国际发表的"入场费"

国际期刊论文发表、国际学术场域也有其"入场费"：熟练使用外语（英语）进行学术研究和写作，熟练使用西方世界的学术思维方式，熟悉国际主流关注的研究主题……也即，须得融入到国际主流"学术圈儿"中——所谓的国际主流往往指的是西方学术世界。强调国际发表，暗含了对这些"入场费"的强调，学术人员为了能够进入国际学术场域、进行国际发表，不得不使用西方学术世界的一套规则、关注西方学术世界的兴趣，使用非母语进行学术研究与写作。学术人员若无海外留学背景，则很难达到上述要求。强调国际发表，则是间接鼓励学术人员留学海外。当越来越多的学术人员为了获得中国大学的教职而不得不留学海外接受学术训练，那么本土大学则会流失越来越多的人才来源，本土大学的竞争力进一步下降，本土大学培养的学术人员也会进一步丧失地位和竞争力。中国本土大学为了提升竞争力，开始强调本土大学的国际化——使用英语教学、聘用外国学术人员任职、关注国际主流研究范式……也即受访人员所说的"学术被殖民"。

四、学科场域中的争夺

与其他场域一样，科学场域同样存在着激烈的权力争夺。科学场域的参与者之间彼此展开竞争，争夺科学场域内发挥有效作用的种种资本——如科学权威等，争夺制定科学场域中各种权威形式之间的"等级序列"和"换算比率"的权力。

就国际范围内某个学科的学术场域而言，亦或对某个院系范围内的学术场域而言，场域中的统治者主导着场域的现实状态，他们在场域的竞争中往往具有决定性的优势——因为无论他们的竞争对手如何，他们总是构成一个强制性的参照系。他们以自我存在为唯一的存在，把他们在自己的实践中所遵循的原则强制性地规定为普遍准则。他们是能够强制性地规定科学定义的人，按照该科学定义，最完美实现的科学，就是他们所从事的、所实施的和所拥有的科学。①

就期刊发表而言，中文期刊发表、英文期刊发表、其他外语期刊发表、中文核心期刊发表、中文普通期刊发表、国际期刊发表、国际顶尖期刊发表、理论研究及其论文发表、应用研究及其论文发表、量的研究及其论文发表、质的研究及其论文发表……关于

---

① ［法］皮埃尔·布尔迪厄著，陈圣生、涂释文、梁亚红等译. 科学之科学与反观性——法兰西学院专题讲座（2000—2001 学年）［M］. 桂林：广西师范大学出版社，2006.

研究和期刊论文发表的种种规则——各种研究之间、各类期刊之间的等级序列、换算比率,不是一个行政政策就能规定的,而是场域内各个权力利益群体之间的博弈结果,因而,才会出现 H 大学人文社会科学国际期刊论文发表奖励政策在不同学院(学科场域)的不同命运。在一个学科场域中占主导地位的行动者及团体,他们拥有对学术资本赋值的权力,他们决定国际发表和本土发表哪个学术价值更高,哪个对应的学术资本更多。正因为如此,虽然商学院中国际发表被赋予更高的地位和资本赋值,但在法学院中本土发表却被认为比国际发表具有更高的学术价值,因而资本赋值也较高。

正如布迪厄所言,"无论外部限制的形式是什么,它总是只有通过'场域'的中介才能发挥作用,通过'场域'的逻辑成为'中项'。有关'场域'自主权的最重要的表现之一,就是它对外部限制和要求进行'折射'的能力,并通过一些特殊形式把它们再现出来。"①也即,人文社会科学期刊论文发表奖励政策并不能直接作用于学术人员,它需通过学院(学科场域)的中介才能发挥作用,而它的作用究竟能够发挥到什么程度,以及以何种形式发生作用,与各个学科场域的自身状况密切关联。

第三节　人文社会科学学术国际化再讨论

一、人文社会科学在国际发表方面的差异

通过 2005—2017 这 13 年间 5 个案例院系师均 SSCI、A&HCI 论文发表数量来看,"国际发表"最活跃的是商学院,13 年内师均发表量达到 5.783 篇;师均"国际发表"数量最少的是法学院,13 年内师均发表 0.3 篇;在文史哲院系,师均"国际发表"数量最多的是哲学系(1.125 篇),最少的是中文系(0.48 篇),历史系与中文系十分接近(0.515 篇)。对比来看,商学院师均发表量是法学院的 19.28 倍,哲学系的师均发表量为法学院的 3.75 倍。商学院和法学院代表了社会科学领域颇具差异的两个典型情境,而文、史、哲的差异也促使我们去进一步思考学科差异的具体情况及学科差异的不同性质(社会科学与人文学科的差异、社会科学以及人文学科内部差异)。

商学院的"国际发表"在 5 个案例院系中最为活跃,即使是在整个社会科学领域,商学院的"国际发表"和"国际化"程度也令人瞩目。与那些在大学中存在了很长时间

---

① [法]皮埃尔・布尔迪厄著,刘成富、张艳译. 科学的社会用途——写给科学场的临床社会学[M]. 南京:
南京大学出版社,2005:30—31.

的传统学科相比，管理学科及其所在的商学院从无到有，再到在大学中立稳脚跟，前后也不过百年时间，这期间正是借助了"科学化"和"学科化"两个途径来获取其在大学场域中的合法性。为了使新兴的管理学成为无可指摘的"科学"，管理学科和商学院对科研的热情和追求不难理解（这种追求部分体现为对论文发表的热衷）。以至于有学者反思：管理学科发展至今，已经到了高度实证化的阶段，脱离了社会实践，并呼吁管理学科回归实践，贴近现实，为解决实际问题而服务。另一方面，管理学起源于欧美，尤其是美国的学术界贡献了管理学的主要理论，管理学科乃至与其关系密切的经济学科，在如今的发展中呈现出"唯'美'主义"倾向——"美"是指"美国"——由于美国强大的经济实力和美国管理学研究的龙头地位，其研究范式成为国际上的主流范式，那些与美国关系密切的研究也能够得到更多的关注和传播。再一方面，经济全球化为管理学科国际化提供了基础，也即管理学在全球范围内存在共同关注的研究对象，这是管理学科大量、频繁的国际流动的基础——案例商学院"海归"的比例高达四分之三，商学院教师的国际流动十分常见，管理学科在全球范围内形成了统一的学术劳动力市场，而"国际顶级期刊"上的论文发表是学术人员在国际学术劳动力市场竞争的筹码。

　　"国际化"亦是商学院的组织目标。除了学术发展方面的考量，此目标与商学院的国际竞争和商学院教育市场的"驯化"不无关系。提到商学院，人们往往会想到 MBA、EMBA 昂贵的学费。事实上，商学院开设的这些项目——以 EMBA 为例——往往以"国际化"为噱头。为了在这类教育培训项目的招生中占据更多的市场份额，商学院努力追求其在全球商学院排名中的地位并突出其"国际化"特点，而全球商学院排名所依据的正是在 FT45 期刊上的论文发表。商学院努力追求国际发表及其背后的全球排名这种符号性的东西，背后很难说没有市场利益的驱动。

　　然而，即使是在国际发表如此活跃的商学院，不同专业方向、不同学科训练背景（经济学、心理学、社会学等）、不同学术训练背景（"海归"和"土鳖"）的学术人员之间，关于"国际化"和国际发表的争议并不比其他院系少。这种争议所呈现出来的张力，突出了商学院作为研究案例的价值。商学院中一部分学术人员认为"国际化"是大学必然追求的价值，国际发表更是学术人员的本职所在。这部分学术人员经受的是国外大学的学术训练，他们以国际化和国际发表为信念，相信教职在国际范围内的高度流动性，而国际发表作为国际教职流动的硬通货，得到了不言而喻的重视和推崇。另有一部分学术人员，虽然也在海外经受学术训练，并同处在高度流动的商学院，但由于学科专业知识的特点，以及学术研究的问题、对象的本土性，使得他们很难进行国际发表。对于前者而言，国际发表奖励政策是"锦上添花"，是"赢者通吃"，奖励的金钱也自然是"多多益善"。对于后者而言，突出国际发表的职称评定制度已然给他们的学术研究造成了一定程度的"压迫",国际发表奖励政策所释放的导向信号,更是使他们苦恼,他们担忧过分强调国际发表给中国学术界带来的伤害。在这里面我们可以看到,对国际发表的认知与态度的差异,根本在于学科专业知识的特点,以及研究对象的特点之间的差异,而这些恰恰属于学科文化的范畴。

法学院的国际发表在五个案例院系中处于另一极端——虽然现代意义上的法学知识及其传统同样来自于本土之外:中国的法学知识有两个传统,一个是国内法,来源于世界两大法系之一的大陆法系,其中受德国和日本的影响最多;另一个是国际法,来源于起源于16、17世纪的欧洲、后来逐渐成为各地区都在适用的一套国际交往规则。因而,法学院对"国际化"和国际发表所持有的态度就具有了另一种典型意义。

法学知识是规范性知识,法学学科是探讨规范有效性条件的学科[①]。而"规范"及其有效性的条件本身就是文化的一部分,一国之法律强烈地与一国之历史文化传统和社会情境联系在一起。中国的法学学科主要以中国本土法律实践为研究对象,学科产生的知识也主要服务于本土法律实践(这一点与历史学研究相似:在历史系学术人员看来,历史学研究一方面与民族和地区的过去、现在息息相关,带有浓厚的民族和地区色彩;另一方面,历史研究也服务现实,服务一个国家的战略需要)。对于学术共同体而言,国际发表的功能主要在于交流。在国际交流的维度上,研究中国法律的学术人员与其他国家学术人员的研究之间的"交集"并不大。国际发表与国际交流又有不同:可以通过国际交流单方面地学习、吸收国外法律研究的经验和视角,但国际发表时却需要贡献自己的经验和视角。国外学术界对我们的经验和视角有多大的需求?正如受访者所指出的,在法律实践上,我们比国外落后很多年,受到落后实践的限制,理论研究也多是借鉴国外以往的经验。就法学院的情况来看,"国际发表"多是将中国本土的情况介绍给国外(也即"本土信息提供者"),对本土学术发展而言价值不大。因此,法学院的主流意见是:国际发表并不值得提倡。在法学院自身的论文发表奖励政策中,中文核心期刊占据主要位置。

当然,也有学术人员指出,由于法学院学术委员会成员大多"不懂外语""无法判断发表在国外期刊上的论文质量",因而造成了国际发表得不到认可和重视的现象。而对于国际法研究领域的学术人员而言,由于国内相应专业期刊较少、审稿人也少,国内发表渠道较少,他们会选择在国际期刊上进行论文发表。这里出现了另外一个值得深思的问题。在法学院这样一个以国内法研究为主的院系,重视本土发表、轻视国际发表,相应的院系评价制度以及其他相关的评价机制逐渐将国际法研究人员边缘化。也

---

① [法]让·皮亚杰著,郑文彬译. 人文科学认识论[M].北京:中央编译出版社,1999.

即,一个学科的评价体系会对内部不同的专业研究领域进行"筛选",非主流的研究领域会被逐渐边缘化。同理,不恰当的评价体系也能边缘化一个学科、甚至整个人文学科、社会科学。更进一步来说,不恰当的评价体系能够边缘化一个国家、民族和文化群落。

法学院中 FX-1 的案例还表明,编辑在考虑是否刊发某论文的过程中,参照群体(reference group)——也即论文的阅读者——是一个重要的考量因素。因为国际法研究领域的学术人员较少,这个领域的研究论文受众也很小。从市场的角度考虑,编辑会舍弃这类文章而选择受众更多、市场更大的研究论文进行发表。同样的,国际期刊的编辑也会考虑论文的"受众"和"市场",那些不符合主流受众(实质则是欧美英语国家的受众)和主要市场兴趣(实质是欧美英语国家的兴趣)的研究论文就会被拒稿。

通过法学院的案例及其与商学院案例的对比我们不难看出:首先,一个学科的"国际化"程度基于该学科研究对象所具有的"国际性",那些聚焦本土对象进行研究的学科或研究领域,他们的同行分布实质上非常集中——绝大多数集中在本土,这就决定了他们的交流渠道——使用何种语言、研究成果如何发布——是本土的而非"国际的"。因而,一味强调这些学科研究领域进行"国际发表"是可笑的也是不切实际的。

在文、史、哲三个案例院系中,哲学系的国际发表最为突出。按照哲学系受访者的话来说,哲学系"国际化程度很高":一方面,哲学系的学科专业设置要比西方高校哲学院系更为广泛;另一方面,哲学系有较多的国际交流。哲学研究体系来自于西方,欧洲在哲学研究中的地位受到推崇,反而是美国的哲学研究受到学术人员的嘲弄和不屑。而国际发表奖励政策突出的恰恰是美国主导的期刊。正如党生翠的研究所指出的那样,在 SSCI 哲学类期刊中,美国的有 8 份,占到总数 19 份的 42%,而作为哲学最为发达的国度之一的德国,却一份期刊也没有入选。再以国际佛学研究为例,从世界范围来看,国际佛教学术研究贡献最为卓越的国家是日本、印度而非英美国家,但采用日文发表的期刊论文却未被纳入该体系。[①] 因此,在哲学系学术人员看来,奖励政策所提倡的国际发表"完全是在糊弄外行",如此"国际化"是虚假国际化,是需要高度警惕的"美国化"。此外,哲学系受访者对期刊发表制度持质疑态度,认为哲学研究的是重大深远的问题,根本不是一篇论文可以说清楚的,认为期刊发表是快餐文化的一种体现。可以发现,学术人员关于国际化和国际发表的信念,从根本上影响着学术人员对国际发表奖励政策的认知和态度。而这种关于国际化和国际发表的信念,正是学科文化的一部分。

---

① 党生翠. 美国标准能成为中国人文社科成果的最高评价标准吗? [J]. 学术评论,2005(4).

（一）国际发表：人文学科的抗辩

整体而言（在这里，暂且排除那些来源于西方的学科），人文学科有着更为长久的历史传统，依托中华文明形成了以自我为主体和中心的国际学术圈，国际同行使用汉语作为学术研究语言，绝大多数的"同行"分布在中华文化圈中——包括在欧美东亚系任职的华裔学术人员。对于人文学科而言，所谓的"国际发表"其意义发生了根本性的转变，国际发表不再意味着欧美中心主义支配下的使用英语作为学术语言在英文期刊上发表学术成果，中文发表即这些学科的国际发表。而"国际化"的内涵也发生了根本性的变化：不是欧美中心主义支配下的落后一方"与西方接轨"，而是跨文化的理解与交流——无论大国小国、无论文明的强大与否，这种交流是多向的、相互的、尊重的、欣赏的，而非单向的、迁就的、逢迎的、褒此贬彼的。

从人文学科教师的视角来看国际发表，"交流"是其最核心的功能。就交流这项功能而言，其在人文学科服务的目的是：与不同文化之间的相互理解、获得外部观察的视角以进一步完善内在的体认。两个目的都决定了人文学科的国际交流不可能是学术工作的主要方面。因为文化间的交流只是人文学科学术研究的衍生功能之一（次要功能）；而获得外部视角更多的是对内在视角的补充，仍需以内在认知为主。也即。通过"国际发表"实现人文学科的国际交流不是人文学科关注的主要方面。另一方面，人文学科实现国际交流的途径也不止"国际发表"这一途径，有许多其他更好的途径能够服务于人文学科国际交流的目的，如翻译中国的优秀作品等。

使用何种语言进行人文学科的国际交流，关乎学术主体性的确立。对于一个民族而言，本土语言是其文化母体，是"我"的存在方式，一个人使用何种语言来体认某种文化，决定了他的世界观和主体意识。跨越了语言，就等同于跨越了文化、转换了身份。在学术交流中亦如此。人文学科对本土历史文化的依赖、人文学科学术研究对本土语言文字的依赖都是自然科学领域所无法想象的。

因此，要求人文学科使用 SSCI、A&HCI 期刊论文发表进行"国际交流"，反映的是对人文学科学术共同体独特的"国际"的不了解、对人文学科国际交流目的的误解、对人文学科"国际交流"中主体性的重要性的无视。

国际发表中的"例外"

即使是在国际发表非常少的院系，也有一些研究领域呈现出"例外"的情形，如中文系的语言学与比较文学研究、哲学系的逻辑学研究、法学院的国际法研究等，这些"例外"的研究领域国际发表比较活跃，贡献了相关院系大部分的国际发表。对这些研究领域进行分析，发现这些"例外"不外乎三种情况：一是其知识来源与西方颇有渊源,属于"西学"(如语言学、逻辑学);二是学科的研究对象包含国外(如比较文学研究、外国历史研究、外国哲学研究等);三是研究内容为国际性问题(如国际法)。第一种情况通常意味着三个方面。一是学科传统是西方的、学科中心在西方,因而其同行包括西方同行,其学术研究具有国际交流的现实基础;此外,这种情形下国际发表也往往意味着高质量的研究成果——因为得到了国际同行、学术中心的认可。二是该学科的学术研究人员更有可能具有留学经历因而具备使用英语进行学术研究的能力。三是研究范式与西方接轨,更易与西方沟通交流。对于第二种情况,也即研究对象包含国外,则要求学术人员具备研究国外的基本学术能力——如外语能力,以及获取国外相关研究最新进展的能力等;又因这些学科同时也研究本土对象(作为比较),因此他们还承担了"文化外交部门"的角色。对于第三种情况——研究内容为国际性问题,则意味着其同行广泛分布在国际范围,其国际交流具备现实基础。

"外字号"研究

通常,"外字号"研究(如外国历史、外国哲学、外国教育等)被认为应该有更多的国际发表。虽然事实上确实如此,但这并不意味着国际发表在"外字号"研究领域获得了合法性。无论是在社会科学还是人文学科中,都有不少"外字号"研究,从事这些研究的人员精通外语,以外国为研究对象,通常情况下,他们更有可能具有海外留学背景,他们与国外同行有更多的沟通和交流,他们的研究成果也与国外相关。然而,即便如此,"外字号"学术研究的首要目的仍是服务本土。首先,这些"外字号"研究生产的知识,其服务对象主要是本土。因此,其研究视角与国外同行不同。其次,由于研究目的、视角与国外同行不同,因此其学术交流的主要同行在本土范围。基于以上考虑,以国际发表要求"外字号"研究,同样是欠缺深思熟虑、不合理的。

(二)国际发表：谁的"不言而喻"

人文社会科学领域的大多数学术人员认为适当强调国际发表无可厚非、是可以理解的。但一致反对过分强调国际发表,尤其是将国际发表制度化的作为,如在职称晋升制度中要求国际发表、在学术评价制度中突出国际发表等。然而,在某些社会科学领域(如管理学),一些学术人员则认为,国际发表对于学者而言是"不言而喻"的事情,尤其是"国际培养的学者",更应以国际发表为己任。

案例商学院不仅对国际发表实施高于学校数倍的金钱奖励,而且将国际发表纳入职称评定的制度框架之内。商学院从制度上突出国际发表的重要性,虽然受到了一些学术人员的质疑,但同时也受到部分学术人员的肯定。一些学术人员坦言,即使学院对国际发表不作要求,自己也会优先追求国际发表。原因如下：首先,他们的研究领域更具"国际性"(与"本土性"相对),有成熟的国际学术劳动力市场,国际范围内的学术人员流动十分常见,有了较好的国际发表,便可以凭借它们在国际范围内谋得更好的学术职位。其次,海外留学经历培养的学术惯习使他们认为,在这一研究领域发表"国际论文"天经地义,国际发表对于他们而言是"不言而喻"的事情。再次,管理学科的经济学研究转向,以及经济学研究的全球化、美国化,使得国际发表(实质是美国发表)成为高质量学术研究成果的指称,为了获得学术影响力,学术人员也会优先选择国际发表。最后,与人文学科"没有公认的国际期刊"相比,管理学领域有公认的且数量庞大的国际期刊。

二、 人文社会科学国际发表中的影响因素

人文社会科学领域的国际发表,不仅在不同学科之间存在差异,在同一学科内部不同研究对象、不同研究范式之间也存在差异。学术人员从事研究的方式(合作/独立研究),学术人员的学术训练背景所形成的不同惯习,学术人员进行国际发表的不同动机等,都会影响到学术人员国际发表的意识与行为。以下从理论研究与应用研究、定量研究与定性研究、合作研究与独立研究、"海龟"与"土鳖"以及国际发表的动机等方面分析它们如何影响学术人员的国际发表。

理论研究与应用研究

默顿认为,科学具有一种基本的双重性:它既可为我们认识事物如何成为如事实上它们所存在的那样提供更多的知识,也可为我们如何去改变事物提供知识。前者对应的是纯科学,后者对应的是应用科学,纯科学研究与应用科学研究是科学研究的两面,不应追求某一面而否定另一面。有些科学家,出于偏好和能力两方面的原因,无疑更适合选择两类研究方式的一类;有些科学家可能在这两类之间来回变换;而较少的人试图在理论性研究和实际或应用研究之间铺平道路。①

因而,纯科学研究和应用科学研究只不过是学术上的不同劳动分工而已,并无孰优孰劣或高下之分。正如怀特海所言:"科学之河有两条源头:实践之源和理论之源。实践之源在于求得使我们的行动直接获得预定的目标……理论之源则在于求知欲。我特别强调的是,我不认为这两者之间何者更高级,或者本质上何者更有趣。我看不出为什么求知欲比实现自己的行动目标更高明些。这两者也都有自己的缺点:行动

① [美]罗伯特·K.默顿.社会问题与社会学理论[A].社会研究与社会政策[C].北京:生活·读书·新知三联书店,2001:48—113.

会有邪恶目的，而求知欲可能是低级趣味的。"①

　　从事理论研究的学术人员与从事应用研究的学术人员，其国际发表的意识与行为有何不同？许多社会科学领域的学术人员认为，理论研究更容易"与国际接轨"，理论研究的学术价值能够在国际范围内得到关注，一个新的理论、研究范式、研究方法能够影响到国际学术界；但应用研究的价值局限在一定的社会情境之中，并不能在国际学术界得到广泛反响。与应用研究相比，理论研究的论文更易国际发表。研究表明，经济学国际发文中理论性文献占比达到 94.243%；哲学国际发文中理论性文献占比为82.3%；历史学为 79.592%。② 在 Web of Science 中被引率很高的西班牙社会学家是那些研究抽象模型或者研究美国数据的社会学家。③

　　据一些受访者，过度强调国际发表，导致国内学者倾向于关注一般性的理论研究或跟风研究国际热点（更容易国际发表），而忽视了对本土情境与特殊问题的研究，从而导致国内学术研究无法指导本土社会实践。当年轻学术人员为了追求国际发表，不顾一切寻求国外合作机会，不惜放弃那些不入欧美主流但对本土却十分重要的研究问题，在学术上跟风所谓的国际主流，最终只会沦为"国际学术打工仔"，难以对本土学术发展有所贡献，不能服务于本土社会发展。

量化研究与质的研究

　　在研究者的访谈过程中，一位受访者语重心长告诫道："你做的这个研究（质的研究），对于以后的学术职业发展不利，因为没有数据、模式，发文章太慢，根本竞争不过做量化研究的同事。"该受访者的视角指出了不同研究范式生产论文的"效率"不同。另一位受访者提到，以前的学术是"十年磨一剑"，现今一些博士生制造论文的速度令人震惊——"那个程序就在我的电脑里，我只要代入不同的数据，像现在这样的文章，我一个星期制造一篇"。如果仅仅强调发表的数量，追逐发表的效率，势必导致部分学者/学生沦为制造论文的机器，大量低质量的论文充斥 SCI 和SSCI，导致 SCI 被美国学者嘲讽为"Stupid Chinese Idea"，SSCI 被嘲讽为"Super Stupid Chinese Idea"。

---

① ［美］诺斯·怀特海. 教育的目标［M］. New American Library，纽约：1951：107. 转引自：罗伯特·K. 默顿. 社会问题与社会学理论［A］. 社会研究与社会政策［C］. 北京：生活·读书·新知三联书店，2001：48—113.

② 何小清. 建国以来我国人文社会科学学术研究国际化发展学科分析——基于 SSCI、A&HCI（1956～2006）的定量分析［J］. 东岳论丛，2008(3)：24—31.

③ Diana Hicks, Paul Wouters, Ludo Waltman, Sarah de Rijcke & Ismael Rafols. The Leiden Manifesto for research metrics. *Nature*. 23 April 2015. Vol. 520. pp. 420-431.

　　有学者指出,由世界一流大学在上海交大之六项指标之平均得分来看,各大学在偏重研究产出之量的"SCI 及 SSCI 论文数"一项相差有限,真正将大学评比得分拉开的是显示研究品质的各项指标。[①] 也即,仅通过数量无法有效反映差距,关键因素是研究的品质及重要性。因此,关注发表的质量而非数量,既能更加贡献于大学的学术能力评价,也能够从根本上杜绝学术发表中的浮躁之风。将学术发表的质量(而非数量)作为评价的关键依据在欧美不乏其例,一位受访者指出,在美国,仅一篇发表在顶级期刊上的、高质量的论文就可以使学术人员获得职称晋升,而不是非要达到一定的发表数量。事实上,一个好的研究,一篇高质量的论文,没有数年的时间是很难做出来的,而国内院系设定的职称评定的年限,以及职称评定对论文发表数量的强制要求,迫使学术人员在较短时间内完成数项研究、发表数篇论文,学术人员一方面出于学术追求想要完成高质量的论文,另一方面却苦于时间和精力所限,不得不写一些"应付性"的论文来"凑数"。这对学术人员的研究、学术文化、学术生态都造成了负面影响。

合作研究与独立研究

　　不同学科、专业的学术人员在研究合作方面呈现出不同特点。对于自然科学而言,往往是小规模或大规模的合作研究;对于社会科学而言,小规模的合作研究较为常见,也有独立研究的学者;对于人文学科的学术人员而言,则往往是独立进行学术研究[②]。合作或独立研究,也影响着学术生产的效率。

　　一位社会学科的受访者指出,团队合作是当今学术研究的重大特征之一,尤其是在那些偏自然科学的学科中。团队合作规模有大有小,合作者可以达十人之众,也可以两人组队。与"单干"相比,团队合作的生产效率更高——尤其是期刊论文发表的效率——因为期刊论文发表允许多作者署名,参与研究者分享署名权便能轻松提升个体的发表成绩。

　　本研究发现,国际发表最多的院系中,国际合作发表是颇为显著的现象。尤其是对于年轻学术人员而言,正处于学术职业生涯的起步阶段,却面临着与所有学术人员同台竞争的压力。而合作研究——尤其是与国外同行的合作,能够大大提升其学术发表的能力与机会。一方面,语言、地理上的障碍,都给中国学术人员的国际发表带来不小的挑战,与国外同行合作,能够吸收利用其语言上和所处圈子的优势,能够提升自己

---

① 戴晓霞. 世界一流大学之特征:从世界大学排名说起[A]. 刘念才 & Jan Sadlak. 世界一流大学:特征、排名、建设[M]. 上海:上海交通大学出版社,2007:60—79.

② [美]杰罗姆·凯根著,王加丰、宋严萍译. 三种文化——21 世纪的自然科学、社会科学和人文学科[M]. 上海:世纪出版集团,2011.

的研究能力和水平,与"国际接轨"。另一方面,与国外合作者合写文章,文章被国际期刊接受的可能性也大大增加,能够在一定程度上避免国际期刊主编"先入为主"的偏见。统计结果也显示,SSCI 和 A&HCI 收录的我国合著论文的数量一般都要明显高于独著论文的数量。① 分析各学科发表在 SSCI、A&HCI 上的论文则发现,经济学国际合作发表的比例达 76.33%,管理学国际合作发表的比例也高达 67.83%,法学国际合作发表的比例为 36.81%,哲学国际合作发表的比例为 11.71%,历史学国际合作发表的比例为 7.65%,文学国际合作发表的比例仅为 3.12%。②

"海龟"与"土鳖"

布迪厄指出,"惯习"与学科种类有关,与不同的国度有关,与不同的社会渊源有关——因为它们产生不同的实践——而这一切都是通过学校的教育来实现的。也即,学校教育是产生科学场惯习的重要场所,在国内接受教育与在国外接受教育,产生的惯习是不同的。分析一个学术人员的教育背景是了解其惯习的重要途径。例如,一位"海龟"坦言到,作为"国际培养"的学者,发表国际论文是毋庸置疑的,因为"作为学者,即使是(外部评估)不要求,我受到的教育让我认为国际发表是我们学科的一个主要交流舞台,我们大家都在这里互相交流,这就是我们的工作"。也即,国际发表是其所习得的一种国外学术场域的惯习。拥有海外教育背景的学术人员,不仅具有国际发表的能力,更是拥有国际发表的意识。

在科学场中,与论文发表有关的惯习有:研究兴趣、研究主题的选择、合作研究的人员、论文发表的选择等。对于人文社会科学而言,不同国家、历史文化所关注的问题十分不同,学术传统不同,思维方式也各自相异,研究旨趣亦大相径庭,概而言之,即学术惯习不同。以文学研究为例,西方擅长理论,讲究体系和逻辑力量,而我们的传统则是片段式的、情感化的、直觉式的学术研究方式。以文学批评为例,中国古代的批评都是鉴赏式的,比如诗歌,我们会具体地以某位诗人的某一首诗进行鉴赏;而西方并不以某个作家的作品为研究对象,而是以诗为研究对象,发展出一系列理论——诗是什么、诗应该怎么样等抽象程度。季羡林在《门外中外文论絮语》一文中也指出,中国的文论家从整体出发,把他们从一篇文学作品中悟出来的道理或者印象,用形象化的语言作出评价,比如"清新庾开府,俊逸鲍参军",对李白则称之为"飘逸豪放",对杜甫称之为"沉郁顿挫",这与西方文论学家把一篇文学作品加以分析、解剖,给每一个被分析的部

① 赵宴群. 对我国人文社会科学工作者在 SSCI、A&HCI 期刊发表论文的分析与思考[J]. 复旦教育论坛,2010(1).

② 何小清. 建国以来我国人文社会科学学术研究国际化发展学科分析——基于 SSCI、A&HCI(1956～2006)的定量分析[J]. 东岳论丛,2008(3):24—31.

分一个专门名词,支离繁琐,很不一样。[1][2]

年轻的学术人员,当他们从毕业院校的学生身份转换为就职大学的教师身份,他们身上带着毕业院校所给予他们的惯习——研究兴趣与思维方式、对特定研究主题的关注、潜在的合作者、学术工作所使用的语言文字(思维依赖语言文字,合作者选择语言文字)、偏好的学术期刊等。"海龟"在国外接受学术训练,当他们回国开启他们新的学术生涯时,他们往往还与国外毕业院校及相关人员之间保持一定的联系——他们依旧共享研究范式,分享研究兴趣,拥有共同的思维方式,关注该学术场域的热点话题,继续合作研究项目,联合发表论文、合作撰写书目章节等。这些都是"海龟"进行国际发表的"学术资本"。而本土大学培养的学术人员(俗称"土鳖"),与海归学术人员相比,其学术惯习十分不同,其学术研究的兴趣、学术思维的习惯、使用外语的能力(进而限制了其与国外合作者的合作)、对国际学术场域的了解程度等均存在较大差异。"土鳖"的学术惯习导致其在国际发表中所拥有的相关学术资本较少,在该学科的国际学术场域中处于边缘地位,进行"国际发表"的难度比"海龟"大得多。

国际发表的动机

本研究对国际发表数量较多、将国际发表作为职称晋升要求、以及对国际发表实施金钱奖励的某社会科学院系的学术人员的访谈发现,学术人员进行国际发表的动机分不同层次,兼有内在动机与外在动机。内在动机即以学术为志业的、自发的、内在的需求;外在动机指的是职称晋升的制度性要求,以及金钱奖励等的外在激励。对于尚未获得终身教职的学术人员而言,外在动机所占比例更大,尤其是作为"生存需要"的国际发表用以满足职称评定的制度性要求,金钱奖励则往往是锦上添花的点缀。对于已经获得终身教职的学术人员而言,内在动机所占的比例就更鲜明了,国际发表往往是个人成就动机使然,期望通过国际发表,扩大影响,交流学术。

内在动机由于其自发性,因而具有持久性,出于内在动机而追求国际发表是一种自愿和志愿行为,因而该动机往往会保障国际发表的质量,且对学术生态是一种积极的贡献。外在动机由于其外在性,且为人为所设定,因而是否能够转化为内在动机,以及在多大程度上可以转化为内在动机都未可知。若外在动机不能转化为内在动机,或者外在动机呈现出压倒性的力量,则会压迫学术人员为了满足生存需要而采取学术失范行为,进而损伤学术生态文化。

---

[1] 季羡林. 对 21 世纪人文学科建设的几点意见[J]. 文史哲,1998(1)
[2] 季羡林. 门外中外文论絮语[J]. 文学评论,1996(6):5—13.

三、差异产生的根源

（一）差异的起点：学科文化差异

学科文化属于"文化-认知性"要素，它规定了学术人员行动的脚本和图式——不是因为学术人员所在的组织规定了学者的行动，而是学科文化使学术人员的行动"理所当然"。当然，这也与不同学科场域所发展的符号系统和话语通道相关。人们为了使同行间的互动更具专业性，创建了不同的符号系统，构建了不同的知识体系，各自学科的信仰也由此形成。[①] 由此可知，学科文化从根本上决定了身处不同学科领域的学术人员的认知框架和观念形成以及由此认知观念指导的行为。

学科文化体现在物质、规则、行为和精神四个不同的层面：学科知识（知识理论体系、学科中的符号文化以及学科中的研究方法）、学科规训制度（学科的研究规范、学术评价标准、学术出版的形式和要求、奖励与惩罚的机制等）、群落学术生活的样态（时间安排、工作方式（团队或个人）、学术生涯模式、学术网络的交流、群落中成员的合作形式、学科中的竞争程度等）和学科思维（世界观、价值观、信念和思考方式以及偶像崇拜等）[②]。其中，学科知识决定了后面的三个层次，是学科文化的根本。学科知识的特点决定学科文化的特性，是学科间文化差异的根源。

整体而言（也有例外），人文社会科学知识的理论体系、学科中的符号文化、学科中的研究方法都具有本土性，这与自然科学大为不同。"科学无国界"，但人文社会科学研究必定是基于某一文化共同体的。对于人文社会科学而言，不同国家的社会历史文化所关注的问题十分不同，思维方式及研究方法也各自相异，其使用的知识符号是基于本土语言文字的自然语言，形成的理论体系也须是"接地气"的。以教育政策研究为例，美国学术界重点关注的种族、性别等问题并不是中国本土学术界的主要兴趣所在——这是由中、美社会文化差异所决定的。再以文学研究为例，西方擅长理论，讲究体系和逻辑力量，而我们的传统则是片段式的、情感化的、直觉式的学术研究方式。

学科知识的本土性从根本上决定了人文社会科学的研究规范的本土性（而国际发表需使用"国际"研究规范），决定了人文社会科学领域学术成果的表达使用本土语言文字、追求本土发表，决定了人文社会科学领域的学术交流主要发生在本土学术界，决

---

① 童蕊.大学跨学科学术组织的学科文化冲突分析——基于组织分析的新制度主义视角[J].教育发展研究,2011,Z1：82—88.

② 胥秋.大学学科文化的特点及其影响因素研究[J].黑龙江高教研究,2014(10)：1—4.

定了人文社会科学领域学术人员职业生涯的本土性,决定了人文社会科学领域的学术评价不能依赖"国际发表",决定了人文社会科学领域学术人员关于国际化和国际发表的信念,决定了人文社会科学领域国际发表的行为。

(二) 人文社会科学研究与本土情境

皮亚杰指出,人文社会科学研究人类行为,而人类行为呈现出一些独特的特点——如集体文化的形成、对极为不同的符号工具或象征工具的使用等。其中,符号工具的使用加强了人文社会科学研究中"意识"参与的程度。作为交流手段的符号工具在不同的人类社会中也往往有着相当深刻的差别①。也即,人文社会科学的研究对象及研究所依赖的符号工具都对本土文化高度依赖;人文社会科学研究中研究者的"意识"的参与度较高,而"意识"本身内嵌于文化情境。也即人文社会科学研究需充分考虑本土文化情境。

默顿认为,只有某些社会学问题由学科内部的发展提出,其他许多问题都因学科外部的影响(包括社会生活方式的变迁、历史事件的影响、社会学研究的社会组织自身等)而产生②。学科所处的社会中的一些过程和事件,影响着科学家对研究问题的选择,而科学研究的实践中,问题选择、问题形成和问题解决是相辅相成的。如中国的执政党建设、民主化进程与社会稳定、言论自由与社会沟通、国企改制、城镇化、农民工问题、医疗改革、产业升级、反腐败、司法独立等,其问题充满本土特色,其问题解决恰恰需要结合本土国情,以本土思维、中国学派解决中国问题③。

韦伯指出,在社会学研究中,所谓好的方法,就是"可以在具体的研究工作中,证明为结果丰硕而用起来具效率的方法"。因而,并不存在某种特定的方法,会比其他的方法更为"正确"(legitimate),因为方法的选择是"视研究中应用的机会及研究的主题而定的"④。渠敬东也指出:"(社会学研究在于)将观念与经验相结合,将现实与历史相结合,将制度与民情相结合,将国家建制与民族融合相结合,将今天强行划分开的所谓社会科学与人文科学相结合,从而奠定一种既有经验生命,又有精神传统的总体科学,开辟出一个世界历史可能的未来。"⑤由此可知,无论是社会学研究的问题来源,还是

---

① [法]让·皮亚杰,郑文斌译. 人文科学认识论[M]. 北京:中央编译出版社,1999:2—9.
② [美]罗伯特·K. 默顿. 论社会学中的问题发现[A]. 社会研究与社会政策[C]. 北京:生活·读书·新知三联书店,2001:19—47.
③ 吕景胜. 论人文社科研究本土化与国际化的契合[J]. 科学决策,2014(9):54—65.
④ [美]马克斯·韦伯著,钱永祥译. 学术与政治[M]. 桂林:广西师范大学出版社,2010:73.
⑤ 渠敬东. 返回历史视野,重塑社会学的想象力——中国近世变迁及经史研究的新传统[J]. 社会,2015,VOL. 35,Issue(1):1—25.

社会学中研究问题的解决（理论建构、方法路径），以及社会学研究的目标等，都与本土情境密切关联。

（三）学术研究的中心与边缘

学术世界是一个等级制的世界，总体来说，发达国家的研究型大学是国际知识系统的中心[①]，发展中国家的学术人员处于边缘地位[②]。发达国家的主要大学设定学术研究的规范和各类标准[③]，这些大学垄断了大部分研究且控制了核心的国际期刊以及其他的交流途径，他们培训研究者，培养顶尖学者，普遍地，国家的精英也在这些大学里接受教育[④]。

发达国家在学术领域的中心地位通过多个层次深刻影响发展中国家的学术研究。首先，其学术制度被采用，其语言被作为国际学术交流语言，其学术规范和价值观被接受，甚至于学术研究的质量标准也由西方判定（也即发达国家的认可）。换言之，通过这一系列制度、规范与价值观，发展中国家的学术研究被发达国家所把控。这种把控如此微妙又环环相扣，以至于身处其中的发展中国家浑然不觉。"国际发表"奖励政策就是一个典型的例子：处于学术边缘地位的发展中国家将"国际发表"（发达国家的认可）等同于"高质量"，而对本土发表的质量不甚信任。在教师聘任与考核中都倚重"国际发表"；在学术成果的奖励序列中，"国际发表"凌驾于本土发表之上。

具体到"国际发表"，学术中心对处于边缘的发展中国家的学术研究的把控还表现在：学术期刊在选择刊文时基于的是发达国家的兴趣、发达国家的方法论以及发达国家盛行的科学规范[⑤]。

由此可知，学术中心所在地位于西方国家的学科，发展中国家所处的边缘地位促

---

① Shils，Edward. 1972. *Metropolis and province in the intellectual community.* In the intellectuals and the powers and other essays，355 - 71. Chicago：University of Chiago Press.

② Altbach，Philip G. 1998. Gigantic peripheries：India and China in the world knowledge System. In *Comparative higher ecucation：knowledge，the university and development*，133 - 46. Greenwich，CT：Ablex.

③ Altbach，P. G. (2008). Centers and Peripheries in the Academic Profession：The Special Challenges of Developing Countries. In P. G. Altbach (Ed.)，*Tradition and Transition：The International Imperative in Higher Education* (pp. 137 - 157).

④ Geiger，Roger. 2004. *Knowledge and money：Research universities and the paradox of the marketplace.* Stanford，CA：Stanford University Press.

⑤ Altbach，P. G. (2008). Centers and Peripheries in the Academic Profession：The Special Challenges of Developing Countries. In P. G. Altbach (Ed.)，*Tradition and Transition：The International Imperative in Higher Education* (pp. 137 - 157).

使其努力进行"国际发表"以靠近学术中心并证明其研究质量,在这样的学科,其国际发表的数量就会远远高于其他学科,如本研究中的管理学学科。

(四) 文史哲的学术传统与学术研究中心

在中国,大部分人文学科具有悠久的历史,有自己的学术传统,形成了自己的学术中心。以中国历史研究为例,主要的研究学者分布在中国,日本、韩国、欧美国家等的研究学者在数量上和研究规模及系统性方面都不及中国。事实上,其他国家对中国历史的研究也并非其本国学术研究的主流。许多研究该问题的其他国家的学者可以熟练使用中文,他们在研究中也需主要参考中国学者的研究成果。该研究领域主要的研究学者、主要的期刊杂志、主要的学术团体均在中国,用中文发表已经是实质意义上的"国际发表"——因为其他国家和地区的研究者在该领域的研究中使用中文材料,阅读中文对他们而言是学术"基本功",中文在该研究领域属于"国际语言"。由于历史原因,日本藏有部分中国古籍材料,中日两国学者交往甚密,许多中国学者能够熟练使用日语,他们也会应日本杂志的邀请撰写期刊文章,日本学者可以直接阅读发表在日本期刊上的中文文章。

因而,在人文学科中——除了研究外国文学、外国历史、外国哲学以及发端于西方的部分学科(如语言学、比较文学、艺术史、逻辑学和伦理学等)之外——留学海外的情况并不常见。对于研究外国文学、历史、哲学的学术人员而言,他们虽然可以熟练使用某门外语进行学术工作,但是他们从事外国文学、历史、哲学的研究与外国人自己研究的目的不同——中国人研究外国文学、历史、哲学的主要目的是"引介"性质,因为外国人自己研究的视角与我们中国研究的视角是不同的,将外国文学、历史、哲学引介到中国来,主要服务的是中国学术界和中国社会,是为了将其融入自己的文化,丰富、发展自己的文化。相关学术研究人员坦言,正如西方的"汉学研究"不能成为中国学术界研究的主流一样——这毕竟是我们自己的"国学",中国学术人员的外国文学、历史和哲学研究也很难与他们的主流抗衡——毕竟是他们自己的"国学"。事实上,中国学术人员从事外国文学、历史、哲学研究的主要目的并非为了外国学术发展,而是服务本土,因而,他们并不注重外语发表或所谓的国际发表。

> "人文学科承载的功能也(与自然科学)不一样,特别是中国的人文学科研究,一方面是整个保护中国文化遗产、中国文化传统,另外我们外国史的研究,主要的目标还是为了教育公众,给公众提供适合中国人需求的、比较准确的关于外国的一些知识。"——LS-6

"我们在研究中利用国际上的材料，主要是让我们国家的学术界和普通受众拥有国际视野，更多地了解国际上这个领域的研究状况和研究成果，这个才是我们的目的。"——LS-1

"文学、历史都与一个国家的过去、现在息息相关，人文学科带有浓厚的民族和地区色彩。我们不是一个没有自己悠久历史文化的国家，我们自己也有较大的受众，我们也有自己的渠道和市场——需要这方面的研究知识。历史研究也服务现实，服务一个国家的战略需要。"——LS-1

与人文学科不同，许多社会科学是"舶来品"，其研究范式、基础理论皆来源于欧美，其学术中心在欧美。在社会科学领域中，海外留学的学术人员比例大大增加。留学的目的地往往以该学科的学术中心所在地为主。比如，研究刑法的学术人员，其留学目的地往往是德国或者日本，研究管理学的学术人员，留学目的地往往是美国。拥有留学经历的学术人员，他们所受学术训练的传统是欧美的，他们也具有使用外语进行学术论文发表的能力。他们还往往与留学地的学术人员之间开展国际合作研究，对欧美主流学术界的趣味、偏好有更好的理解，他们在国际发表中就占有更多的优势，因而总体上社科类院系国际发表的数量显著多于人文学科。

在这些社会科学领域中，欧美主流学术界规定着该领域学术研究的热点、重点，想要国际发表，须得迎合欧美主流学术界的趣味，满足欧美学术界制定的标准。大多时候，欧美主流学术界的趣味与中国社会实践不相符合。以教育政策研究为例，美国学术界关注的热点问题是种族、性别，但这两个方面在中国教育实践中并不是关键问题。当美国学术界中对恐怖主义的研究成为热点时，与恐怖主义研究相关的论文为主编所偏爱。

如果一位学术人员仅仅为了国际发表而选择欧美主流学术界关注的问题进行研究，这无疑是"为他人做嫁衣裳"，沦为国际学术"打工仔"。如果整个学术界形成一股追求国际发表的风气，则会产生更大的危险——"学术被殖民"。正如杜祖贻所言，如果学术的政策、方向、审核与取舍全为西方学者所操纵，那么中国学者的角色将永远是奉承者及受审者，落入被动的地位[①]。

事实上，虽然社会科学中的许多学科是晚近才出现的（发端于西方），但"并不意味着仅仅拾人牙慧，跟在别人的后面，亦步亦趋地去模仿人家，捡些余下的残羹剩饭来糊

---

① 杜祖贻. 借鉴超越：香港学术发展的正途[J]. 比较教育研究,2000(5)：124.

口。"①正如台湾学者王汎森所言,整个亚洲都在追求欧美设定的标准,是时候该追求有自己特色、有独创性的、还要能呼应自己社会需求的学术研究了。②

当然,这并不是说人文社会科学领域不应该进行国际发表。首先,国际发表并不等同于英文发表,更不等同于美国发表甚至SSCI(以及A&HCI)发表。真正意义上的国际发表——尤其是高质量、具有独创性的论文发表,是促进国际间、文化间学术交流的重要途径。其次,对于国际发表,应尊重不同学科学术研究的特点,可以将国际发表作为学术人员的一个自主选择,而非将其作为强制性制度命令或者外部管理人员对学科进行规训的手段。再次,不能为了国际发表而发表,这只能促生学术投机主义,对人文社会科学学术发展无益。最重要的是,不能将国际发表(SSCI、A&HCI发表)作为评价中国学术共同体的标准,因为SSCI(以及A&HCI)是美国标准,并非普世标准。

四、 人文社科国际化: 一个伪命题

不同学科专业领域的学术人员在国际发表方面的差异从根本上来源于学科文化差异——也即学科知识特性(本土性/国际性)的差异,同时也与其所在学科专业的学术传统和学术中心有关。由于学科知识特性的差异,人文社会科学并不需要像自然科学那样为了争夺科学发现优先权而使用国际通用的语言在国际期刊上竞争发表研究结果,人文社会科学所生产的知识其服务对象也大多是民族国家,其知识消费对象局限在民族国家之内,在国际上并无太大需求,也因此可以形成依托于本土学术共同体的学术中心。也即,无论是从学科文化差异-学科知识的性质来看,还是从知识生产的目的、知识消费的市场来看,不同学科专业的国际发表需求十分不同。也即,国际发表行为是由学科专业的内部特性决定的,而非仅仅是由学术人员的国际发表能力决定的。事实上,学科专业的特性决定了该学术场域所需的学术惯习(如本土问题意识),也正是这样的惯习维持着该学术场域的特性。一个学术场域自主选择的发展路径是最适于其特性维持的路径。也即,与其说国际发表与国际化程度有关,不如说学科性质决定了该学科的国际发表行为和国际化路径。事实上,一些国际发表数量不多的人文学科,国际化程度却相当高——无论是从研究问题的视域来看,还是研究领域

---

① 渠敬东. 返回历史视野,重塑社会学的想象力——中国近世变迁及经史研究的新传统[J]. 社会,2015, VOL. 35, Issue(1): 1—25.

② 对话王汎森:大学"太紧张"产不出独创性学问[EB/OL]. [2015-02-02]. http://news. sciencenet. cn/ htmlnews/2013/7/279910. shtm.

的多元化来看，或是国际学术交流的密度来看。因此，国际发表的数量并不能作为衡量国际化程度和学科开放程度的指标。将 SSCI(以及 A&HCI)发表等同于国际发表并以这种"国际发表"指代国际化，人文社会科学的国际化实质上就成为了一个伪命题。

更进一步地，国际化是否应成为人文社会科学追求的主要目标是值得商榷的。如前所述，人文社会科学研究是镶嵌在本土情境当中的，因而不可避免地带有本土特征。更进一步地，人文社会科学知识的生产主体和服务对象主要存在于同一历史文化共同体内，也即人文社会科学知识具有本土导向。事实上，学术研究的本土性即学术研究的主体性。坚持人文社会科学研究中的本土问题意识(而非为了"国际发表"去关注国际问题)，坚持探索人文社会科学研究的本土理论与方法路径(而非用"国际标准"来规范本土学术研究)，关乎人文社会科学学术主体性的建立。在这样的情形下，"国际化"与其说是一种目标，不如说是一种手段，也即人文社会科学国际化的终极目的在于"本土化"——也即通过借鉴、吸收国际经验，提升人文社会科学研究服务于本土的能力。另外，"国际化"亦非哲学社会科学"走出去"的目标(要求人文社科教师进行国际发表的逻辑起点之一)，而是哲学社会科学"走出去"的手段——也即通过"国际化"弘扬中华优秀文化。但需要注意的是，弘扬中华文化不等于用英语发表学术研究论文。首先人文社会科学研究与人文社会科学(中华文化的载体)是两回事，前者属于学术交流的范畴，后者属于文化交流范畴，前者不能代表后者(虽然两者有交集)。在这样的逻辑下，人文社会科学研究的主要任务是发展、创造更多、更优秀的中华优秀成果，在此基础之上，才谈得上立足人文社会科学弘扬中华优秀文化。这一逻辑同样指向前面的论断——即"本土化"是人文社会科学研究的核心目标。也正是因为人文社会科学研究的"本土取向"，导致人文社会科学的"国际化"存在天然的限度。

第四节   研究的贡献与不足之处

一、 本研究的贡献

朱新梅指出[①]，制度是权力运作的框架、也是人们活动的规则，制度的导向、激励以及压抑作用影响知识生产的结构与质量；政府与大学的关系在某种意义上是一种最

---

① 朱新梅.知识与权力：高等教育政治学新论[M].北京：教育科学出版社，2007：10—11.

基本的知识生产制度[①],政府与大学的关系作为一种制度必然深刻影响大学的知识生产;政府是主要的外部制度供给者,政府制定的各项政策,界定了权力的配置及其关系,划定了人们活动的范围,而权力的相互博弈则导致制度的变迁。因而,考察大学内部学科的发展,无法回避政府制定的各项政策;对行政部门制定的相关政策的分析,是解读大学活动的基本框架之一。

人文社会科学国际发表奖励政策,是政府层面"世界一流大学建设"和"哲学社会科学走出去"政策在大学组织层面的"落脚点",该政策与人文社会科学学术共同体的互动,从根本上反映的是外部制度与大学知识生产之间的关系及其权力博弈。也即,该研究能够以丰富的经验材料及对其进行的系统分析来贡献有关外部制度与知识生产的关系及其权力互动过程的认识——这也是对当代中国大学基本知识生产制度的探究。

其次,本研究对布迪厄的科学场域理论进行了补充发展。布迪厄对科学场域的分析基本局限于一个国家内部的学术场域,而在高等教育国际化时代,学术场域的国际维度越来越突出,包括学术场域的评价也日渐倾向于国际评鉴,国际学术场域成为一个重要的学术场域层面。本研究将布迪厄对学术场域的分析扩展到国际学术场域的层面,利用布迪厄的分析框架和概念工具对国际学术场域内的权力斗争进行了分析,这是对布迪厄科学场域理论的一个有益补充。

人文社会科学国际发表奖励政策正在不同的大学之间呈蔓延之势,该政策对中国大学学术活动的影响如何,尚无系统的研究。国际发表以及人文社会科学国际发表奖励政策,与人文社会科学学术人员的学术生活密切相关,也是人文社会科学研究领域学术人员特别关注的一个议题,但鲜有从专业研究人员角度出发的系统性研究。该研究通过案例研究呈现出人文社会科学学术人员对国际发表以及国际发表奖励政策的认知与态度及行为的基本图景,丰富了我们对于人文社会科学领域国际发表以及国际发表奖励政策的认识。

二、关于不足之处的讨论

(一) H 大学国际发表奖励政策的代表性

各个大学人文社会科学国际发表奖励政策的奖励力度不同,因而性质上也有较大

[①] 这种制度是新制度经济学意义上的制度,包括各种习惯、风俗、传统、意识形态、以及各种法律法规、政策等在内。——此为原文注释。

差异。H 大学奖励政策的奖励金额约为 5000 元人民币，但一些大学的奖励金额高达数万元。随着奖励金额的大幅增加，奖励政策的导向性和激励性大大增强，对学术人员的影响不可同日而语。正如受访者所说，5000 元人民币还不能支付发表一篇英文论文的金钱成本，那么 5 万元的奖励又如何呢？高额金钱奖励对学术生态和学术文化的影响更大，H 大学的案例在揭示高额奖励给学术人员带来的影响方面稍有欠缺，但该研究中参考了新闻媒体关于对国际发表进行高额奖励导致的现象的相关报道，以尽量弥补这一缺憾。

另外，无论是从大学排名来看，还是从 H 大学享有的社会声誉来看，H 大学属于中国较好的一批大学之一，H 大学学术人员的学术背景较一般大学要"好"——包括学术能力、海外留学经历、学术声誉等。H 大学的学术人员中也不乏各学科领域的知名人士，以学术为志业的教师的比例也较高，他们十分爱惜自己的学术声誉，对自己的学术成果有较高的要求。实际上，媒体爆出了不少"SCI 百万富翁"——依靠在 SCI 上发表论文获取学校的金钱奖励——如武汉某学院的一位教授，2003 年以平均不到一周一篇的速度发表 65 篇 SCI 论文，每篇被校方奖励 1 万元，共计 65 万元。该教授用相同的方法不停地测不同化合物的晶体结构，发表的论文内容大同小异，都是在一些影响因子极低、发论文十分容易的刊物上发表小论文[1]。而这些"SCI 百万富翁"多出现在"层次较低"的高校。因此，H 大学的情况可能更能代表中国较好的一批大学，对一般高校的代表性不强，或者说不足以反映国际发表奖励政策对一些高校学术人员的畸形导向作用。

更进一步而言，正如伯顿·克拉克所指出的，学科文化和院校文化共同构成某个学术群体学术信念的根基。两者之间往往是水乳交融、不可分割，共同参与形塑身处该学术组织的学术人员的信念和行为准则。因此，H 大学学术人员关于国际化的信念，以及对国际发表奖励政策的认知和态度如若推广到其他大学，则需要进一步考虑其他大学院校文化的影响。但 H 大学学术人员因不同学科文化而产生的对于国际发表奖励政策的认知和态度及国际发表行为之间的差异却是可以推广的结论。

（二）未来的研究方向

由于研究时间和资源所限，对于 H 大学案例院系中的部分访谈对象未能如愿以偿取得访谈机会。如人文学科中具有"讲师"职称的年轻学术人员，以及商学院院长

---

[1] 论文奖励制度与学术造假行为. 经济学反思. http://xueshuzhongren. blog. sohu. com/141673070. html/ 2015 - 04 - 03.

等。尽管 H 大学人文学科"讲师"的比例非常低（开展访谈的时候三个案例人文院系"讲师"的平均比例为 5.6%），也尽管商学院后来上任了新的院长（在开展本研究的时候这位新院长还是未担任任何行政职务的普通教师），但是对论文资料的立体性还是有所损伤。未来的研究需尽量增加研究对象的多元性。

本研究由于时间所限，仅仅选取了连续时间中的某个节点，并未对案例院系在一段时间中的纵向变化进行跟踪和对比分析，这使得本研究的历史感有所欠缺。未来可增加历史维度的分析。具体而言包括三个方面：第一，案例院系的发展史，也即案例院系相关学科在近几十年内发展的动向以及转向等；第二，政策的发展史，也即人文社会科学国际发表奖励政策的演化史；第三，在一段时间间隔后，再次调查人文社会科学学术人员对国际发表及国际发表奖励政策的认知与态度，与目前的研究形成纵向的历史对比。本研究主要的数据收集工作完成于博士学位论文研究期间（2014 年），此书出版前又补充了 2014—2018 年间的相关数据。由于时间所限，没有再次进行访谈，主要补充了案例院系的国际发表统计数据（因为统计的滞后性，国际发表数量的统计数据实际上是 2013—2017 年的）以及案例院系最新的教师信息。这次补充使得历史研究的维度能够融入进来，并通过对 2014 年前后的对比研究发现了丰富的信息，这使研究者更加确信融入历史维度对政策研究的价值。

参考文献

中文文献

［1］艾尔·巴比. 社会研究方法(第十一版)[M]. 北京：华夏出版社,2009.

［2］艾伦·布卢姆著,战旭英译. 美国精神的封闭[M]. 南京：凤凰出版传媒股份有限公司译林出版社,2011.

［3］爱德华·希尔斯. 学术的秩序——当代大学论文集[M]. 北京：商务印刷馆,2007.

［4］爱德华·W.萨义德著,单德兴译. 知识分子论[M]. 北京：生活·读书·新知三联书店,2002.

［5］爱德华·萨义德. 东方学[M]. 北京：三联书店,2000.

［6］Anthony F. J. Van Raan. 大学排名面临的挑战[A]. 刘念才 & Jan Sadlak. 世界一流大学：特征、排名、建设[M]. 上海：上海交通大学出版社,2007：100 - 116.

［7］伯顿·R·克拉克著,王承绪、徐辉等译. 高等教育系统——学术组织的跨国研究[M]. 杭州：杭州大学出版社,1994.

［8］白芸. 质的研究指导[M]. 北京：教育科学出版社,2002.

［9］C. P. 斯诺. 两种文化[M]. 陈克艰、秦小虎译. 上海：上海科学技术出版社,2003.

［10］蔡曙山. 中国社会科学发展和社会科学评价[J]. 学术界,2002(3)：7 - 20.

［11］陈向明. 质的研究方法与社会科学研究[M]. 北京：教育科学出版社,2000.

［12］陈向明、朱晓阳、赵旭东主编. 社会科学研究：方法评论[M]. 重庆：重庆大学出版社,2006.

［13］陈向明. 质性研究：反思与评论[M]. 重庆：重庆大学出版社,2008.

［14］陈向明. 教师如何作质的研究[M]. 北京：教育科学出版社,2001.

［15］陈向明. 旅居者和"外国人"——留美中国学生跨文化人际交往研究[M]. 长沙：湖南教育出版社,1998.

［16］陈学飞. 关于高等教育国际化的若干基本问题[A]. 中国高等教育学会引进国外智力工作分会. 大学国际化——理论与实践[C]. 北京：北京大学出版社,2007：8 - 27.

［17］陈平. 高校哲学社会科学研究"走出去"问题与对策——对高校科学研究优秀成果奖的数据分析[J]. 重庆大学学报(社会科学版),2014,04：107 - 113.

［18］陈悦. 管理学学科演进的科学计量研究[D]. 大连理工大学,2006.

［19］陈悦,刘则渊. 管理学的基本概念与学科地位——一种基于科学计量学的再认识[J]. 管理学报,2007(6)：695 - 702.

［20］陈洪捷. 人文社会科学学科体系如何体现中国特色？——国际比较的视野[J]. 北京大学教育评论,2011(2)：2 - 9.

[21] 陈光兴、钱永祥："新自由主义全球化之下的学术生产"，反思台湾的(人文及社会)高教学术评鉴研讨会论文，1993 年 9 月 25、26 日。

[22] 程莹、刘少雪、刘念才. 从 JGP 角度预测我国建成世界一流大学的时间[A]. 刘念才 & Jan Sadlak. 世界一流大学：特征、排名、建设[M]. 上海：上海交通大学出版社，2007：248－253.

[23] 戴维·赫尔德，安东尼·麦克格鲁著，陈志刚译. 全球化与反全球化[M]. 北京：社会科学文献出版社，2004.

[24] 戴晓霞. 世界一流大学之特征：从世界大学排名说起[A]. 刘念才 & Jan Sadlak. 世界一流大学：特征、排名、建设[M]. 上海：上海交通大学出版社，2007：60－79.

[25] 党生翠. 美国标准能成为中国人文社科成果的最高评价标准吗？[J]. 学术评论，2005(4).

[26] 董静娟. 2000 年以来我国高校外语专业教师科研绩效及学术群体研究——基于 CSSCI 期刊学术论文的分析[J]. 鲁东大学学报(哲学社会科学版)，2015，01：86－90.

[27] David R. Shumway & Ellen Messer-Davidow. 学科规训制度导论[A]. 华勒斯坦等著，刘健芝等编译. 学科. 知识. 权力[M]. 北京：生活·读书·新知三联书店，1999.

[28] 戴维·赫尔德，安东尼. 麦克格鲁著，陈志刚译. 全球化与反全球化[M]. 北京：社会科学文献出版社，2004.

[29] 丹尼尔·赫威茨，童中月. 人文学科的有待与无待[J]. 华东师范大学学报(哲学社会科学版)，2005(6)：23－31＋124.

[30] 杜祖贻. 建立利己利人客观自主的国际学术水平[A]. 胡显章、杜祖贻、曾国屏主编. 国家创新系统与学术评价——学术的国际化与自主性[C]. 济南：山东教育出版社，2000：5－23.

[31] 杜祖贻. 借鉴超越：香港学术发展的正途[J]. 比较教育研究，2000(05)：124.

[32] 对话王汎森：大学"太紧张"产不出独创性学问[EB/OL]. http://news. sciencenet. cn/htmlnews/2013/7/279910. shtm，2015－02－02.

[33] 丁云龙. 一个学科、两种传统和三个方法论层面[J]. 公共管理学报，2006(2)：102－103.

[34] 方文、韩水法、蔡曙山、吴国盛、郑杭生、吴志攀、萧琛. 学科制度建设笔谈[J]. 中国社会科学，2002(3)：74－91＋206.

[35] 方舟子. 教授发论文报酬丰　可改叫 SCI 百万富翁[EB/OL].

[36] [美]弗兰克·唐纳古著，王雪编译. 人文学科能在 21 世纪幸存吗[N]. 社会科学报，2010－10－14007.

[37] 费孝通. 学术自述与反思[M]. 上海：三联书店，1996.

[38] 菲利普·G. 阿特巴赫，陈运超. 学术殖民主义在行动：美国认证他国大学[J]. 复旦教育论坛，2003(6)：1－2.

[39] 菲利普·G. 阿特巴赫. 至尊语言——作为学术界统治语言的英语[J]. 朱知翔译. 北京大学教育评论，2008(1)：179－183.

[40] 菲利普·G. 阿特巴赫. 全球化与大学——不平等世界的神话与现实[J]. 北京大学教育评论，2006，4(1)：92－108.

[41] 菲利普·G. 阿特巴赫. 边缘与中心：发展中国家的研究型大学[J]. 大学教育科学，2009(1)：5－17.

[42] 菲利普·G. 阿特巴赫著，蒋凯等译. 高等教育变革的国际趋势[M]. 北京：北京大学出版社，2009.

[43] 凤凰资讯. 英出版商撤回 43 篇造假论文，内地 38 家医院涉案[EB/OL]. http://news. ifeng. com/a/20150402/43469464_0. shtml，2015－05－05.

[44] 高军. 我国大学教师学术评价制度研究[D]. 南京师范大学，2008.

[45] 改革中的《中国科学》与《科学通报》，愿与中国科学一起成长[N]. 科学时报，2008 年 9 月

9 日.

[46] 顾建民. 学科差异与学术评价[J]. 高等教育研究,2006(2)：42-46.

[47] 顾明远. 教育的国际化与本土化[J]. 华中师范大学学报(人文社会科学版),2011,50(6)：123-127.

[48] 国家教委. 关于重点建设一批高等学校和重点学科点的若干意见(1993)

[49] 龚旭. 科学政策与同行评议——中美科学制度与政策比较研究[M]. 杭州：浙江大学出版社,2009.

[50] 关于世界大学学术排名[EB/OL]. http://www. shanghairanking. cn/aboutarwu. html, 2014-07-15.

[51] 何小清. 建国以来我国人文社会科学学术研究国际化发展学科分析——基于 SSCI、A&HCI(1956~2006)的定量分析[J]. 东岳论丛,2008(3)：24-31.

[52] 胡显章、杜祖贻、曾国屏主编. 国家创新系统与学术评价——学术的国际化与自主性[M]. 济南：山东教育出版社,2000.

[53] 侯一麟. 经济、社会转型与公共管理学科的发展[J]. 公共行政评论,2012(1)：32-37.

[54] 韩大元. 全球化背景下中国法学教育面临的挑战[J]. 法学杂志,2011,32(3)：17-20+55+143.

[55] 韩亚菲、蒋凯. 理解高等教育市场：理论综述与比较[J]. 清华大学教育研究,2013(5)：88-97.

[56] 韩亚菲. 理解高等教育国际化[A]. 面向 2020 的教育创新[C]. 北京：北京师范大学出版集团,2016：80-96.

[57] 很不正常！南京大学 39 岁女教授百篇论文"404",她这样回应……[EB/OL]. https://www. jfdaily. com/news/detail? id=112261/2019-11-22.

[58] 胡德鑫. 我国世界一流大学建设的历史演变、基本逻辑与矛盾分析——基于历史制度主义的分析范式[J]. 教育发展研究,2017,37(Z1)：1-8.

[59] 黄福涛. 外国高等教育史话(二)中世纪大学的产生与发展[A]. 纪念《教育史研究》创刊二十周年论文集(18)——外国高等教育史研究[C]. 2009：9.

[60] 黄福涛. "全球化"时代的高等教育国际化——历史与比较的视角[J]. 北京大学教育评论, 2003：1：(2)：93-98.

[61] 黄福涛. 外国高等教育史[M]. 上海：上海教育出版社,2008.

[62] 黄瑞祺. 社会理论与社会世界[M]. 北京：北京大学出版社,2005.

[63] 黄慕萱. 人文社会科学研究评鉴特性及指标探讨[J]. 清华大学学报(哲学社会科学版), 2010(5)：28-43+158.

[64] 华勒斯坦等. 开放社会科学——重建社会科学报告书[M]. 北京：生活·读书·新知三联书店,1997.

[65] 华勒斯坦等著,刘健芝等编译. 学科. 知识. 权力[M]. 北京：生活·读书·新知三联书店,1999.

[66] "90 后"特聘教授引发的思考——重视年轻人才,但也不能盲目[EB/OL]. https://www. toutiao. com/i6756150580579664398/2019-11-22.

[67] J. Amos Hatch. 如何做质的研究[M]. 北京：中国轻工业出版社,2007.

[68] 教育人生网：EBMA 变营利性教育项目能避免"贩卖"文凭[EB/OL]. http://news. edulife. com. cn/201303/041542123040. html, 2015-06-07.

[69] 季羡林. 对 21 世纪人文学科建设的几点意见[J]. 文史哲,1998,01：8-17.

[70] 季羡林. 门外中外文论絮语[J]. 文学评论,1996(6)：5-13.

[71] 金莉. NJ 学院教师激励制度研究[D]. 西南交通大学,2012.

[72] 简·奈特著,刘东风、陈巧云译. 激流中的高等教育[M]. 北京：北京大学出版社,2011.

［73］ 江晓丽. 人文社科青年学者国际发文的困难与应对策略［J］. 外国语文，2014（2）：101－106.

［74］ 蒋凯. 全球化时代的高等教育：市场的挑战［M］. 北京：北京大学出版社，2013.

［75］ 蒋林浩、沈文钦、陈洪捷、黄俊平. 学科评估的方法、指标体系及其政策影响：美英中三国的比较研究［J］. 高等教育研究，2014（11）：92－101.

［76］ 蒋林浩、陈洪捷、黄俊平. 人文、艺术和社会学科评估指标体系研究——基于对大学教师的调查［J］. 华南师范大学学报（社会科学版），2019（02）：52－61.

［77］ 蒋石梅、曾珍香、李艳、韩瑞平. 国内外管理学科评价综述——兼谈我国管理学科评价发展对策［J］. 中国高等教育评估，2006（2）：39－42＋52.

［78］ 蒋笑莉、王征. 研究型大学学科国际评估的探索与实践——以浙江大学为例［J］. 学位与研究生教育，2013（10）：44－48.

［79］ 姜莹. SCI论文过热带来的问题及解决对策探讨——"SCI论文与医疗、教学"大连地区专题研讨会会议综述［J］. 医学与哲学（A），2014（12）：91－92.

［80］ 杰勒德·德兰迪. 知识社会中的大学［M］. 北京：北京大学出版社，2010.

［81］ 杰罗姆·凯根著，王加丰、宋严萍译. 三种文化——21世纪的自然科学、社会科学和人文学科［M］. 上海：世纪出版集团，2011.

［82］ 凯西·卡麦兹. 建构扎根理论：质性研究实践指南［M］. 重庆：重庆大学出版社，2009.

［83］ 李鸿雁. 文化研究视域下的文艺理论理性反思与未来建设——"文学研究、文化政治与人文学科"国际学术研讨会综述［J］. 文艺理论研究，2009（5）：143－144.

［84］ 李醒民. 知识的三大部类：自然科学、社会科学和人文学科［J］. 学术界，2012（8）：5－33＋286.

［85］ 李萍、林滨、钟明华. 知识社会学视野下的学术"本土化"与"国际化"［N］. 中国社会科学报，2013－03－22A06.

［86］ 李存娜、吕聪聪. 中国英文人文社科期刊的国际化研究［J］. 清华大学学报（哲学社会科学版），2015，30（4）：168－183.

［87］ 李承贵. 20世纪中国人文社会科学方法论问题［M］. 长沙：湖南教育出版社，2001.

［88］ 李保玉、崔海浪、王亚娟. 国内学术腐败研究综述［J］. 山西师大学报（社会科学版），2010（S3）.

［89］ 李培根. 中国科技奖励之我见［EB/DL］. http://www.itmsc.cn/archives/view-79477-1.html. 2015－01－24.

［90］ 李宗克. 社会学本土化论题的历史演进与理论反思［D］. 华东理工大学，2013.

［91］ 罗志田. 史学前沿臆说［J］. 四川大学学报（哲学社会科学版），2008（4）：32.

［92］ 吕景胜. 论人文社科研究本土化与国际化的契合［J］. 科学决策，2014（9）：54－65.

［93］ 林毅夫. 本土化、规范化、国际化——庆祝《经济研究》创刊40周年［J］. 经济研究，1995（10）：13－17.

［94］ 林照真. SSCI：台湾学界捧过头啦［N］. 中国时报（台北），2003－11－02.

［95］ 刘海峰. 高等教育的国际化与本土化［J］. 中国高等教育，2001（02）：22－23＋29.

［96］ 刘念才 & Jan Sadlak 主编. 世界一流大学：特征、排名、建设［M］. 上海：上海交通大学出版社，2007.

［97］ 刘宝存. 科学主义与人文主义大学理念的冲突与融合［J］. 学术界，2005（1）：50－63.

［98］ 刘宝存，张伟. 国际比较视野下的创建世界一流大学政策研究［J］. 比较教育研究，2016，38（6）：1－8.

［99］ 刘北成. 福柯思想肖像［M］. 北京：中国人民大学出版社，2012.

［100］ 刘易斯·科塞. 理念人：一项社会学的考察［M］. 北京：中央编译出版社，2004.

［101］ 刘珊珊. 中国大学排行榜指标体系及提高大学排名策略研究——以江西理工大学在各大

排行中的排名数据分析为例[A].2019 高等教育国际论坛年会论文集[C].会议资料.

[102] 刘雪立、盖双双、刘睿远、郑成铭、张诗乐、盛丽娜.2004—2013 年河南省社会科学研究国际化状况——基于 SSCI 数据库的分析与评价[J].河南社会科学,2014(12)：107-110.

[103] 刘大椿.人文社会科学的学科定位与社会功能[J].中国人民大学学报,2003(3)：28-35.

[104] 刘大椿、潘睿.人文社会科学的分化与整合[J].中国人民大学学报,2009(1)：141-150.

[105] 刘慧玲.试论学科文化在学科建设中的地位和作用[J].现代大学教育,2002(2)：72-74.

[106] 刘尧.高等学校高质量发展策略实施失当举隅——从高等学校频繁更名与追逐排名等现象谈起[J].上海教育评估研究,2018,7(04)：20-23+74.

[107] 刘健芝等编译《学科,知识,权力》专题导论：从学科改革到知识的政治,1999.

[108] 刘明超.推拉理论下的赴美中国留学生移动率研究[D].哈尔滨工业大学,2013.

[109] 梁小建.我国学术期刊的国际话语权缺失与应对[J].出版科学,2014(6).

[110] 卢晖临.社区研究：源起、问题与新生[J],开放时代,2005 年第 4 期.

[111] 卢晖临、李雪.如何走出个案——从个案研究到扩展个案研究[J].中国社会科学,2007,01：118-130+207-208.

[112] 罗伯特·K.默顿.论社会学中的问题发现[A].社会研究与社会政策[C].北京：生活·读书·新知三联书,2001.

[113] 栾栋.三大学科群方法问题沉思录[J].华中师范大学学报(人文社会科学版),2001(4)：85-90.

[114] 栾春娟、姜春林.近年来中国发表 SSCI 论文状况及可视化分析[J].文献分析与研究,2008(3).

[115] 凌斌.中国人文社会科学三十年(1978—2007)：一个引证研究[J].清华大学学报(哲学社会科学版),2009(1)：32-49+159.

[116] 吕景胜.论人文社科研究本土化与国际化的契合[J].科学决策,2014,09：54-65.

[117] 论文奖励制度与学术造假行为.经济学反思[EB/OL].http://xueshuzhongren.blog.sohu.com/141673070.html,2015-04-03.

[118] 莫作钦.从论文统计分析看我国社会科学研究的现状与走向[A].胡显章、杜祖贻、曾国屏主编.国家创新系统与学术评价——学术的国际化与自主性[C].济南：山东教育出版社,2000：207-241.

[119] Michel Zitt,Ghislaine Filliatreau.对世界大学学术排名的若干评论[A].刘念才 & Jan Sadlak.世界一流大学：特征、排名、建设[M].上海：上海交通大学出版社,2007：132-144.

[120] Matthew B.Miles,A.Michael Huberman.质性资料的分析：方法与实践[M].重庆：重庆大学出版社,2008.

[121] 米歇尔·福柯.词与物：人文科学考古学[M].上海：上海三联书店,2011.

[122] 迈克尔·W.阿普尔.文化政治与教育[M].阎光才译.北京：教育科学出版社,2005.

[123] 迈克尔·吉本斯等著,陈洪捷等译.知识生产的新模式：当代社会科学与研究的动力学[M].北京：北京大学出版社,2011.

[124] 马克斯·韦伯著,钱永祥译.学术与政治[M].桂林：广西师范大学出版社,2010.

[125] 马万华等.全球化时代的研究型大学：英美日德四国的政策与实践[M].北京：教育科学出版社,2013.

[126] 马丁·帕克.为什么我们应该铲平商学院？[EB/OL]https://new.qq.com/omn/20191108/20191108A0CS6I00.html,2019-11-12.

[127] [美]阿特巴赫、[美]彼得森主编,陈艺波、别敦荣主译.新世纪高等教育：全球化挑战与

创新理念[C].青岛：中国海洋大学出版社,2009.

[128] 诺姆·乔姆斯基.新自由主义和全球秩序[M].南京：江苏人民出版社,2000.

[129] Philip G. Altbach.世界一流大学的代价与好处[A].刘念才 & Jan Sadlak.世界一流大学：特征、排名、建设[M].上海：上海交通大学出版社,2007：49-53.

[130] 皮特·斯科特主编.高等教育全球化——理论与政策[C].北京：北京大学出版社,2009.

[131] 朴雪涛.知识制度视野中的大学发展[M].北京：人民出版社,2007.

[132] 彭卫民.我国台湾学术研究成果奖励办法的盱衡与启示[J].社会科学管理与评论,2013(2).

[133] P.布尔迪约、J.-C.帕斯隆.再生产——一种教育系统理论的要点[M].北京：商务印书馆,2002.

[134] P.布尔迪厄.国家精英——名牌大学与群体精神[M].北京：商务印书馆,2004.

[135] P.波丢.人：学术者[M].贵州：贵州人民出版社,2006.

[136] 皮埃尔·布尔迪厄著,陈圣生、涂释文、梁亚红等译.科学之科学与反观性——法兰西学院专题讲座(2000—2001学年)[M].桂林：广西师范大学出版社,2006.

[137] 皮埃尔·布迪厄 & 华康德著,李猛、李康译.实践与反思——反思社会学导引[M].北京：中央编译出版社,1998.

[138] 皮埃尔·布尔迪厄著,刘成富、张艳译.科学的社会用途——写给科学场的临床社会学[M].南京：南京大学出版社,2005.

[139] 覃红霞、张瑞菁.SSCI与高校人文社会科学学术评价之反思[J].高等教育研究,2008(3)：6-12.

[140] 渠敬东.返回历史视野,重塑社会学的想象力——中国近世变迁及经史研究的新传统[J].社会,2015,VOL.35,Issue(1)：1-25.

[141] 千人计划网.人事部、教育部、科技部各类人才引进政策汇总[EB/OL].http://www.1000plan.org/qrjh/article/12923,2014-03-18.

[142] 任全娥.国内人文社会科学成果评价研究文献计量分析[J].社会科学管理与评论,2013(3).

[143] 让·皮亚杰著,郑文斌译.人文科学认识论[M].北京：中央编译出版社,1999.

[144] SCI科研论文带来学术明星,还是学术泡沫？[EB/OL].http://news.sina.com.cn/o/2005-06-10/19316138906s.shtml.2019-11-23.

[145] 单志桂、韩中华、赵军.新疆医科大学第一附属医院科研论文奖励制度改革前后论文产出的对比分析[J].北京医学,2013,02：147-149.

[146] 师昌绪、田中卓、黄孝瑛、钱浩庆."科学引文索引(SCI)"——国际上评定科研成果的一种方法[A].胡显章、杜祖贻、曾国屏主编.国家创新系统与学术评价——学术的国际化与自主性[C].济南：山东教育出版社,2000：184-196.

[147] 史贵.国际化与民族化相结合：高等教育现代化的必由之路[J].高等教育研究,1996(6)：27-31.

[148] 世界银行,联合国教科文组织.发展中国家的高等教育：危机与出路[M].北京：教育科学出版社,2001：63.

[149] 世界大学学术排名[EB/OL].http://www.shanghairanking.cn,2014-07-14.

[150] 莎兰·B.麦瑞尔姆著,于泽元译.质化方法在教育研究中的应用：个案研究的扩展[M].重庆：重庆大学出版社,2008.托尼·比彻、保罗·特罗勒尔.学术部落及其领地——知识探索与学科文化[M].北京：北京大学出版社,2008.

[151] 邵娅芬.经济学科的国际学术话语权研究[D].上海交通大学,2011.

[152] 苏峰山等.意识、权力与教育：教育社会学理论论文集[C].嘉义县：南华大学教育社会学研究所,2002.

[153] 孙进. 德国的学科文化研究：概念分析与现象学描述[J]. 比较教育研究,2007(12)：8-12.

[154] 孙坤. 对社会科学"语言转向"现象的思考——兼论"社会科学"和"人文学科"的困境、危机与对策[J]. 华南理工大学学报(社会科学版),2012(5)：1-10+63.

[155] 宋小川. 经济学学术期刊的演变趋势[J]. 经济学动态,2013,06：100-107.

[156] 宋大振. 美国退伍军人权利法研究[D]. 南京大学,2014.

[157] 汤建民. 中国人文社会科学各学科研究论文特征的计量分析[J]. 科学学研究,2011(7).

[158] 田禾. 中国学术评价机制的弊端和改革之路[J]. 社会科学管理与评论,2013(1).

[159] 田成有："乡土社会中的民间法——序言",中国农村研究网[EB/OL]. http://www.ccrs. org. cn,2015-04-12.

[160] 谭春辉. 高校人文社会科学研究成果评价机理研究——基于利益相关者的视角[J]. 社会科学管理与评论,2013(2)：16-23+111.

[161] 谭光鼎、王丽云主编. 教育社会学：人物与思想[M]. 高等教育出版社,2006.

[162] 童蕊. 大学跨学科学术组织的学科文化冲突分析——基于组织分析的新制度主义视角[J]. 教育发展研究,2011,Z1：82-88.

[163] 王兰敬、杜慧平. 欧美人文社会科学评价的现状与反思[J]. 南京大学学报(哲学人文科学社会科学版),2010(1).

[164] 王续琨、丁堃. 管理科学学科结构及其发展态势[J]. 学术交流,2001(1)：17-22.

[165] 王云五. 云五社会科学大词典(第一册)[Z]. 台北：商务印书馆,1973.37.

[166] 王宁. "全球人文"与人文学科在当代的作用[J]. 探索与争鸣,2011(8)：8-12.

[167] 王凯波. 在历史反思中开拓、整合与求索理论创新之路——"文学研究、文化政治与人文学科国际学术研讨会"综述[J]. 黑龙江社会科学,2009(5)：192.

[168] 王兰敬、杜慧平. 欧美人文社会科学评价的现状与反思[J]. 南京大学学报(哲学. 人文科学. 社会科学版),2010(1)：111-118.

[169] 王辑思："回顾历史面向未来——中华美国学会、美国所举行纪念《上海公报》发表30周年研讨会"发言稿,2002年2月21日。

[170] 王富伟. 个案研究的意义和限度——基于知识的增长[J]. 社会学研究,2012(5)：161-183+244-245.

[171] 汪霞,钱小龙. 美国高等教育国际化的现状、经验及我国的对策. 全球教育展望,2010(11)：57-64.

[172] 武文茹. 人文社科期刊"走出去"的制约因素[J]. 编辑之友,2013(6).

[173] 吴坚. 当代高等教育国际化发展[M]. 北京：人民出版社,2009.

[174] 吴丹青、褚超孚、吴光豪、刘艳阳. SSCI作为我国社会科学评价指标的若干思考[J]. 统计与决策,2005(10)：36-38.

[175] 吴国盛. 科学与人文[J]. 中国社会科学,2001(4)：4-15+203.

[176] 希拉·斯劳特、拉里·莱斯利. 学术资本主义：政治、政策和创业型大学[M]. 北京：北京大学出版社,2008.

[177] 新华网. 习近平致中国社会科学院中国历史研究院成立的贺信[EB/OL]. http://www. xinhuanet. com/politics/leaders/2019-01/03/c_1123942672. htm,2019-09-27.

[178] 向东春、唐玉光. "985工程"平台中学科互涉的阻力与对策——基于学科文化的分析视角[J]. 清华大学教育研究,2006(6)：30-34.

[179] 许心、蒋凯. 学术国际化与社会科学评价体系——以SSCI指标的应用为例[J]. 重庆高教研究,2006(6).

[180] 徐勇、张昆丽、张秀华. SSCI源期刊的分析研究[J]. 浙江高校图书情报工作,2007(3).

[181] 徐阳. 中国人文社会科学英文学术期刊发展现状、问题及建议[J]. 世界教育信息,2014,

27(19)：54－57.

[182] 胥秋. 大学学科文化的冲突与融合[D]. 华中科技大学,2010.

[183] 胥秋. 学科文化的内涵及其研究进展[J]. 高教发展与评估,2011(2)：6－11＋120.

[184] 胥秋. 大学学科文化的特点及其影响因素研究[J]. 黑龙江高教研究,2014(10)：1－4.

[185] 徐昉. 非英语国家学者国际发表问题研究述评[J]. 外语界,2014(1).

[186] 叶继元. 人文社会科学评价体系探讨[J]. 南京大学学报(哲学人文科学社会科学版),2010(1).

[187] 叶朗. 创建世界一流大学的人文内涵[J]. 中国大学教学,2002(11)：42－46.

[188] 余和生. 学术评价的文化身份及其创新使命[J]. 社会科学管理与评论,2013(2)：10－15＋111.

[189] 袁方主编. 社会研究方法教程[M]. 北京：北京大学出版社,1997.

[190] 袁颖. 论 SSCI 和 A&HCI 数据库的局限性及其在我国人文学科评价体系的运用[J]. 宁波大学学报(人文科学版),2011(3).

[191] 约瑟夫·A. 马克斯威尔. 质的研究设计：一种互动的取向[M]. 重庆：重庆大学出版社,2007.

[192] 约翰·S. 布鲁贝克著,王承绪等译,高等教育哲学[M]. 杭州：浙江教育出版社,2001.

[193] 约翰·洛夫兰德、戴维·A. 斯诺、利昂·安德森、林恩·H. 洛夫兰德. 分析社会情境：质性观察与分析方法[M]. 重庆：重庆大学出版社,2009.

[194] 阎光才. 话语霸权、强势语言与大学的国际化[J]. 华东师范大学学报(教育科学版),2004,22(1)：14－20.

[195] 阎光才、岳英. 高校学术评价过程中的认可机制及其合理性——以经济学领域为个案的实证研究[J]. 教育研究,2012(10)：75－83＋147.

[196] 颜宁. 风物长宜放眼量——在清华大学 2014 年本科生毕业典礼暨学位授予仪式上的讲话[EB/OL]. http://news. tsinghua. edu. cn/publish/news/4205/2014/201407071015394 45844075/20140707101539445844075_. html, 2014－07－07.

[197] 姚昆仑. 中国科学技术奖励制度研究[D]. 中国科学技术大学,2007.

[198] 杨锐. 全球经济危机,中华民族复兴与高等教育：关于中国大学教育改革的若干思考(英文)[A]. 北京论坛. 北京论坛(2009)文明的和谐与共同繁荣——危机的挑战、反思与和谐发展："金融危机背景下的高等教育：对策与发展"教育分论坛论文或摘要集[C]. 北京论坛,2009(20).

[199] 杨继国. 学术共同体构建的"国际化"与"本土化"[J]. 改革,2016(3)：141－144.

[200] 易仲芳. 南开经济研究所"学术中国化"研究(1927—1949 年)[D]. 华中师范大学,2013.

[201] 艺术论坛. 我们需要怎样的艺术史研究？[EB/OL]. http://artforum. com. cn/column/7936♯,2019－09－27.

[202] 袁同成. 量化考评制度与学术人的著作权惯习[D]. 上海大学,2010.

[203] 赵宴群. 对我国人文社会科学工作者在 SSCI、A&HCI 期刊发表论文的分析与思考[J]. 复旦教育论坛,2010(1).

[204] 张伟. 关于新时期我国人文社会科学国际化发展若干问题的思考[J]. 中国人民大学教育学刊,2013(1).

[205] 张斌. 学术场域的政治逻辑[D]. 华东师范大学,2013.

[206] 张宝明. 反思与重构：中国近代学科转型背景下的"人文学"[J]. 学术月刊,2012(2)：5－12.

[207] 曾满超、王美欣、蔺乐. 美国、英国、澳大利亚的高等教育国际化[J]. 北京大学教育评论,2009(2)：75－102＋190.

[208] 张培刚、林少宫. 美国经济与管理学科的发展动态和特点——兼谈改革我国经济与管理

专业的建议[J].高等教育研究,1982,02：64-73.

[209] 张红霞.美国高校人文社会科学的演变及其启示[J].清华大学教育研究,2003(1)：49-54.

[210] 张奎志."文学研究、文化政治与人文学科"国际学术研讨会综述[J].文学评论,2009(6)：217-219.

[211] 张汝伦.德国哲学研究的课题[EB/OL].http://www.sohu.com/a/322742069_651325,2019-09-27.

[212] 张宪文.彰显历史学服务国家发展战略的功能[J].江海学刊,2018(5)：45-48.

[213] 赵文义、张积玉.国家利益视域下学术期刊的国际化出版[J].思想战线,2011,37(4)：93-95.

[214] 周密、丁仕潮.高校国际化战略：框架和路径研究[J].中国高教研究,2011(9)：16-19.

[215] 周朝成.当代大学中的跨学科研究[D].华东师范大学,2008.

[216] 周祝瑛.SSCI下的台湾高教竞争力：以政大学术评鉴为例[C]//北京论坛(2010)文明的和谐与共同繁荣——为了我们共同的家园：责任与行动："变革时代的教育改革与教育研究：责任与未来"教育分论坛论文或摘要集.北京：北京大学出版社,2011：48.

[217] 朱新梅.知识与权力：高等教育政治学新论[M].北京：教育科学出版社,2007.

[218] 诸平、史传龙.SCI(E)、SSCI、A&HCI收录中国期刊的最新统计结果分析[J].宝鸡文理学院学报(自然科学版),2012(02).

[219] 朱剑.学术评价、学术期刊与学术国际化——对人文社会科学国际化热潮的冷思考[J].清华大学学报(哲学社会科学版),2009,24(5)：126-137+160.

[220] 朱剑.学术风气、学术评价与学术期刊[J].苏州大学学报(哲学社会科学版),2011(2).

[221] 郑志鹏,高文瑾.从"默顿理论"看高校科学奖励评价体系中出现的问题及对策[J].前沿,2014,ZC：158-159.

[222] 中华人民共和国.中华人民共和国国民经济和社会发展十年规划和第八个五年计划纲要(1991)中华人民共和国国务院.国家中长期科学和技术发展规划纲要(2006—2020年)[EB/OL].http://www.most.gov.cn/mostinfo/xinxifenlei/gjkjgh/200811/t20081129_65774.htm,2014-08-01.

[223] 中华人民共和国.国家哲学社会科学研究"十一五"、(2006—2010)"十二五"规划(2010—2015)

[224] 中华人民共和国教育部.高等学校哲学社会科学"走出去"计划(2011)

[225] 中华人民共和国教育部、财政部.高等学校哲学社会科学繁荣计划(2011—2020)

[226] 中华人民共和国教育部官方网站.中国人民大学推出精品、搭建平台,大力提升哲学社会科学的国际性[EB/OL].http://www.moe.gov.cn/s78/A13/s8353/moe_1388/201308/t20130806_155251.html,2019-10-15.

[227] 中国科学评价研究中心.世界一流大学及学科竞争力评价研究报告[M].北京：科学出版社,2007.

[228] 中国科学评价研究中心.2011～2012世界一流大学与科研机构学科竞争力评价研究报告[M].北京：科学出版社,2011.

[229] 中国社会科学网.渠敬东、周飞舟谈社会学：专业研究不如《二号首长》？[EB/OL].http://soci.cssn.cn/shx/shx_bjtj/201504/t20150427_1604698.shtml,2015-04-29.

[230] 中国社会科学网.2018年中国人文社会科学期刊英文期刊评价结果[EB/OL].http://dy.163.com/v2/article/detail/E12JBIL0051495OJ.html,2019-10-18.

[231] 中国最具国际影响力学术期刊(人文社会科学).中国学术期刊国际引证年报,2019.

英文文献

［1］ Altbach, Philip G. (1974). Publishing in Developing Countries [J]. *New Frontiers in Education*, VOL(4), NO(3), PP: 1 - 18.

［2］ Altbach, Philip G. (1986). Higher Education and the Distribution of Knowledge: International Perspectives [J]. PP: 34.

［3］ Altbach, Philip G. 1998. Gigantic peripheries: India and China in the world knowledge System. *In Comparative higher ecucation: knowledge, the university and development*, 133 - 46. Greenwich, CT: Ablex.

［4］ Altbach, P. G.. Globalization and the university: Myths and realities in the unequal world. *Journal of Educational Planning and Administration*, 2003: 17: (2): 227 - 247.

［5］ Altbach, P. G. (2008). Centers and Peripheries in the Academic Profession: The Special Challenges of Developing Countries. In P. G. Altbach (Ed.), *Tradition and Transition: The International Imperative in Higher Education* (pp. 137 - 157).

［6］ Archambault, Eric, Etienne Vignola-Gregoire Cote, Vincent Lariviere, and Yves Gingrasb. 2006. "Benchmarking Scientific Output in the Social Sciences and Humanities: The Limits of Exsiting Databases. " *Scientometrics*, 68(3): 329 - 42.

［7］ Barbara M. Kehm and Ulrich Teichler(2007). Research on Internationalization in Higher Education. *Journal of Studies in International Higher Education*, 11(3/4),260 - 273.

［8］ Burton R. Clark. Small Worlds, Different Worlds: The Uniquenesses and Troubles of American Academic Professions. Vol. 126, No. 4, *The American Academic Profession* (Fall, 1997), pp. 21 - 42. Published by: The MIT Press on behalf of American Academy of Arts & Sciences. Stable URL: http://www. jstor. org/stable/20027457

［9］ Beck, U. , & Sznaider, N. (2006). Unpacking cosmopolitanism for the social sciences: A research agenda. *British Journal of Sociology*, 57,1 - 23.

［10］ Clive Seale, *The Quality of Qualitative Research*, Sage Publications, 1999.

［11］ Clifford Geertz, *Local Knowledge*, Basic Books, 1983.

［12］ Canagarajah, Suresh A. (1996). "Nondiscursive" Requirements in Academic Publishing, Material Resources of Periphery Scholars, and the Politics of Knowledge Production [J]. *Written Communication*, VOL(13). NO(4). PP: .435 - 472.

［13］ Canagarajah, A. S. *A Geopolitics of Academic Writing* [M]. Pittsburgh, PA: University of Pittsburgh Press, 2002.

［14］ Cargill, Margaret; O'Connor, Patrick(2006). Developing Chinese Scientists' Skills for Publishing in English: Evaluating Collaborating-Colleague Workshops Based on Genre Analysis [J]. *Journal of English for Academic Purposes*, VOL(5). NO(3), PP: 207 - 221.

［15］ Collins, T. S. , and Noblit, G. W. *Stratification and Resegregation: The Case of Crossover High School*, Memphis, Tennessee. Memphis: Memphis State University, 1978. (ED 157 954).

［16］ Chou, Chuing Prudence. 2014. "The SSCI Syndrome in Taiwan's Academia". *Education Policy Analysis Archives*, 22: 1 - 17.

［17］ Christian Genest. Statistics on Statistics: Measuring Research Productivity by Journal

Publications between 1985 and 1995 [J]. *The Canadian Journal of Statistics*. Vol. 25, No. 4 (Dec. , 1997), pp. 427 – 443.

[18] Curry, Mary Jane; Lillis, Theresa M. (2010). Academic Research Networks: Accessing Resources for English-Medium Publishing [J]. *English for Specific Purposes*, VOL (29). NO (4). PP: 281 – 295.

[19] Diana Hicks, Paul Wouters, Ludo Waltman, Sarah de Rijcke &. Ismael Rafols. The Leiden Manifesto for research metrics. *Nature*. 23 April 2015. Vol. 520. pp. 420 – 431.

[20] David D. Dill. Higher Education Markets and Public Policy [J]. *Higher Education Policy*, 1997,10(3/4): 167 – 186.

[21] David Silverman. *Doing Qualitative Research: A Practical Handbook*, Sage Publications, 2000. P. Alasuutari. *Researching Culture: Qualitative Method and Cultural Studies*, Sage Publications, 1995.

[22] Frank L. DuBois and David Reeb. Ranking the International Business Journals [J]. *Journal of International Business Studies*. Vol. 31, No. 4 (4th Qtr. , 2000), pp. 689 – 704.

[23] Flowerdew, J. &.Y. Li. English or Chinese? The Trade-off between Local and International Publication among Chinese Academics in the Humanities and Social Sciences [J]. *Journal of Second Langue Writing*, 2009(18),1 – 16.

[24] Fourcade, M. (2006). The construction of a global profession: The transnationalization of economics. *American Journal of Sociology*, 112,145 – 194.

[25] Frederick Erickson. *The Meaning of Valiity in Qualitive Researh*, *unpublished paper presented at the annual meeting of the American Educational Research Association*, March 1989.

[26] Geiger, Roger. 2004. *Knowledge and money: Research universities and the paradox of the marketplace*. Stanford, CA: Stanford University Press.

[27] Giampiet ro Gobo, Sampling, Representativeness and Generalizability. In Clive Seale, Giampiet ro Gobo, J aber F. Gubrium, and David Silverman (eds.), *Qualitative Research Practice*, Sage Publications, 2004.

[28] Harry F. Wolcott, O Seeking-and Rejecting-Validity in Qualitative Researchin Elliot W. Eisner&.Alan Peshkin, eds. , *Qualitative Inquiry in Education: The Continuing Debate*, New York: Teachers College Press, 1990.

[29] Harley, Diane; Acord, Sophia Krzys; Earl-Novell, Sarah (2010). *Peer Review in Academic Promotion and Publishing: Its Meaning , Locus , and Future*[R]. University of California, Berkeley, Center for Studies in Higher Education.

[30] Huang, Mu-hsuan, and Yu-wei Chang. 2008 "Characteristics of Research Output in Social Sciences and Humanities: From a Research Evaluation Perspective.*" Journal of the American Sociaty for Information Science and Techology* 59(11): 1819 – 28.

[31] ISI Web of Knowledge, Journal Citation Reports [DB/OL]. Http://www. webofknowledge. com, 2014 – 07 – 24.

[32] J. R. Cole, J. S. Cole. *Social Stratification in Science*. University of Chicago Press, 1973, P, 45.

[33] Judith Preissle Goetz&. Margaret D. LeCompte, *Ethnography and Qualitative Design in Educational Research*, Academic Press, 1984.

[34] Jerome kirk&.Marc Miller, *Reliability and Validity in Qualitative Research*, Newbury Park: Sage Publication, 1986.

[35] Joseph Maxwell. *Qualitative Research Design*, Newbury Park: Sage Publictions, USA. 1996.

[36] Knight, J. (2006). Internationalization: Concepts, Complexities and Challenges, In James J. F. Forest&Philip G. Altbach (eds.), *International Handbook of Higher Education* (pp. 207 - 227). Netherlands: Springer.

[37] Kevin Campbell, Douglas W. Vick, Andrew D. Murray and Gavin F. Little. Journal Publishing, Journal Reputation, and the United Kingdom's Research Assessment Exercise [J]. *Journal of Law and Society*. Vol. 26, No. 4 (Dec. , 1999), pp. 470 - 501.

[38] Kwan, Becky Siu Chu (2010). An Investigation of Instruction in Research Publishing Offered in Doctoral Programs: The Hong Kong Case [J]. *Higher Education: The International Journal of Higher Education and Educational Planning*, VOL(59). NO (1). PP: 55 - 68.

[39] Kyvik, Svein, and Ingvild M. Larsen. "The Exchange of Knowledge A Small Country in the International Research Community." *Science Communication* 18. 3 (1997): 238 - 264.

[40] Lincoln, Y. S. , and Guba, E. G. . *Naturalistic Inquiry*. Thousand Oaks, Calif. : Sage, 1985.

[41] Lillis, Theresa; Magyar, Anna; Robinson-Pant, Anna(2010). An International Journal's Attempts to Address Inequalities in Academic Publishing: Developing a Writing for Publication Programme [J]. *Compare: A Journal of Comparative and International Education*, VOL(40). NO(6). PP: 781 - 800.

[42] Min, Hui-Tzu (2014). Participating in International Academic Publishing: A Taiwan Perspective [J]. *TESOL Quarterly: A Journal for Teachers of English to Speakers of Other Languages and of Standard English as a Second Dialect*, VOL(48). NO(1). PP: 188 - 200.

[43] Miles, M. B. , and Huberman, A. M. Qualitative *Data AnalBVis: An Expanded Sourcebook*. (2nd Ed.)Thousand Oaks, Calif. : Sage, 1994.

[44] Michael Burawoy. *The Extended Case Method*, *Ethnography Unbound*. Berkeley: University of California Press, 1991.

[45] Marion Fourcade & Rakesh Khurana. From social control to financial economics: the linked ecologies of economics and business in twentieth century America [J]. *Theor Soc* (2013)42: 121 - 159.

[46] Marion Fourcade. The Construction of a Global Profession: The Transnationalization of Economics [J]. *American Journal of Sociology*, vol. 112, No. 1 (July 2006), pp. 145 - 194.

[47] Maurice Freedman, *The Study of Chinese Society*. Stanford: Stanford University Press, 1979.

[48] Nederhof, Anton J. 2006. "Bibliometric Monitoring of Research Performance in the Social Sciences and the Humanities: A Review". *Scientometrics* 66(1): 81 - 100.

[49] Olsson, Anna; Sheridan, Vera(2012). A Case Study of Swedish Scholars' Experiences with and Perceptions of the Use of English in Academic Publishing [J]. *Written Communication*, VOL(29). NO(1). PP: 33 - 54.

[50] Paulo Charles Pimentel Botas • Jeroen Huisman (2013). A Bourdieusian analBVis of the participation of Polish students in the ERASMUS programme: cultural and social capital perspectives. *High Educ*, 66,741 - 754.

[51] RAE2008. Main Panel M Overview Report. www. rae. ac. uk/pubs/2009/ov/.

[52] Robert. K. Merton. Priorities in Scientific Discovery: A Chapter in the Sociology of Science [J]. *American Sociological Review*, Vol. 22, No. 6. (Dec., 1957), pp. 635 - 659.

[53] Robert K. Yin, *Case Study Research: Design and Methods*, 2nd edition, Sage Publications, 1994.

[54] Shils, Edward. 1972. *Metropolis and province in the intellectual community. In the intellectuals and the powers and other essays*, 355 - 71. Chicago: University of Chiago Press.

[55] Simon Marginson. *Markets in Education* [M]. Australia: ALLEN&UNWIN. 1997.

[56] Shin, Kwang-Yeon. 2007. Globalization and the National Social Science in the Discourse on the SSCI in South Korea. *Korean Social Science Journal* 1(1): 93 - 116.

[57] Simon Marginson. *Barking up the wrong tree: The limits of market reform in higher education*. 2012.

[58] Smith, L. M. "An Evolving Logic of Participant Observation, Educational EthnograpKB and Other Case Studies. "In L. Shulman (ed.), *Review of research in Education*. Itasca, Ill. Peacock, 1978.

[59] Stake, R. E. Qualitative Case Studies, In Norman K. Denzin and Yvonna S. Lincoln (eds.), *The Sage Handbook of Qualitative Research*, Sage Publications, 2005.

[60] Stake, R. E. "Case Studies. "In N. K. Denzin and Y. S. Lincoln (eds.), *Handbook of Qualitative Research*. Thousand Oaks, Calif. : Sage, 1994.

[61] Stake, R. E. *The Art of Case Study Research*. Thousand Oaks, Calif. : Sage, 1995.

[62] Stephen P. Heyneman. *The Future of Education Research in Asia. Seoul National University*, Ocotober 16,2015.

[63] San Francisco Declaration on Research Assessment [EB/OL]. http://en. wikipedia. org/ wiki/San_Francisco_Declaration_on_Research_Assessment, 2015 - 04 - 24.

[64] Tony Becher. The Significance of Disciplinary Differences [J]. *Studies in Higher Education*, 1994(2): 160.

[65] Theda Skocpol. *States and Social Revolutions: A Comparati ve Analysis of France, Russia, and China*. Cambridge: Cambridge University Press, 1979.

[66] Tejendra Jnawali Pherali(2012). Academic Mobility, Language, and Cultural Capital: The Experience of Transnational Academics in British Higher Education Institutions. *Journal of Studies in International Education*, 16(4),313 - 333.

[67] Turner, B. S. (1990), "Two Faces of Sociology: Global or National", in *Global Culture: Nationalism, Globalization and Mondernity*, edited by M. Feahterstone, Sage, London.

[68] Wolcott, H. F. "Posturing in Qualitative Inquiry. "In M. D. LeCompte, W. L. Millroy, and J. Preissle(eds.), *The Handbook of Qualitative Research in Education*. Orlando, Fla. : Academic Press, 1992.

[69] Xin Xu, Heath Rose & Alis Oancea (2019) *Incentivising international publications: institutional policymaking in Chinese higher education*, Studies in Higher Education, DOI: 10. 1080/03075079. 2019. 1672646

[70] Yang, R. , & Welch, A. (2012). A world-class university in china? the case of tsinghua. *Higher Education*, 63(5),645 - 666. doi: http://dx. doi. org/10. 1007/s10734-011-9465-4

[71] Yvonna S. Lincoln&Egon G. Guba, *Naturalistic Inquiry*, Newbury Park; Sage Publications, 1985.

[72] Yin, R. K. *Case Study Research: Design and Methods*. (2nd Ed.). Thousand Oaks, Calif.: Sage, 1994.

[73] Zha, Q, Internationalization of higher education: Towards a conceptual framework [J]. *Policy Futures in Education*, 2003,1(2): 248 - 270.

附　录

附录 1　H 大学人文社会科学国际期刊论文发表奖励政策

为了鼓励我校人文社科教师在国际上发表学术论文,宣传我校人文社科科研成果,扩大我校人文社科在国际学术界的影响力,自 2005 年起我校出台了对人文社科教师发表国际学术论文进行奖励的新举措。为了进一步促进本项工作的开展,按照学校有关加强奖励力度和体现公平的精神,特制定以下办法:

一、奖励范围

H 大学人文社科单位正式教职工和在校学生。

二、奖励条件

1. 论文发表在 SSCI、A&HCI 或 SCI 引文数据库,并能为"THOMSOM REUTERS"公司提供的"ISI Web of Knowledge"检索系统检索到。

2. 论文作者署名单位必须有"H University",没有标注的不予奖励。

3. 书籍章节及会议论文集不予奖励。

三、奖励标准

文章类型为 Article 的,奖励 6000 元科研经费;其他类型文章(不包括 Meeting ABSTRACT),奖励 4000 元科研经费。

四、奖励原则

1. 独立作者,按全额奖励标准奖励;

2. 多位作者,按排名位置最高者奖励,具体情况如下:

1) 第一责任作者或通讯作者,按全额奖励标准奖励第一责任作者或通讯作者。其他作者为 H 大学的,由第一责任作者或通讯作者按贡献协商分配所得。

2) 第二责任作者,按全额奖励标准的 80% 奖励第二责任作者。其他作者为 H 大学的,由第二责任作者按贡献协商分配所得。

3）第三责任作者，按全额奖励标准的 50％奖励第三责任作者。其他作者为 H 大学的,由第三责任作者按贡献协商分配所得。

4）其他情况不奖励

五、本办法自 2010 年 1 月 1 日实施;由 H 大学社会科学部负责解释。

附录 2　访谈提纲

对学术人员的访谈提纲

第一部分：学科知识特征与学科文化

一、您所在的学科在知识生产、知识传播等方面的特征是怎样的？

二、学科知识和学科文化具有怎样的特征？

第二部分：国际学术交流的形式、频率、需求、特征

一、您觉得贵专业教师参与较多的国际学术交流形式有哪些？

二、有无性别差异、年龄差异？或者其他方面的差异？经费来源一般是怎样的？

第三部分：学科国际化

一、您如何看待人文学科的国际化？

子问题 1：人文学科国际化的内涵应该是怎样的？

子问题 2：国际化与提升国内学科发展水平、教学和研究质量是怎样的关系？

子问题 3：国际发表在学科国际化中是怎样的地位和作用？

二、人文学科的国际发表对于中国、日本、美国的教师而言分别意味着什么？

子问题 1：职称评审制度中是否涉及国际发表？

子问题 2：学院是否有国际发表的奖励制度？

子问题 3：国际发表在哪些方面会比国内中文发表有优势？

三、人文学科教师国际发表的动力和阻碍因素

子问题 1：教师国际发表的动力有哪些？

子问题 2：有哪些因素会阻碍教师国际发表？

子问题 3：教师国际发表的前景如何？

对政策制定者的访谈提纲

一、人文社科领域的国际期刊论文发表，有什么制度？

追问：1. 目前大概有多大比例的高校有这个制度？

2. 这个制度最为突出的是哪类学校？

3. H 大学这个制度是怎么样一种定位？

二、制度的出台背景是怎样的？

追问：1. 这个制度期待产生什么样的影响？

2. 这个制度借鉴了哪些制度？

3. 这个制度的出台由哪些力量主导？

三、制度的执行如何？

追问：1. 各院系是否有反应？

2. 哪些院系比较支持？哪些院系反应平平？

3. 在各个院系中,配套制度是怎么样的？

四、执行以来人文社科领域的国际论文发表量是否有所增加？

追问：1. 质量如何？

五、国际期刊的列表是如何变化的？

六、SSCI 和国际期刊论文发表的关系是怎样的？

七、国际发表和中文发表的关系是怎样的？

八、对于核心期刊权力寻租现象您怎么看？

附录3　访谈对象名录

院系（部门）	专业方向（职位）	职称	代号	备注	访谈方式
案例大学社会科学部	社会科学部	副部长	A-1	行政人员	面对面访谈
	成果管理部	职员	A-2	行政人员	面对面访谈
中文系	古代文学	副教授	ZW-1		面对面访谈
	古籍	副教授	ZW-2		面对面访谈
	比较文学	副教授	ZW-3		面对面访谈
	比较文学	副教授	ZW-4		面对面访谈
	当代文学	副教授	ZW-5		面对面访谈
对外汉语教育学院	二语习得	副教授	ZW-6		面对面访谈
历史系	欧洲史	教授	LS-1		面对面访谈
	中国史	副教授	LS-2		邮件访谈
	历史地理学	副教授	LS-3		面对面访谈
	中国古代史	教授	LS-4		面对面访谈
	中国古代史	研究馆员	LS-5		邮件访谈
	美国史	教授	LS-6		面对面访谈
	中国史	副教授	LS-7		面对面访谈
	考古学	教授	LS-8	国际学者	面对面访谈
哲学系	外国哲学	教授	ZX-1		面对面访谈
	逻辑学	副教授	ZX-2		邮件访谈
法学院	国际法	讲师	FX-1		电话访谈
	知识产权法	副教授	FX-2		面对面访谈
	刑法学	博士后	FX-3		面对面访谈
	国际法	教授	FX-4		面对面访谈
	国际法	讲师	FX-5		面对面访谈
	刑法学	教授	FX-6		面对面访谈

（续表）

院系（部门）	专业方向（职位）	职称	代号	备注	访谈方式
商学院	组织管理	教授	SX-1		面对面访谈
	组织管理	讲师	SX-2		面对面访谈
	会计学	副教授	SX-3		面对面访谈
	金融学	教授	SX-4		面对面访谈
	应用经济学	副教授	SX-5		面对面访谈
	组织管理	讲师	SX-6		面对面访谈
社会学系	社会学论、社会学史	教授	SH-1		面对面访谈
	西方社会学理论史	副教授	SH-2		面对面访谈
教育学	企业管理	教授	JY-1	国际学者	面对面访谈
	高等教育	副教授	JY-2	国际学者	面对面访谈
工学院	核聚变与等离子体物理、理论物理	院士	QF-1		面对面访谈
	水资源	教授	QF-2		面对面访谈
物理学院	量子物理	院长	QF-3		面对面访谈
化学	高分子合成及液晶高分子领域	院士	QF-4		面对面访谈
上海某大学人事处	师资管理职务	职员	A-3	行政人员	面对面访谈
合计（13）	合计（39）				

图书在版编目(CIP)数据

人文社科国际化：一个伪命题：人文社科视野中的国际化、国际发表及其奖励政策/韩亚菲著.—上海：上海三联书店，2020.8
  ISBN 978-7-5426-7165-3

  Ⅰ.①人⋯ Ⅱ.①韩⋯ Ⅲ.①人文科学-科学研究-国际化②社会科学-科学研究-国际化 Ⅳ.①C1

  中国版本图书馆 CIP 数据核字(2020)第 173791 号

人文社科国际化：一个伪命题
——人文社科视野中的国际化、国际发表及其奖励政策

著　者／韩亚菲

责任编辑／吴　慧
装帧设计／徐　徐
监　制／姚　军
责任校对／王凌霄

出版发行／上海三联书店
　　　　　(200030)中国上海市漕溪北路 331 号 A 座 6 楼
邮购电话／021-22895540
印　刷／上海惠敦印务科技有限公司

版　次／2020 年 8 月第 1 版
印　次／2020 年 8 月第 1 次印刷
开　本／710×1000　1/16
字　数／250 千字
印　张／14.25
书　号／ISBN 978-7-5426-7165-3/C·602
定　价／75.00 元

敬启读者,如发现本书有印装质量问题,请与印刷厂联系 021-63779028